KB162457

독일어 전산 의존문법 연구

이민행(李民行)

서울대학교 인문대학 독어독문학과 졸업(1982)
서울대학교 대학원 독어독문학과 졸업(1984)
독일 뮌헨대학교 대학원 졸업(1991)
Visiting Scholar, Harvard-Yenching 연구소, 미국 Harvard University(2002-2003)
국립 제주대학교 조교수(1992-1995)
연세대학교 문과대학 조교수, 부교수, 교수(1995~현재)
한국독어학회『독어학』편집위원장 역임
한국연구재단 전문위원 역임
2018년 대한민국 학술원상(인문학부문) 수상
한국언어학회 회장(2021~현재)

주요 저서

『정보기반 독어학 연구』(도서출판 역락, 2016), 『빅데이터 시대의 언어연구』(21세기북스, 2015)
『독일어 전산 구문문법 연구』(도서출판 역락, 2012), 『전산 통사·의미론』(도서출판 역락, 2005)
『심리동사의 의미론』(공저자: 이익환, 도서출판 역락, 2005)

독일어 전산 의존문법 연구

초판 1쇄 인쇄 2021년 2월 15일
초판 1쇄 발행 2021년 2월 26일

지은이 이민행
펴낸이 이대현
책임편집 강윤경 | **편집** 이태곤 권분옥 문선희 임애정
디자인 안혜진 최선주 | **마케팅** 박태훈 안현진
펴낸곳 도서출판 역락 | **등록** 1999년 4월 19일 제303-2002-000014호
주소 서울시 서초구 동광로46길 6-6 문창빌딩 2층(우06589)
전화 02-3409-2060(편집부), 2058(영업부) | **팩스** 02-3409-2059
전자우편 youkrack@hanmail.net | **홈페이지** www.youkrackbooks.com

ISBN 979-11-6244-695-9 93750

정가는 뒤표지에 있습니다.
잘못된 책은 바꿔 드립니다.

이 저서는 2017년 정부(교육부)의 재원으로 한국연구재단의 지원을 받아 수행된 연구임
(NRF-2017S1A6A4A01019759)

독일어 전산 의존문법 연구

이 민 행

역락

책머리에

사회문화적으로 오늘날만큼 인간이 아닌 기술이 주목을 받은 시대는 없었다. 이제까지 수천 년 동안 사람이 해오던 일을 대부분 AI가 떠맡게 되는 사회가 머지않아 도래하게 될 것으로 대중매체에서는 예측하고 있다. 최근 10년 동안 디지털 데이터의 폭발적인 증가와 빅데이터를 활용하는 기술의 획기적인 발전에 힘입어 AI가 다양한 산업분야에서 긍정적인 기능을 수행하고 있는 것은 사실이지만 AI에 모든 것을 맡기는 시대는 앞으로 100년이 지나도 실현되기 어렵다.

이 저술은 언어학분야에서 AI 기술을 이용하여 이룬 여러 성과들 가운데 문장구조의 자동 분석(Parsing) 기술을 독일어 교육에 활용하는 방법에 대해 논의하고자 하는 의도로 집필한 것이다. 10년 전만 하더라도 문장구조를 분석해서 검색가능한 DB로 생성하기 위해 한 문장에 대해 최소 전문가 두 명 이상이 구조 분석을 한 후 합의에 이른 결과들을 모아 소위 트리뱅크를 구축했어야 했다. 이런 작업의 문제점은 문장구조에 대한 언어 자원의 확보에 엄청난 시간과 비용이 소요된다는 점이다. AI 기술의 하나인 기계학습 기법을 문장구조 분석에 활용하여 이제는 몇 분 안에 수천 문장의 구조를 자동으로 분석할 수 있게 되었다. 그런데 자동 분석의 결과가 만족할 만한 수준이 아니기 때문에 전문가의 수정작업이 뒤따라야 하는 한계점이 있다. 그럼에도 불구하고 문장구조를 자동으로 분석하는 방법이 시간과 비용 측면에서 언어학 연구, 더 나아가 외국어 교육에 매우 유용한 것으로 평가된다.

기계학습 방법론을 이용하여 독일어 문장의 구조를 의존문법 이론의 틀 안에서 자동으로 분석하는 프로젝트들이 최근 들어 가시적인 성과를 내고 있다. 독일의 슈투트가르트 대학과 튀빙엔 대학 및 미국의 스탠포드 대학에서 자동 구문 분석기(parser)를 개발하여 공개함으로써 의존문법적인 연구가 매우 활발해 질 전망이다. 슈투트가르트 대학의 "자연어처리 연구소(Institut für Maschinelle Sprachverarbeitung, [영문명] Institute for Natural Language Processing)"는 오랜 전통을 바탕으로 하여 세계적인 수준의 자연어처리 기술을 개발하여 보유하고 있는데, 이 연구소에서 개발한 Mate라는 의존구조 분석기가 자동분석에 있어 빠른 처리속도와 높은 정확도를 기록하는 것으로 알려져 있다. 튀빙엔 대학의 전산언어학과도 오랫동안 구구조 기반의 독일어 구문분석기 개발을 위한 프로젝트를 수행해 왔으며, Tüba-D/Z나 Tüba-D/S 계열의 구문분석 코퍼스를 지속적으로 구축하여 업그레이드 해 오고 있다. 의존구조 분석기의 직접적인 개발이 튀빙엔 대학의 중점적인 아젠다는 아니지만, 공개 자원(Open source)을 이용한 언어처리 도구들의 다각적인 활용을 목적으로 최근에 Weblicht라는 다국 공동 프로젝트를 개발하여 수행하면서 사용자가 손수 의존구조 코퍼스를 구축하고 구축된 코퍼스를 검색에 활용할 수 있는 통합환경 플랫폼을 제공한다. 한편, 스탠포드 대학의 자연언어처리 연구진(NLP group)은 StanfordCoreNLP라는 다국어 언어처리 도구를 개발하여 공개함으로써 영어뿐만 아니라 독일어, 프랑스어, 중국어 들을 비롯하여 여러 자연언어를 처리할 수 있게 한다. 독일어의 경우, 스탠포드 대학에서 제공하는 의존구조 분석기와 구구조 분석기를 사용하여 구문분석이 가능하다. 이와 같이 전 세계적으로 의존구조 파서 개발 및 연구가 활발해 지는 추세에 발맞추어 이론언어학적으로도 의존문법적 이론모형에 대한 관심도 증가함으로써, 2011년부터 격년으로 의존언어학 국제학술대회(International Conference on Dependency Linguistics, http://depling.org/)가 개최되고 있으며 여기에서 다양한 주제들에 대한 새롭고 놀라운 연구성과가 지속적으로 발표되고 있다.

이 학술서에서 논의한 모든 자료들을 저술 속에 담아 넣을 수 없었다는 점을 마지막으로 언급하고자 한다. 이 한계를 극복하는 방법의 하나로 저술을 수반하는 웹사이트(http://www.smart21.kr/ctg/)를 개설했다. 교수자들은 저술에서 다루어진 코퍼스나 통계데이터들을 이 사이트를 통해 다운받아 교육에 활용할 수 있을 것이다.

이 저서는 2012년에 출판된 『독일어 전산 구문문법 연구』, 2015년에 출판된 『빅데이터 시대의 언어연구』 및 2016년에 출판된 『정보기반 독어학 연구』와 더불어 코퍼스 언어학 4부작의 하나로 기획되었다.

연구를 수행하는 과정에서 데이터 구조의 변환 및 데이터의 통계처리에 필요한 높은 수준의 Perl 스크립트의 작성 작업에 있어 뮌헨의 이영수 박사가 도움을 주었다. 연구에 협력해 준데 대해 이박사에게 깊이 감사를 드린다.

우리 사회에 엄청난 변혁을 가져온 코로나 19의 여파로 더욱 어려워진 출판시장의 사정에도 불구하고 인문학 학술서의 출판을 결정해 주신 도서출판 역락의 이대현 대표님께 감사의 말씀을 드린다. 또한 다듬어지지 않은 원고를 아름다운 책으로 변신시켜주신 편집부의 강윤경님께도 진심으로 감사드린다.

차 례

부록

제1장

서론

이 책은 독일어 의존구조 코퍼스를 독일어 및 독어학 연구에 활용하는 방안을 제안하는 것을 저술목적으로 한다. 전산언어학 분야에서 이룩한 놀라운 성과들을 독일어나 독어학 교육에 활용한 예는 찾아보기 어렵다. 많은 대학에서 전공 필수 과목으로 지정되어 교육이 이루어지고 있는 독문법 강의의 경우, 교과목의 특성상 교수자의 일방적인 주입식 교육이 될 수 밖에 없어서 대부분의 경우 수강학생들은 재미없고 어려운 수업으로 기억하게 된다. 그런데, 학생들이 의존구조 파서가 생성해내는 수형도를 통해 문장구조를 학습하게 될 뿐만 아니라 과제를 통해 수강생들이 스스로 수형도를 만들어서 구조를 관찰하게 된다면 대체적으로 지루하기 그지없는 독문법 강의도 활기를 얻게 될 것이다. 이 점에 있어서는 독일어 통사론 과목의 수업도 마찬가지이다. 통사론 수업의 경우, 개별 문장의 구성과 문장들간의 구조적 연관관계에 대해 기술하고 설명하는 것이 거의 전부인데, 이 작업을 위해 비주얼한 수형도 이상 더 좋은 도구가 없을 것이다. 예를 들어, 어느 날 수업시간에 다룬 구문과 연관성이 높은 문장들의 구조를 분석하는 과제를 부여하고 과제내용을 그 다음 수업시간에 검토한다면, 복습효과와 더불어 참여수업이 가능하게 될 것이다. 더 나아가, 독문법 수업이나 독일어 통사론 강의에서 검색언어에 대해 공부하고 검색도구를 사용하여 통계정보를 추출하는 훈련을 반복함으로써 코딩에 익숙하지 않은 인문학도도 자연스럽게 검색의 시대, 통계의 시대에 적응하는 능력을 갖추게 될 것으로 또한 기대한다.

사실, 의존구조 파서들이 공개되어 있다고 하더라도, 상당한 수준의 컴퓨터 운용능력을 갖추지 못한 일반 사용자의 경우에 이 도구들이 어떻게 작동되는 지를 이해하기가 쉽지 않을 뿐 아니라, 노력을 하면 이해는 할 수 있겠으나 만족할 만한 수준에 이르는 데는 매우 많은 시간이 소요된다. 바로 이런 이유로 의존구조 파서들을 독일어나 독어학 수업에 활용한 사례가 보고되지 않은 것이라고 볼 수 있다. 높은 수준의 컴퓨터 이해능력을 갖추지 않은 인문학자, 언어학자 및 독어독문학자들이 공개되어 있는 언어처리 도구들을 사용할 수 있는 방법을 안내하는 역할도 이 책이 함께 수행할 것이다.

이 책에서 다루는 의존구조 코퍼스는 자동으로 구축된 구문분석 코퍼스를 일차 자원으로 하여 여기에 연구자의 평가작업을 통해 정제가 이루어진 코퍼스를 말하는 것으로 8만 문장 규모이다. 이미 널리 활용되고 있는 구구조 기반의 TIGER 코퍼스도 비슷한 규모로 되어 있다. 궁극적으로 독일어와 독어학 교육을 위한 코퍼스를 지향하기 때문에 이 코퍼스에 속하는 문장들은 모두 단어가 5개부터 14개로 제한된다. 코퍼스를 구성하는 원천텍스트 장르에는 독일어 교재, 문학 작품, 전기물, 산문 및 웹사이트 텍스트 등이 포함된다. 일반적으로 구문분석 코퍼스를 활용하는 방안은 특정조건을 충족하는 구문들을 검색하는 작업, 특정조건과 어울리는 어휘나 구문의 출현빈도를 추출하는 작업 등이 있는데, 이런 유형의 작업을 효율적으로 수행하기 위해서는 해당 검색엔진을 운용할 수 있는 검색언어를 이해해야 한다. 예를 들어 TIGER 코퍼스의 검색을 위해 개발된 검색시스템인 TIGERSearch의 경우, 독자적인 검색언어를 내장하고 있기 때문에, 이 언어를 이해해야 비로소 조건에 따라 필요하고 적절한 검색을 수행할 수 있다. 이와 관련하여 본 연구에서는 한 장을 할애하여 검색언어의 문법 및 구체적인 사용 예를 제시하려고 한다.

이 책에서는 독일어 의존구조 코퍼스를 독일어 및 독어학 연구에 활용하는 방안에 대해 논의한다. 이와 연관하여 수행할 몇 가지 세부과제를 제시하면 다음과 같다.

첫째, 독일어 교육용 코퍼스 CTGunion과 이 코퍼스를 기반으로 한 여러 가지 코퍼스를 구축한다.

둘째, 코퍼스 검색을 위한 검색도구들의 활용방법을 탐구한다.

셋째, 코퍼스의 교육적 활용을 위한 몇 가지 주제연구를 수행한다.

넷째, 문장은 길이도 표현력을 갖는다는 가설을 세워 "길이의 언어학"을 새롭게 제안한다.

먼저, 첫 번째 세부과제로, 상이한 언어정보를 담고 있는 10가지 종류의 코퍼스를 구축하고자 한다. 코퍼스들의 특성, 특히 코퍼스안에 담긴 언어정보를 비교함으로써 이들을 몇 갈래의 유형으로 나눌 수 있다. 코퍼스 CTGunion과 네 개의 하위코퍼스들은 모두 의존구조들을 포함하는 반면, 코퍼스 CTG21cns와 CTG18000 및 CTG5000는 구성구조를 데이터 구조로 삼는다. 또한 코퍼스 CTG21과 CTGweb은 형태품사 정보만을 담고 있는 품사부착 코퍼스라는 점에서 여타의 구분분석 코퍼스와 다르다. 외에 코퍼스들의 규모와 검색을 실행할 수 있는 검색도구가 서로 상이하다는 점도 주목할 사항이다. 자연언어 처리와 관련한 여러 연구기관에서 의존구조 파서를 개발해 공개하고 있지만,[1] 파서들의 분석결과를 검토해 볼

---

1) 튀빙엔대학에서 개발한 Tündra시스템에 독일어 위키피디아 사전을 원천자료로 한 의존코퍼스가 공개되어 있고, 그 규모가 48,258,892 문장에 이른다. 그런데 자동으로 분석한 의존구조를 보여주기 때문에 수업에 활용하기에 한계가 있다.

때에 분석의 정확도는 얼마나 되는지 그리고 어떤 구문을 분석할 때 오류를 많이 내는 지 등에 대한 연구가 미진한 상황이다. 첫 번째 세부과제와 관련하여 우선적으로 Weblicht 파서, Mate 파서 및 Stanford 파서 등 의존구조 분석기 세 종류의 정확도를 평가하는 세부과제를 수행하고자 한다. 왜냐하면 기존의 의존구조 코퍼스는 검증 절차없이 자동으로 분석한 결과를 그대로 담고 있어서 오류가 많기 때문이다. 가공하지 않고 사용하기는 무리이다. 자동으로 문장 구조를 분석한 경우에 파서들마다 정도의 차이가 있으나 대체적으로 정확도가 80% 내외 수준에 머문다. 때문에 구문분석 코퍼스를 교육에 활용하기 위해서는 반드시 자동분석 결과의 평가과정을 거쳐 정확한 분석결과만 남기고 오류분석은 버리는 선광작업이 수반되어야 한다. 이를 위해 자동 구문분석 결과의 평가 작업을 위한 합리적인 평가체계를 수립한 후에 엄밀한 평가과정을 거쳐 오류가 없는 분석결과들만으로 구성된, 신뢰도가 높은 의존구조 코퍼스를 구축하는 것이 첫 번째 세부과제이다.

본 연구에서 수행한 두 번째 세부과제는 코퍼스 검색을 위한 검색도구들의 활용방법이다. 이 연구를 통해 구축된 의존구조 코퍼스들로부터 독일어나 독어학 교육에 필요한 데이터를 추출하기 위해서 사용가능한 검색도구로는 Tündra, Icarus, MaltEval 및 DependencyViewer가 있는데, Tündra의 경우 모든 검색결과를 "내보내기(export)" 기능을 갖추고 있어 매우 편리하다. 때문에 본 연구에서는 Tündra 시스템의 검색언어를 이용하여 검색식을 세우는 방법과 검색식을 실행함으로써 필요한 통계데이터를 추출하는 방법에 대해 상세히 다룬다. 또한 필요에 따라 검색도구 Icarus, MaltEval과 DependencyViewer를 이용해 검색할 수 있도록 이 도구들을 사용하는 방법에 대해서도 살펴보려고 한다. 다른 한편, 구성구조 코퍼스 CTG21cns로부터 수업자료를 추출하려면 검색도구 TIGERSearch에 대한 이해가 선행되어야 하기 때문에 이 도구를 활용하여 필요한 자료들을 추출하는 방법에 대해서도 논의한다. 다행스럽게도 Tündra와 TIGERSearch는 검색언어 Tiger를 공유하기 때문에, 한 시스템에 익숙해지면 다른 시스템을 통해서도 쉽게 검색을 실행할 수 있다. 마지막으로 품사부착 코퍼스들인 CTG21이나 CTGweb의 경우 검색엔진 CQP를 함께 이용한다. 때문에 CQP 검색언어에 기반한 다양한 검색식들과 이들의 활용방법에 대해서 상세히 다룬다. 특별히 웹환경에서 CTGweb을 이용하여 언어관계 데이터를 어떻게 추출하는 지에 대해 단계별로 기술한다.

의존구조 코퍼스를 토대로 하여 코퍼스의 교육적 활용을 염두에 두고 어휘층위와 문장층위에 속하는 몇 가지 주제연구를 수행하는 것이 본 연구의 세 번째 세부과제이다. 이와 관련하여 werden-수동 구문과 재귀구문의 경쟁관계 문제, 부정첨사 nicht의 중장(Mittelfeld)내 위치와 관련한 어순원리 및 등위접속구문의 통사적 특이성 등을 다룬다.

이 책에서 다루는 네 번째 세부과제는 "길이의 언어학"을 새롭게 제안하기 위한 기초연구이다. 공개된 의존구조 코퍼스에 담긴 문장들의 내용을 살펴보면, 문장들이 너무 길거나 복합한 구조로 되어 있어 중급수준 이하의 학생들이 이해할 수 어려운 문제가 있다. 이에 대한 해결책으로 코퍼스 포함시킬 문장들의 길이를 제한함으로써 구문적 복잡성과 어휘수준을 일정부분 조절할 수 있을 것으로 판단한다. 이에 따라 마지막 세부과제는 "길이의 언어학"이라는 주제로 수행되는데, 이 과제를 통해 문장의 길이와 구문적 표현성간에 상관관계가 성립한다는 가설을 입증하고자 한다. 이러한 제안의 토대가 되는 것은 "문장은 길이도 표현력을 갖는다"는 가설이다. 이를 위해 연구를 통해 구축한 모든 유형의 코퍼스에 문장길이에 대한 정보를 추가하고서, 언어학자가 문장의 길이로부터 얻을 수 있는 언어학적 통찰이 무엇인지를 검토한다.

제2장

의존문법과 구구조문법의 비교

2.1 배경

현대 언어학의 창시자 소쉬르는 언어기호의 구조를 계열관계와 통합관계로 설명한다. 계열관계는 유사한 속성을 가진 기호들이 속하는 어휘범주를 의미하는 반면, 통합관계는 작은 단위의 기호들이 서로 결합하여 더 큰 단위의 기호로 발전하는 양상을 지칭한다. 이 통합관계를 현대 문법이론들에서는 구성관계(Konstituenz)와 의존관계(Dependenz)로 세분화하여 기술한다. 구성관계는 어떤 기호들이 어떤 기호들과 어울리는 지, 더 정확하게 표현하면 어떤 어휘범주들이 어떤 어휘범주들과 함께 더 큰 구범주를 구성하는 지, 혹은 어떤 구범주들이 다른 구범주들과 어울려서 더 큰 구범주로 확대되는 지를 나타낸다. 반면, 의존관계는 함께 어울려 더 큰 범주를 이루는 둘 이상의 범주들간에 존재하는 종속적인 관계를 의미하는데, 둘 이상의 기호가 합하여 더 큰 단위를 이룰 경우에 그 중의 기호 하나는 다른 기호들을 이끄는 기능을 수행한다.

현대 문법이론들은 구성관계와 의존관계라는 두 가지 개념의 기술을 위하여 나름의 방법론들을 채택한다. 어떤 문법이론은 구성관계를 직접적이고 명시적으로 기술하는 반면, 의존관계는 암묵적으로 기술한다. 다른 문법이론은 의존관계를 직접적이고 명시적으로 기술하면서 구성관계는 암묵적으로 기술한다. 구구조문법 이론이 전자에 속하고 의존문법 이론이 후자에 속한다.

2.2 의존문법[1]

문장의 구조를 표상하기 위해서 문장내 구성성분간의, 보다 정확하게 표현하자면 어휘들간의 의존관계를 명시적으로 기술하고자 하는 최초의 시도는 Tesnière(1959)에서 이루어진다. 때문에 Tesnière는 의존문법 내지 의존통사론의 창시자로 평가받는다. Tesnière에 따르면 모든 단어는 한 문장 내에서 일정한 기능을 수행하는 한, 사전에서와 같이 더 이상 고립되어 있는 것이 아니다. 곧, 각 단어와 그것에 이웃하는 단어들 간에는 하나의 의존관계가 성립한다. 의존문법에서는 특정한 어휘범주에 속하는 단어들이 특정한 다른 어휘범주의 단어들에 의하여 채워져야 하는 빈자리들을 가지는 것으로 간주된다. 이때 전자는 지배소(Regens), 후자가 의존소(Dependens)라고 명명된다. 달리 표현하여, 지배소는 자신의 의존소들을 지배하고 의존소는 지배소에 의존한다고 할 수 있다.

의존문법에서 가장 중요한 과제는 특정한 구성성분이 두 개 있을 때, 이들 간에 의존관계가 성립하는 지의 여부를 어떻게 결정하고, 의존관계가 성립된다고 할 경우에 어떤 구성성분이 지배소 기능을 수행하고 어떤 구성성분이 의존소 기능을 수행하는 지를 판단하는 기준이 무엇인가 하는 것이다.

---

1) 이 절의 논의는 이민행(2005:327-336)을 토대로 한다.

Vennemann(1977:270)이 비판하듯이, Tesnière 자신은 의존관계의 결정을 위한 연산적인 기준을 제시하기를 포기한다. 그럼으로써 문법이론적인 관점에서 볼 때 의존문법이 적용불가능하게 만드는 나쁜 결과를 초래한다.[2] 더 나아가 Vennemann은 의존관계상 보충어들이 상황어들보다 동사에 더 가깝고 보충어들과 상황어들 내에서 각 그룹간에 위계관계가 성립한다는 사실을 형식화할 수 있음에도 불구하고 Tesnière가 이를 소홀히 했다고 강하게 비판한다.

어떤 구성성분이 지배소이고 어떤 구성성분이 의존소인가의 결정을 위하여 수많은 의존문법 연구들에서 무수한 방법들을 사용하여 일반적으로 유효한 결정적인 기준을 형식화하려고 시도한다. 의존관계 개념 내지 결합관계 개념의 정의를 위한 다양한 시도들 중 어떤 것도 오늘날까지 일관되게 자기입장을 관철시킬 수 없었다.[3] 필자 자신이 이 와중에 개입할 생각이 전혀 없다. 그 대신 몇 가지 예를 들어서 사람들이 어떻게 언어적인 표현들을 의존문법의 틀 안에서 기술할 수 있는지를 보이고자 한다. 여기서의 기술은 Hayes(1964)와 Matthews(1981)에 근간을 둔다. 다음의 예들을 보자.

(1) Der Mann liebt seine Frau.

(2) Er ist seinem Vater ähnlich.

(3) seine Teilnahme an dem Wettwerb

(4) auf dem neuen Dache

위 문장 (1)에서 동사 liebt는 문장을 형성하기 위해서 1격과 4격 명사

---

2) Der Verzicht auf die Angabe eines operationalen Kriteriums für die Bestimmung der Dependenzen hat also Konsequenzen für die deskriptive Praxis: Er macht die Theorie unanwendbar. (Vennemann 1977:270)

3) 이런 맥락에서 Jacobs(1987)는 "결합가난삽"(Valenzmisere)이라는 비판적 개념을 사용한다.

를 요구한다. 이 예에서 동사 liebt가 지배소로 두 명사가 의존소로 불린
다. (2)에서 형용사 ähnlich는 명사 Vater를 지배한다. (3)에서 명사
Teilnahme가 지배소이고 전치사 an이 의존소이다. (4)에서 전치사 auf는
명사 Dache를 지배한다.4) 의존관계를 표현하기 위하여 의존수형도가 사
용되는데, 다음의 [그림 1]에 제시된 수형도는 위 예문 (1)의 모든 의존관
계를 표현하고 있다.

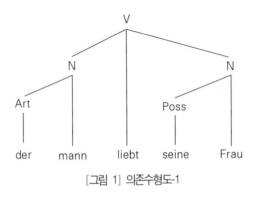

[그림 1] 의존수형도-1

의존수형도에서 /나 \로 나타내어진 가지들이 의존관계를 표현하고 있는
데, 각 가지의 상위교점이 하위교점을 지배하는 것으로 되어 있다. [그림 1]
에서 주목할 점은 동사 liebt가 전체 명사구 der Mann이나 seine Frau를
지배하는 것이 아니라 명사 Mann이나 Frau만을 지배한다는 사실이다. 이
러한 유형의 의존문법이 가진 약점은 Vennemann·Jacobs(1982:100)에서
지적되어 있듯이, 구성성분구조에 대한 명시성을 결여하고 있고 그럼으로
써 복합적인 부분표현에 대한 분류를 시도하지 않는다는 점이다. [그림 1]
에서는 관사와 명사간에, 소유대명사와 명사간에도 의존관계가 성립한다.

---

4) 이와는 달리 Tesnière(1969:364ff.)는 전치사를 지배소가 아닌 전이소(Translativ)로
  간주한다. 예를 들어 다음의 예에서 전이소 von이 Alfred라는 명사를 형용사나 부사로
  전이시킨다고 할 수 있다. (예) Peter erhielt das Buch von Alfred.

이 경우 명사가 관사와 소유대명사에 대한 지배소로서 간주된다. 이 밖에 부가적인 형용사와 명사간에, 형용사와 부사간에, 그리고 부사들 상호간에도 의존관계가 성립하는데 아래의 예문과 그에 대한 의존수형도가 그러한 의존관계들을 잘 보여준다.

(5) Karl spricht sehr gutes Deutsch äußerst schnell.

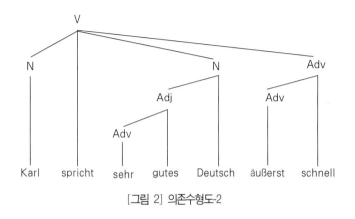

[그림 2] 의존수형도-2

여기에서 다시 한 번 동사가 문장의 중심적인 위치를 차지한다는 의존문법이론의 근본가정에 대해 주의를 환기할 필요가 있다. 위의 [그림 2]에서 보듯이 한편으로 동사와 명사간의 관계와 다른 한편으로 동사와 부사간의 관계가 아무런 차이를 나타내지 않는 것은 Hays가 제안하고 이 글에서 논의하고 있는 의존수형도가 갖는 문제점이다(Vennemann · Jacobs, 1982).

이러한 문제점을 해결하는 방안 중의 하나는 지배소-의존소 관계를 두가지 하위유형으로 분류하는 접근방법이다. 다시 말하여, 지배소-의존소관계를 지배소-보충어 관계와 지배소-부가어 관계로 구분함으로써 성질이다른 두 가지 의존관계를 정의할 수 있다. 이 입장에 따를 경우, 동사와명사간에 성립하는 의존관계는 지배소-보충어(Ergänzung) 관계로, 동사와 부사 사이의 의존관계는 지배소-부가어(Angabe) 관계로 분류된다. 통사적인 속성을 살펴보면, 지배소-보충어 관계에 있는 구성성분들은 모두 필수성분이라는 점에서 상호의존적인 반면, 지배소-부가어 관계에 있는 구성성분들의 경우 지배소는 필수성분이고 부가어는 선택적인 성분이라는 점에서 일방적인 의존성이 성립한다. 이처럼 의존관계를 두 가지 하위유형으로 나눌 경우, 다음 절에서 논의하는 핵계층 이론(X-bar 이론)과 마찬가지로 의존관계가 언어보편성을 획득하게 된다.

앞서 분류한 두 가지 의존관계 유형을 독일어 문장들의 분석에 적용해 보기로 하자.

   (6) Hans   gibt   Maria   ein Buch

위 문장에서 동사 gibt가 지배소로, 주어인 Hans나 간접목적어인 Maria 및 직접목적어인 Buch가 동사의 의존소로 간주되고, 이 의존관계의 하위유형은 지배소-보충어 관계이다.

   (7) Das Auto   fährt   schnell

문장 (7)에서 동사 fährt가 지배소로, 부사 schnell이 동사의 의존소로 간주되고, 이 의존관계의 하위유형은 지배소-부가어 관계이다.

   (8) (dass) Hans das Buch   gekauft   hat

위 문장에서 조동사 hat가 지배소로, 완전동사인 gekauft가 조동사의 의존소로 간주되고, 이 의존관계의 하위유형은 지배소-보충어 관계이다.

(9) (dass) Hans das Buch   verstehen   kann

문장 (9)에서 화법조동사 kann이 지배소로, 완전동사인 verstehen이
화법조동사의 의존소로 간주되고, 이 의존관계의 하위유형은 지배소-보충
어 관계이다.

(10) der   Mann

위 명사구내에서 명사 Mann이 지배소로, 관사 der가 명사의 의존소로
간주되고, 이 의존관계의 하위유형은 지배소-부가어 관계이다.

(11) schöne   Frau

명사구 (11)의 경우, 명사 Frau가 지배소로, 형용사인 schöne가 명사의
의존소로 간주되고, 이 의존관계의 하위유형은 지배소-부가어 관계이다.

(12) (das)   Buch,   das   Hans kaufte

위 명사구에서 명사 Buch가 지배소로, 관계절 das Hans kaufte의 지
배소 kaufte가 명사의 의존소로 간주되고, 이 의존관계의 하위유형은 지
배소-부가어 관계이다.

(13) (das)   Buch   des   Mannes

명사구 (13)의 경우, 명사 Buch가 지배소로, 2격 명사구 des Mannes
안의 지배소인 2격 명사 Mannes가 명사의 의존소로 간주되고, 이 의존관

계의 하위유형은 지배소-부가어 관계이다.

(14) der   sehr   intelligente   Student

위 명사구에서 형용사 intelligente가 지배소로, 부사인 sehr가 형용사의 의존소로 간주되고, 이 의존관계의 하위유형은 지배소-부가어 관계이다.

(15) Hans wohnt   in   München

문장 (15)에서 전치사 in이 지배소로, 명사 München가 전치사의 의존소로 간주되고, 이 의존관계의 하위유형은 지배소-보충어 관계이다.

(16) weil Fritz Maria freundlich begrüßte

위 부사절에서 접속사 weil이 지배소로, 부사절내의 지배소인 정동사 begrüßte가 접속사의 의존소로 간주되고, 이 의존관계의 하위유형은 지배소-보충어 관계이다.

이제까지 구체적으로 논의한 의존관계들을 두 가지 하위유형으로 구분하여 정리하면 [표 1]과 같다.5)

[표 1] 의존관계의 하위유형

지배소	의존소	의존관계 유형
동사	주어, 목적어	지배소-보충어
동사	부사	지배소-부가어
조동사	완전동사	지배소-보충어

5) Vennemann(1974:345)과 Krifka(1983:15) 참조.

화법조동사	완전동사	지배소-보충어
명사	관사	지배소-부가어
명사	형용사	지배소-부가어
명사	관계절 정동사	지배소-부가어
명사	2격 명사	지배소-부가어
형용사	부사	지배소-부가어
전치사	명사	지배소-보충어
접속사	부사절 정동사	지배소-보충어

그러나 위 표에 정리된 사례가 전부는 아니다. 여기에서 제외된 구성성분들로는 등위 접속구문과 상관사 구문 등이 있다.

등위 접속구문의 예로는 다음 문장들을 들 수 있다.

(17)

a. Dann umarmten sie sich, und Kathrine ging.

b. Der Wein war lauwarm und schmeckte sauer.

이 구문에 속하는 문장들을 의존문법적인 틀 안에서 기술할 경우, 성분들간의 접속관계가 명시적으로 드러나지 않는 문제점이 있다. 왜냐하면 접속관계의 대부분은 의존문법에서 관심을 갖는 어휘단위를 넘어서는 구들간의 관계이기 때문이다. 반면, 구구조문법은 등위 접속구문내의 접속관계들이 분명하게 드러나게 하는 장점을 갖는다.

다음 문장들은 상관사 구문의 예들이다.

(18)

a. Aber Delphine bestand darauf, ihn zu fahren.

b. Einen Moment lang dachte er daran, hinzufahren.

위 예문 (18a)에서 상관부사 darauf는 zu-부정사 구문의 지배소인 fahren 과 의존관계를 갖는 것으로 분석된다. 이때, darauf가 지배소의 기능을 fahren은 의존소의 기능을 부여받는다. 반면, 구구조문법의 틀안에서는 상관부사 darauf와 zu-부정사 구문 전체가 구성관계를 갖는 것으로 분석한다.

2.3 구구조문법

앞서 논의한 바와 같이 구구조문법은 의존문법과는 달리 구성관계를 직접적이고 명시적으로 기술하는 반면, 의존관계는 암묵적으로 기술한다. 때문에 구구조문법에서는 문장내의 어떤 요소들이 구성성분(Konstituente)으로 간주될 수 있는 지를 밝혀내는 작업이 구조기술의 출발점이 된다. 이 목적을 위해 초기의 구구조문법학자들이 구성성분 검사방법을 여러 가지 구상했고 이 방법들이 지금도 여전히 유효한 도구로 쓰이고 있다. 이 중 신뢰도가 높은 두 가지만 정리하자면 다음과 같다(Wöllstein-Leisten et al. 2006).

먼저, 이동 검사(Permuationstest, 치환 검사라고도 함)에 따르면, 이동될 수 있는 것은 구성성분이 된다. 예를 살펴보자(Wöllstein-Leisten et al. 2006:12).

(19)

a. Steht dieser große Stern nicht erst seit letztem Jahr auf dem Bahnhofsturm?

b. [Dieser große Stern] steht [...] nicht erst seit letztem Jahr auf dem Bahnhofsturm.

c. [Auf dem Bahnhofsturm] steht dieser große Stern nicht erst seit letztem Jahr [...].

d. *[Dieser große] steht [... Stern] nicht erst seit letztem Jahr auf dem Bahnhofsturm.

e. *[Auf dem] steht dieser große Stern nicht erst seit letztem Jahr [... Bahnhofsturm].

위 (19b)는 (19a)로부터 dieser große Stern이 문장의 첫 자리로 이동하여 생성된 문장이고, (19c)는 (19a)로부터 auf dem Bahnhofsturm이 문장의 첫 자리로 이동하여 생성된 문장이다. 이동 결과 두 문장 모두 문법적인 문장으로 남는다. 따라서 이동검사를 실시한 결과, dieser große Stern과 auf dem Bahnhofsturm 모두 구성성분으로 판정된다. 반면, (19d)와 (19e)에서 dieser große와 auf dem의 이동이 비문법적인 문장을 생성하게 되므로 이들은 구성성분이 아니라는 판정을 이동검사에 의거하여 내릴 수 있다.

이어, 대명사화 검사(Pronominalisierungstest)에 따르면, 대명사화될 수 있는 것은 구성성분이 된다. 예를 살펴보자.(Wöllstein-Leisten et al. 2006:14 참조)6)

(20)

a. [Dieser große Stern] steht doch nicht erst [seit letztem Jahr] [auf dem Bahnhofsturm].

b. [Er   ] steht doch nicht erst seit letztem Jahr auf dem Bahnhofsturm.

c. Dieser große Stern   steht doch nicht erst [seitdem   ] auf dem Bahnhofsturm.

---

6) 여기서 대명사화 검사는 넓은 의미에서 사용된 것으로 대부사화를 포함하여 대용형태로 나타낼 수 있는 것을 모두 포함한다.

d. Dieser große Stern   steht doch nicht erst seit letztem Jahr
[dort   ].

e. *[...   ] Stern steht doch nicht erst seit letztem Jahr auf dem
Bahnhofsturm.

f. *Dieser große Stern   steht doch nicht erst seit letztem Jahr
[...   ] Bahnhofsturm.

위 (20b)는 (20a)로부터 dieser große Stern이 대명사화되어 생성된
문장이고, (20c)는 (20a)로부터 seit letztem Jahr이 대부사화되어 생성
된 문장이며, (20c)는 (20a)로부터 seit letztem Jahr이 대부사화되어 생
성된 문장이다. 대명사화와 대부사화의 결과 세 문장 모두 문법적인 문장
으로 남는다. 따라서 대명사 검사를 실시한 결과, dieser große Stern,
seit letztem Jahr 및 auf dem Bahnhofsturm 모두 구성성분으로 판정
된다. 반면, (20e)와 (20f)에서 dieser große와 auf dem은 주어진 문맥에
서 대명사화나 대부사화될 수 없기 때문에 이들은 구성성분이 아니라는
판정을 대명사화 검사에 의거하여 내릴 수 있다.

구성성분 검사로는 이동 검사와 대명사화 검사 외에도 의문문 검사
(Fragetest), 대체 검사(Substitutionstest), 삭제 검사(Tilgungstest), 등위접속 검
사(Koordinationstest)들이 있다.

문장내에서 구성성분으로 판정된 복합 표현들은 어휘층위와 문장층위간
의 중간층위, 곧 구(Phrase) 층위를 형성하여 문장의 구조를 계층적으로 기
술하는 데 있어 중추적인 역할을 수행한다. 우리가 구 층위를 가정하지 않
는다면 하나의 문장은 단순히 어휘들을 나열해 놓은 것에 불과할 것이고,
이에 따라 문장의 구조를 기술하기 위해 문법적인 규칙을 설정할 필요도
없을 것이다. 그런데, 문장층위와 어휘층위 중간에 구 층위가 존재한다는
사실로부터 출발하여 우리는 구 층위를 구성하는 결합규칙에는 어떤 것들

이 있는 지에 대한 탐구를 시작하게 된다. 이러한 결합규칙은 단순히 어휘들의 결합을 넘어서 개별 어휘들이 속한 어휘범주들의 결합으로 일반화될 수 있다는 사실은 문법학자들이 밝혀냈다. 앞서 구성성분으로 판정받은 몇몇 복합표현들의 경우 다음과 같은 결합규칙들이 구체적으로 실현된 사례들이라고 볼 수 있다.

(21)

  a. NP → Det Adj N

    Bsp. dieser große Stern

  b. PP → P Adj N

    Bsp. seit letztem Jahr

  c. PP → P Det N

    Bsp. auf dem Bahnhofsturm

여기서 Det, Adj, N과 P는 어휘들이 속하는 범주로서 관사, 형용사, 명사 및 전치사를 가리킨다. 또한 구 층위에 속하는 NP, PP는 명사구(Nominalpharse)와 전치사구(Präpositionalphrase)를 나타낸다. 위 (21a)-(21c)에 제시된 결합규칙들은 구구조문법내에서는 구구조규칙(Phrasenstrukturregel)으로 명명된다. 이런 형태의 전통적인 구구조규칙은 일반적으로 어휘들간의 결합관계 외에도 선형관계에 대한 정보를 포함한다. 다시 말하여 어휘들간의 순서가 이 규칙에 의해 규정된다. (21a)에 따르면 관사, 형용사 및 명사가 결합하여 명사구(NP)를 구성하는데, 이때 관사가 형용사가 선행하고 형용사는 명사에 선행해야 한다는 제약이 이 규칙안에 담겨져 있다.

앞서의 문장을 단순화하여 구구조문법적인 구조기술의 예로 제시하면 다음과 같다.

(22) Dieser große Stern steht auf dem Bahnhofsturm.

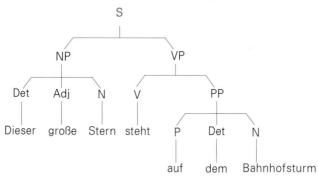

[그림 3] 구성구조

수형도 [그림 3]은 문장 (22)에 대한 구구조문법적인 구조를 표상한 것이다. 이 구조의 기술을 위해 사용된 구구조문법을 보이면 다음과 같다.

(23)

a. S → NP VP

b. NP → Det Adj N

c. VP → V PP

d. PP → P Adj N

e. PP → P Det N

f. Det → dieser, dem

g. Adj → große

h. N → Stern, Bahnhofsturm

i. V → steht

j. P → auf

여기에 제시된 규칙들 가운데서 (23a)는 최상위 구범주인 문장(S)의 구성관계를 보여주고, (23f)-(23j)는 개별 어휘들이 속한 범주(품사)를 구구규칙의 형태로 나타낸 것이다. 앞서 논의한 바와 같이 규칙 (23a)-(23e)는 어휘범주간의 혹은 구범주간의 결합을 제약하는 기능을 수행하기 때문에 규칙부(Regelkomponente)에 속한다고 정의한다. 반면, (23f)-(23j)는 개별 어휘들이 어떤 어휘범주에 속하는 지를 규정하기 때문에 어휘부(Lexikon)에 속한다고 정의한다. 다시 말하여, 한 언어의 자연문법을 모형화한 구구조문법은 규칙부와 어휘부로 구성된다고 할 수 있다.

이상에서 논의한 전통적인 구구조문법에는 개별 구구조규칙마다 의존관계가 암묵적으로나마 표상되기도 하고, 그렇지 않기도 하다. 이를 테면, 전치사구(PP)의 구성관계를 보여주는 규칙 (23d)에는 의존관계가 암묵적으로 표현되어 있다. 왜냐하면 세 개의 구성요소들 가운데 지배소로 간주되는 전치사(P) 범주가 복합표현인 구의 범주(PP)로 명명되기 때문이다. 복합표현 내에서 지배소가 아닌 구성요소들은 상대적으로 지배소의 의존소들로 간주된다. 이에 따라 규칙 (23d)에서 형용사(Adj)와 명사(N)는 전치사의 의존소로 분석된다. 구구조문법의 수형도 상에서는 지배소가 상위교점에, 의존소가 하위교점에 위치하는 것이 아니기 때문에 성분들간의 지배-의존 관계가 명시적으로 표상되는 것은 아니라고 할 수 있다. 한편, 최상위 구범주의 결합관계를 규정하는 규칙 (23a)에는 의존관계가 암묵적으로 조차 나타나 있지 않다. 왜냐하면 하위 구성성분의 구범주 가운데 어떤 것도 상위 구성성분의 범주명으로 재현되지 않기 때문이다. 이런 맥락에서 전통적인 구구조문법은 의존문법과 상당히 거리가 있다고 평가할 수 있다. 그런데 전통적인 구구조문법을 계승발전한 핵계층 이론(X-bar Theorie)에서는 모든 결합규칙이 의존관계를 암묵적으로 표상하도록 하고 있고, 이러한 의존관계가 언어보편적인 특성도 담고 있는 것으로 본다.

핵계층 이론은 1970년대에 자켄도프(Ray Jackendoff)에 의해 처음으로 제안되었으나 자연언어의 기술에 폭넓게 사용됨으로써 꽃을 피운 것은 1980 년대 촘스키(Noam Chomsky)의 원리와 매개변항 이론(Parameter-Prinzipen Theorie, 이하 PPT)이 언어학계의 주목을 끌기 시작하면서 부터이다. 이 핵계층 이론은 원리와 매개변항 이론외에도 당시 새롭게 등장한 어휘기능 문법(LFG), 일반구구조 문법(GPSG) 및 핵어중심 구구조 문법(HPSG)에서도 채택된다.

핵계층 이론의 바탕이 되는 핵계층 도식(X-bar Schema)은 다음과 같다.

(24) a. X2 → [수식어1] [수식어2] ⋯ X1

　　 b. X1 → [보충어1] [보충어2] ⋯ X0

　　　　　이때, X=N, V, A, P, I, C

여기에서 X는 어휘적인 범주들인 N(명사), V(동사), A(형용사)와 P(전치사)와 기능범주들인 I(굴절어미), C(접속사)를 가리킨다.[7] 이 도식에 따라서 문장 내의 단어들과 표현들은 세 가지 종류의 상대적인 범주 곧 핵어(Kopf, 영어로는 Head, 이하 HD), 수식어(Spezifikator)나 보충어(Komplement)로 구분되어진다.[8] 도식 (27a)는 X2-층위의 표현이 X1-층위의 핵어 표현과 그것의 수식어들로 구성된다는 것을 의미한다. 이러한 구성관계 외에 핵어와 수식어들간에 의존관계도 성립한다. 도식 (24b)는 X1-층위의 표현이 X0-층위의 핵어 표현과 그것의 보충어들로 구성된다는 것을 보여주는데 여기서도 핵어와 보충어들 간에는 의존관계가 성립한다. 위의 도식에서 눈에 띄이는 것은 핵어가 X0-층위뿐 아니라 X1-층위에서도 나타난다는 사실인데 X0-층위에서는 어휘적인 핵어로서 X1-층위에서는 투사된 핵어로서 나타난다.

---

7) 원리와 매개변항 이론에서는 굴절어미(Infl)범주가 문장의 시제에 관한 정보와 주어와 정동사간의 일치에 관한 자질들을 지니는 것으로 가정된다.

8) 영어권의 용어인 "specifier"가 독일어로는 "Spezifizierer"나 "Spezifikator"로 번역된다.

(24a)와 (24b)에 제시된 핵계층 도식의 한 가지 특성은 그 도식이 부분적인 표현들 간의 순서에 대해서 아무런 얘기도 하지 않는다는 점이다. 곧 구나 단어들의 순서는 언어에 따라 다르거나 통사적인 범주에 따라 다른 것으로서 원리와 매개변수 이론의 경우 핵어 매개변수에 의해 정해진다.9) 이제 개별적인 개념들에 주의를 돌려본다.

핵계층 이론에서는 모든 통사적인 구성체가 내심적이다. Bloomfield에 의하면 결과표현의 통사범주가 그것의 직접구성성분들 중의 하나 혹은 그 이상의 구성성분의 통사범주와 동일할 경우에 하나의 통사적인 구성체는 내심적이다. 예를 들어 (25)과 같은 문장도 Bloomfield와 달리 핵계층 이론에서는 내심적인 것으로 간주된다.

(25) Ein Auto fährt

핵계층 이론에 따르자면 문장 (25)에서 Ein Auto는 수식어이고 동사 fährt가 핵어이다.

이제 보충어 개념이 무엇인지 살펴본다. 보충어는 하나의 특정한 어휘적인 단어에 의해 어휘부 안에 하위범주화되는 표현이다. 예를 들어 문장 (26)에서 전치사구 auf seine Familie는 보충어인데, 왜냐하면 그것이 동사 wartet에 의해 어휘부 안에서 하위범주화되기 때문이다.

(26) Hans wartet mit Geduld auf seine Freundin

이 예문 (26)에서 전치사구 mit Geduld는 하위범주화되지 않기 때문에 보충어가 아니다. 핵어도 아니고 보충어도 아닌 표현들은 수식어로 불린

---

9) 핵어라는 개념이 Bloomfield(1933)에서 중심적인 역할을 하는 한 핵계층 이론도 Bloomfield에 연원한다고 할 수 있다.

다. 바로 이 정의에 의해 문장 내에서 주어가 정동사에 대해 보충어가 아니고 수식어인 것이 분명하다. 왜냐하면 주어는 문장의 핵어도 아니고 하위범주화되지도 않기 때문이다. 이러한 일반적인 정의에 따라서 수식어는 X1-층위의 핵어 옆에, 보충어는 X0-층위의 핵어 옆에 나타난다. 이제 몇 가지 예를 들어 수식어-핵어/핵어-보충어 관계를 설명한다.

(27) Das Auto fährt schnell.

위 (27)에서 schnell은 핵어인 동사 fährt에 대한 수식어이다.

(28) Hans liebt Maria.

위 (28)에서 liebt는 핵어이고 Maria는 보충어이다.

(29) Hans wohnt in München

위 (29)에서 in이 핵어이고 München이 보충어이다.

(30) Das kleine Mädchen ist kiug.

위 (30)에서 das는 핵어 kleine Mädchen에 대한 수식어이고 kleine는 핵어 Mädchen에 대한 수식어이다.[10]

---

10) Vennemann·Harlow(1977:249)에서 관사가 명사구의 핵어로 간주된다. Haider(1988) 와 Olsen(1989)와 같은, 명사구에 대한 최근의 연구에서도 관사가 명사에 대한 핵어로 분석된다. 이 예에서 das가 핵어이고 kleine Mädchen이 보족어이다. 그러한 이론들에서 전통적인 명사구가 관사구로 간주되고 그 이론들은 관사구 분석입장으로 불린다.

(31) Fritz gab der Frau das Buch, das das Kind gesehen hatte.

위 문장 (31)에서 관계문장 das das Kind gesehen hatte는 핵어 das Buch에 대한 수식어이다.

(32) , da das Mädchen dem Kind den Teller gegeben hat.

위 (32)에서 조동사 hat가 핵어이고 dem Kind den Teller gegeben이 그것의 보충어이다. 논의를 종합하는 의미에서 핵계층 이론에 의거하여 독일어 문장의 구성구조를 기술한 예를 제시하면 다음과 같다.

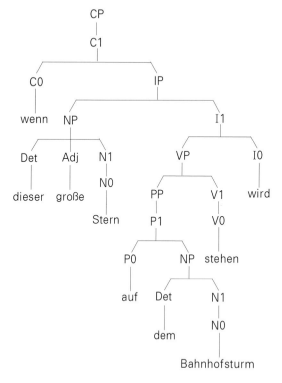

[그림 4] 구성구조

위 수형도는 부사절 "wenn dieser große Stern auf dem Bahnhofsturm stehen wird"에 대한 구성구조를 보여준다. 이 수형도에서 명사구 auf dem Bahnhofsturm가 전치사 auf와 결합하여 P1-층위의 복합구를 형성하므로 명사구 auf dem Bahnhofsturm는 전치사 auf의 보충어로 간주된다. 반면, 명사구 dieser große Stern내에서 지시관사 dieser는 N1-층위의 Stern과 자매관계를 이루면서 형용사 große와 함께 NP-층위의 복합구를 형성하므로 지시관사 dieser는 명사 Stern의 수식어로 간주된다.

이 절에서 우리는 먼저 전통적인 구구조문법에 대해 살펴보고 이어 핵계층 이론에 대해 논의했다. 이 과정에서 의존관계가 핵계층 이론에서는 핵어(HD)라는 개념을 중심으로 암묵적으로 표상된다는 사실을 대해 여러 가지 구문들의 분석을 통해 확인할 수 있었다.

2.4 의존구조와 구성구조의 비교

이 절에서는 앞서 논의한 의존문법과 구구조문법의 장점과 약점을 살펴보기 위해 독일어의 몇 가지 구문을 대상으로 의존구조(Dependenzstruktur)와 구성구조(Konstituentenstruktur)를 비교하고자 한다. 다음 예들을 보자.

(33)

a. Der Kapitän bittet um Entschuldigung, sagte er.

b. Aber sie hatte ihm keine Antwort gegeben.

c. Die leichte Stimmung vom Vormittag war verflogen.

d. Andreas trat ans Fenster und öffnete es.

전치사격 목적어가 포함된 문장 (33a)의 의존구조는 아래 [그림 5]와 같은 의존수형도로 표상된다.[11)]

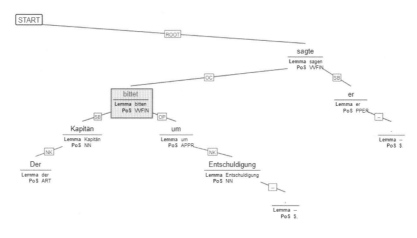

[그림 5] 의존구조

이 수형도상에서 최상위에 위치한 어휘는 주문장의 동사 sagte이다. 지배소인 sagte는 목적절의 동사 bittet와 주문장의 주어 er를 의존소로 취한다. 다시 목적절 내에서 최상위의 지배소 기능을 하는 동사 bittet는 주어 Kapitän과 전치사 um을 의존소로서 가진다. 의존수형도가 지니는 장점들 중의 하나는 이처럼 동사와 전치사간의 의존관계를 명시적으로 보여준다는 점이다. 이 의존수형도가 앞서 2.2절에서 논의한 바 전통적인 의존수형도와 구별되는 특성은 의존관계에 있는 교점들사이의 가지에 문법기

---

11) 이 의존수형도는 Tesnière(1959)의 의존수형도를 여기에 문법기능 표지를 추가함으로써 수정한 수형도이다. 한편, Hudson(2010)에서는 다음과 같은 수평형 의존구조가 제안된다:

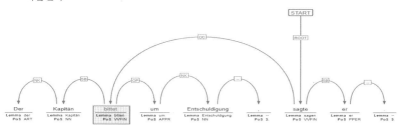

능 표지를 부착하는 것이다. 이를 테면, 동사 bittet와 전치사 um을 연결하는 가지에는 OP(전치사격 목적어)라는 문법기능 표지가 달려 있고, 주문장 동사 sagte와 목적절 동사 bittet 사이에는 표지 OC(목적절)가 부착되어 있다.

한편, 위 문장 (33a)에 대한 구성구조는 아래 [그림 6]과 같은 수형도로 표상된다.

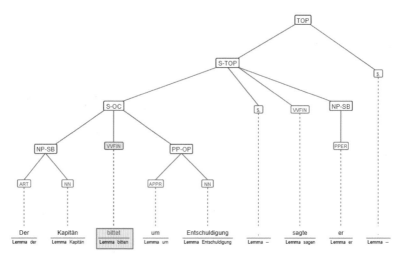

[그림 6] 의존구조

위 수형도에서 동사 bittet는 주어(SB) 기능을 갖는 명사구(NP) der Kapitän과 전치사격 목적어(OP) 기능을 수행하는 전치사구(PP) um Entschuldigung와 함께 하나의 구성성분을 이룬다.12) 따라서 동사 bittet와 전치사 um사이

---

12) 구성구조상에서 구 층위의 교점에는 각각 복합표지가 부착되는데 이 표지는 두 가지 정보를 포함하고 있다. 연결선 '-' 앞의 표지는 구 범주를 나타내고 S(문장), NP(명사구), VP(동사구) 혹은 PP(전치사구) 등등으로 구현된다. 반면 '-' 뒤의 표지는 문법기능을 나타내며 TOP(최상위 문법기능), SB(주어), OA(직접목적어), DA(간접목적어) 및 OC(목적절) 등등이다.

에는 의존구조에서와 달리 직접적인 관계가 성립하지 않는다. 이 사실은 구성구조가 갖는 약점의 하나로 간주될 수 있다. 왜냐하면 동사 bittet는 전치사 um을 일종의 보충어로서 반드시 필요로 할 뿐 아니라 다른 전치사가 um을 대체할 수 없기 때문이다.

이제, 문장 (33b)의 의존구조에 대해 살펴보자. 이 예문에는 타동사 geben이 나타나는데 타동사와 직접목적어에도 긴밀한 관계가 성립한다. 아래 의존수형도를 보자.

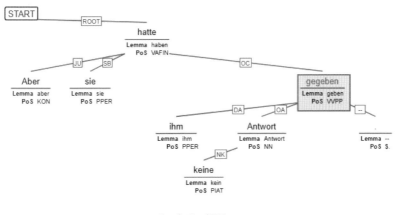

[그림 7] 의존구조

위 수형도를 통해 과거분사형(VVPP)으로 구현된 동사 geben이 직접목적어(OA) Antwort의 지배소 기능을 수행함을 알 수 있다. 다시 말하여 동사 geben과 명사 Antwort간에는 직접적인 의존관계가 성립한다는 사실을 확인할 수 있다. 이처럼 타동사와 직접목적어간의 관계를 명시적으로 표상하는 것은 의존구조가 지는 장점들 중의 하나이다. 비교를 위해 문장 (33b)의 구성구조를 살펴보자.

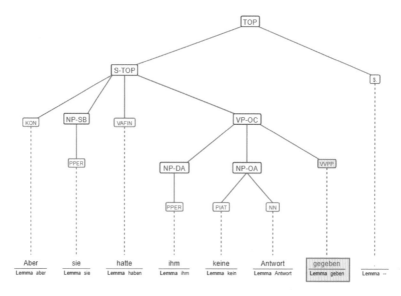

[그림 8] 구성구조

이 수형도를 통해 알 수 있듯이, 타동사 geben은 간접목적어 ihm 및 직접목적어구 keine Antwort와 함께 하나의 동사구(VP) 구성성분을 이룬다. 때문에 동사와 직접목적어인 Antwort간의 관계는 간접적으로 밖에 확인되지 않는다. 우리가 특정한 타동사와 잘 어울리는 직접목적어 명사목록을 추출하고자 할 경우에 의존구조에서와 달리 중간경로를 거쳐야 하는 복잡성이 유발된다.

완료구문을 안고 있는 문장 (33c)는 완료조동사와 과거분사간의 관계를 살피기에 적절한 예문이다. 이 문장의 의존구조에 대해 살펴보자. 이 예문에는 동사 verfliegen이 나타나는데 이 동사는 완료구문을 생성할 때 조동사로 sein 동사를 취하는 것으로 알려져 있다. 아래 의존수형도를 보자.

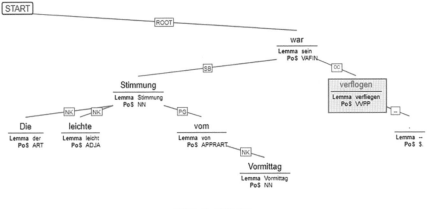

[그림 9] 의존구조

위 수형도에서 동사 verfliegen의 과거분사형(VVPP) verflogen은 정동사(VVFIN) war의 의존소로서 기능하며, 이들 사이에는 동사절(OC)이라는 문법기능 표지가 부착되어 있다. 곧, 완료조동사 sein과 동사 verfliegen 간에는 직접적인 의존관계가 성립한다는 의미이다. 이와 달리 구구조 수형도상에는 이들간의 관계가 명시적으로 드러나지 않는다. 수형도 [그림 10]을 보자.

이 수형도상에서 동사 verfliegen은 완료조동사 sein 외에도 주어(SB) 기능을 갖는 명사구(NP) die leichte Stimmung vom Vormittag와 함께 하나의 구성성분을 이룬다. 따라서 동사 verfliegen과 완료조동사 sein사 이에는 의존구조에서와 달리 직접적인 관계가 성립하지 않는다. 이 사실 도 구성구조가 갖는 약점의 하나로 간주될 수 있다.

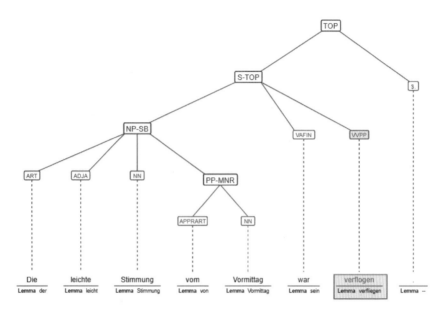

[그림 10] 구성구조

등위접속구문이 포함된 문장 (33d)의 의존구조는 아래 [그림 11]과 같은 의존수형도로 표상된다.

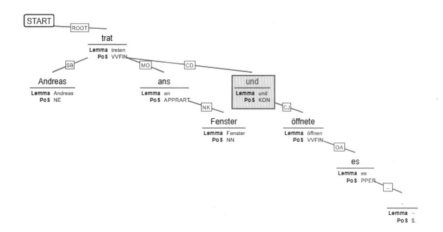

[그림 11] 의존구조

위 수형도에서는 등위접속사 und를 통해 접속된 두 구성성분 Andreas
trat ans Fenster와 öffnete es의 등위접속 관계가 각 성분의 핵어인 trat
와 öffnete간의 간접적인 의존관계로 표현되어 있다. 곧, 둘 가운데 선행하
는 핵어 trat가 접속사 und의 지배소의 기능을 하고, 접속사는 다시 후행
하는 핵어 öffnete의 지배소 기능을 함으로써, 후행하는 핵어 öffnete는 간
접적으로 선행하는 핵어 trat의 의존소의 기능을 하게 된다. 이처럼 의존
수형도에서는 등위접속구문내의 접속관계가 명시적으로 표상되지 못한다
는 점이 의존문법의 약점들 중의 하나이다. 비교를 위해 문장 (33d)의 구
성구조를 살펴보자.

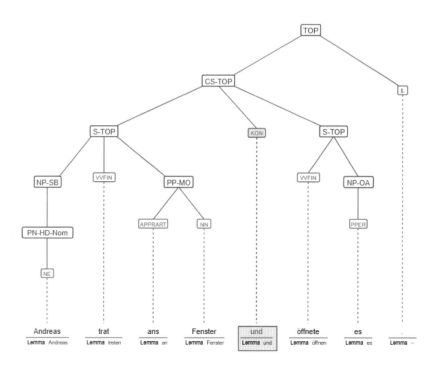

[그림 12] 구성구조

위 수형도에는 두 구성성분 Andreas trat ans Fenster와 öffnete es의 등위접속 관계가 명시적으로 표상되어 있다. 두 성분 모두 S 라는 구 범주 표지를 달고 있고, 두 범주가 접속사(KON)에 의해 대등하게 접속되어 있는 점에 주목할 필요가 있다.13) 구성구조의 경우, 접속에 참여하는 구성성분들을 등위적으로 접속하여 표상함으로써 등위접속구문의 특성을 문자 그대로 드러낸다고 할 수 있다. 이 점이 구구조문법의 장점들 중의 하나이다.

이제까지 우리는 네 가지 구문을 중심으로 의존구조와 구성구조의 특성들에 대해 논의하였다. 논의를 정리하자면, 의존구조는 어휘들간의 직접적인 통사관계를 기술하기에 적합한 반면, 구성구조는 어휘 층위를 넘어서는 단위, 곧 구 층위의 구성성분들간의 통사관계를 기술하기에 적합하다고 결론을 지을 수 있다.

제2장의 요약

이 장에서 우리는 의존문법 및 구구조문법과 연관된 세 가지 세부주제에 대해 논의했다.

먼저, 지배소와 의존소간의 의존관계를 근간으로 하는 의존문법의 기본적인 설계구조에 대해 논의했다.

이어, 구성관계와 선형관계를 근간으로 하는 구구조문법의 기본적인 설계구조에 대해 논의했다.

마지막으로, 의존구조와 구성구조의 공통점과 차이점에 대해 살펴봄으로써 의존문법과 구구조문법의 특성을 비교했다.

---

13) 여기서 복합표지 S-TOP은 두 가지 정보를 포함하고 있는데 연결선 '-' 앞의 표지는 S(문장)이라는 구범주를 나타내고, '-' 뒤의 표지는 문법기능을 나타낸다. 문법기능 TOP은 단순문의 최상위 교점에 부여되는 일종의 상징적 문법기능이다.

제3장

의존문법 모형의 보편성과 특수성

3.1 보편적 의존문법 발전의 역사

최근 들어 의존문법을 개별언어 차원을 넘어 언어보편적인 분석틀로 발전시키고자 노력하는 일련의 움직임이 있고 동시에 연구팀들이 구성되고 있다.

오랜 전통을 가진 의존문법은 2005년에 미국 스탠포드(Stanford) 대학에서 전통적인 의존문법을 토대로 한 의존파서의 개발과 그 성과에 대해 발표를 함으로써 전산언어학계에서 재조명을 받게 되었다. 2007년부터 여러 언어를 대상으로 하여 CoNLL(Conference on Computational Natural Language Learning)의 공동과제(Shared Task)가 수행되기 시작하고, 공동과제의 수행 결과 얻은 오류 분석 데이터를 기반으로 Google사의 재정적 지원에 힘입어 범언어적 태그목록이 설정된다(McDonald and Nivre 2007).

이처럼 범언어적 태그목록이 설정됨에 따라 개별언어의 문장구조를 의존문법적인 틀내에서 분석하는 연구들이 활발히 진행되는데, 급기야는 체코 프라하 대학에서 보편적 의존 트리뱅크(Universal Dependency Treebank,

UDT) 프로젝트를 통해 범언어적 태크목록을 스탠포드 대학의 의존문법 연구성과와 연결시키려는 시도가 이루어진다(McDonald et al., 2013). UDT에서는 2013년에 6개 언어(English, French, German, Spanish, Swedish, Korean)에 대한 의존 트리뱅크를 공개한데 이어 2014년에는 11개 언어(Brazilian-Portuguese, English, Finnish, French, German, Italian, Indonesian, Japanese, Korean, Spanish, Swedish)에 대한 의존 트리뱅크를 공개하고 있다.[1]

보편의존성(Universal Dependencies, UD)을 핵심 개념으로 하여 다국 공동 프로젝트에서는 다중언어 문장분석기의 개발의 수월성 및 범언어적 학습의 효율성을 높이는 한편, 언어유형론적인 관점을 반영하여 범언어적으로 일관성을 지닌 트리뱅크 구축을 목표로 삼고 있다. 이와 관련하여 스탠포드 대학의 의존문법 연구성과를 토대로 언어보편적인 품사태크 목록을 정의하지만, 필요할 경우 개별 언어에 고유한 태그도 일부 인정한다(de Marneffe et al., 2006, 2008, 2014, Petrov et al., 2012).

3.2 보편적 의존문법의 구조기술

이 절에서는 이러한 보편적 의존문법의 특성이 무엇이고 통사적인 관점에서 보았을 때 이러한 분석틀이 독일어 통사현상의 분석과 관련하여 어떠한 장점을 갖게 되는지, 또한 그 한계는 무엇인지를 살펴보고자 한다. 보편 의존문법(Universale Dependenzgrammatik, 이하 UDG)을 토대로 하여 아래 문장 (1)을 구문분석한 결과를 전통적인 수직형 의존수형도와 수평형 의존수형도로 나타내면 각각 [그림 1] 및 [그림 2]와 같다.[2]

---

1) 보편적 의존문법 발전의 배경 및 역사에 대해서는 다음 사이트를 참조: http://universaldependencies.org/introduction.html
2) 수직형 의존구조는 Hays(1964)와 Gaifman(1965)에 의해 제안되었고 수평형 의존구조는 Hudson(2010)에 의해 제안되었다. 이 장에서 제시되는 예문들과 의존수형도들은 튀빙엔 대학의 Tündra 시스템에 탑재된 'German UD treebank' 코퍼스를 통해 검색한

(1) Der Erfolg kommt nicht von ungefähr.

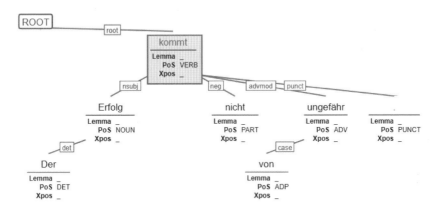

[그림 1] 수직형 의존수형도

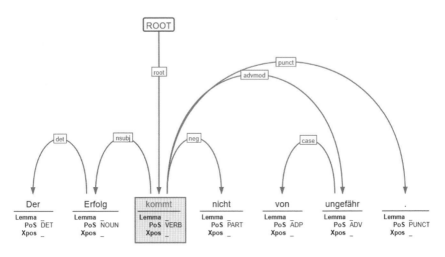

[그림 2] 수평형 의존수형도

것들이다. Tündra 시스템의 전반에 대해서는 Martens (2013) 참조. Tündra 시스템의 최신 버전은 https://weblicht.sfs.uni-tuebingen.de/Tundra/에서 실행가능하나 제1세대 Tündra는 https://weblicht.sfs.uni-tuebingen.de/Tundra-v1/에서 이용할 수 있으며 이 장을 포함하여 몇몇 장에서는 제1세대 시스템에서 추출한 데이터들에 대해 기술한다.

　어휘들간의 의존관계가 수직형 의존수형도에서는 어휘들간의 상하 위치로서 표상되는 반면에, 의존관계가 수평형 의존수형도에서는 화살촉의 방향에 의해 표지된다. 곧, 수직형에서 하위에 위치한 어휘가 의존소라면, 수평형에서는 화살촉이 향하는 어휘가 의존소이다. 따라서 두 수형도에서 모두 동사 kommt가 최상위의 지배소로 기능한다. 의존관계를 명세화한 문법기능 표지를 해당 어휘들의 연결선(Kante)에 부착하는 점은 두 수형도에 공통적이다. 위 수형도에서는 det(한정사), nsubj(명사형 주어), neg(부정어), advmod(부사형 수식어), case(격), punct(구두점)와 root(뿌리)가 문법기능 표지로서 쓰이고 있다. 이들 가운데, root는 초기기호로서 간주되는 것으로 모든 문장의 최상위 지배소와 교점 root를 연결할 목적으로 사용된다. 사실, 두 가지 형태의 수형도가 표상하는 의존관계들은 동일하기 때문에 이제부터는 수평형 의존수형도를 이용하여 개별 문장의 의존구조에 대해 기술하려고 한다.

　아래 문장 (2)의 보편 의존문법적인 의존구조에 대해 세밀히 검토해 보자.

(2) Solo ist ein unabhängiges Familienunternehmen.

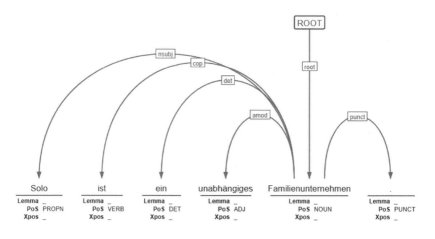

[그림 3] 의존수형도

문장 (2)에는 계사 ist가 나타난다. 보편적 의존문법에서는 계사가 아니라 보어를 최상위 지배소로 간주한다. 이 예문에서는 보어기능을 수행하는 Familienunternehmen이 최상위 지배소이다. 주어 Solo는 이 최상위 지배소의 의존소이다. 명사를 수식하는 관사 ein과 형용사 unabhängiges도 최상위 지배소의 의존소들로 간주된다. 위 수형도에서 cop(계사어), amod (형용사형 수식어) 등 새롭게 등장한 문법기능 표지들을 확인할 수 있다.

보편적 의존문법에서는 의존관계를 지배소-의존소 관계로 부르는 대신 핵어-의존소 관계로 지칭한다. 따라서 이 글에서도 앞으로는 지배소를 핵어(Head, HD)로 부르겠다. 또한 개념적 모호성을 피하기 위해 앞으로는 의존관계 개념과 의존기능 개념을 구별하여 사용하려고 한다. 의존관계 개념은 의존기능 개념의 상위어로 사용하도록 하고, 구체적인 맥락에서 의존소 기능을 하는 어휘가 핵어 기능을 하는 어휘와 갖게 되는 의존관계는 모두 의존기능이라고 명명하겠다.

다음 예를 살펴보자.

(3) Der Ort gehörte zu dem Gerichtsbezirk Altstadt.

이 문장의 의존수형도[그림 4]를 통해 동사의 전치사격 목적어가 UDG에서는 어떻게 다루어지는 지에 대해 확인할 수 있다. 곧, 전치사격 목적어 zu dem Gerichtsbezirk의 핵어인 Gerichtsbezirk가 동사 gehörte의 명사형 수식어(nmod)로 간주되고 이 동사와 긴밀하게 연관되어 있는 전치사 zu는 간단히 격(case)의 표지로 처리되는 것을 알 수 있다. 이에 따라 UDG에서는 동사의 보충어 기능을 하는, 곧 동사에 의해 하위범주화된 전치사구와 수식어 기능을 가진 전치사간의 구분이 사라진다. 독일어의 전치사를 일종의 격표지로 간주하는 것은 독일어나 영어의 전치사가 문법적 기능에 있어 한국어나 일본어에서 격조사와 일맥상통하다는 언어보편적인

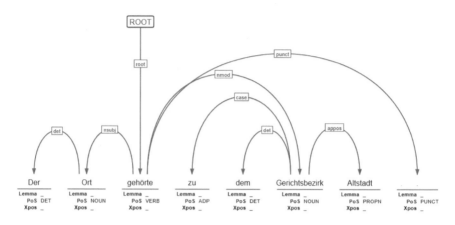

[그림 4] 의존수형도

속성을 반영하고자 함이다. 위 수형도에 새로 등장한 문법기능 표지는 동격어(appos)로서 동격 어휘와의 의존관계를 나타낼 때 쓰인다. 여기서는 명사 Gerichtsbezirk와 Altstadt간에 동격적 의존관계가 성립한다.

이제, 분리전철이 나타나는 문장을 살펴보자.

(4) Zusätzlich weist die Larve jederseits zwei Stachelreihen auf.

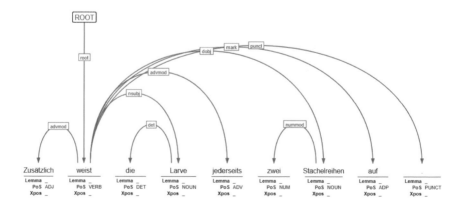

[그림 5] 의존수형도

예문 (4)의 의존수형도[그림 5]를 검토해 보면, 분리전철 auf가 동사 weist
의 의존소로서 표지어(mark) 기능을 수행함을 알 수 있다. 의존기능 표지
어(mark)는 동사와 분리전철간의 관계 외에 동사와 접속사간에도 성립한
다. 아래 예를 보기로 하자.

(5) Lamarck bestritt weitestgehend, dass Arten aussterben können.

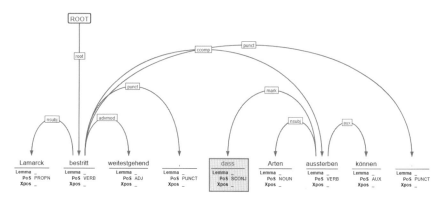

[그림 6] 의존수형도

위 수형도를 통해 접속사 dass가 부문장의 완전동사 aussterben의 표
지어 기능을 수행함을 알 수 있다. 한편, 동사 aussterben은 주절 동사
bestritt의 절보충어(ccomp) 기능을 하면서 동시에 부문장의 화법조동사
können의 핵어 기능을 수행한다는 사실도 이 수형도에서 확인된다. 이때
조동사 können은 핵어 aussterben에 대해 보조어(aux) 기능을 한다. 또
한 UDG에서는 다음 예에서와 같이 부사절을 이끄는 접속사도 동사에 대
해 표지어 기능을 수행하는 것으로 간주된다.

(6) Das nächste mal rief ich extra vorher an, um einen Termin zu
    vereinbaren, damit der Konditor auch Zeit für uns hätte.

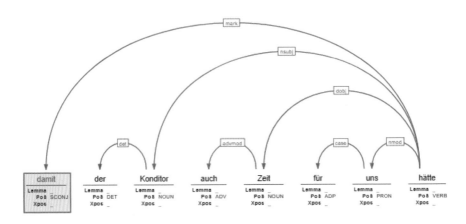

[그림 7] 의존수형도

때문에 부문장 동사와의 관계에서 damit와 같은 부사적 접속사와 dass 와 같은 종속접속사간에 문법기능상으로는 차이가 드러나지 않는다. 양자 간의 차이는 각각의 핵어가 주절의 완전동사에 대해 수행하는 문법기능에 서 나타나는데, 종속접속사 dass를 핵어로 갖는 부문장 동사의 경우 절보 충어(ccomp) 기능을 갖는 반면 damit, wenn, als 등과 같은 부사적 접속 사를 핵어로 갖는 부문장 동사의 경우 부사절(advcl) 기능을 갖는다. 예를 들자면 위 [그림 7]은 (6)의 의존수형도를 일부만 보여주는데 부문장 동사 hätte로 향하는 연결선위에 표지 advcl이 부착되어 있는 것을 확인할 수 있다.

아래에는 zu-부정사 구문에 속하는 문장과 의존수형도가 제시되어 있다.

(7) Es lohnt sich wirklich dort Essen zu gehen!

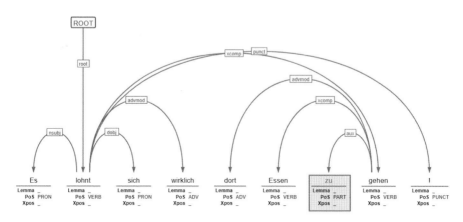

[그림 8] 의존수형도

　수형도 [그림 8]을 살펴보면, 부정사 구문의 완전동사 gehen이 핵어인 주절동사 lohnt에 대해 보충어(xcomp) 기능을 수행함을 알 수 있다. 문법 기능 표지의 하나로서 보충어(xcomp) 표지를 부착한 부문장 동사가 주어 기능을 수행하는 의존소를 취하지 못한다는 점에서, 보충어(xcomp)가 절보 충어(ccomp)와 구별된다. zu-부정사구를 이끄는 zu가 핵어 동사 gehen의 보조어(aux) 기능을 한다는 사실도 또한 위 수형도에서 확인할 수 있다.

　이제 기능동사구가 UDG에서 어떻게 다루어지는 지에 대해 살펴보자.

　문장 (8)에는 기능동사구 'in Erscheinung treten'이 나타나 있다. 이 동 사구내의 의존관계를 분석하면, 동사 trat가 핵어이고 명사 Erscheinung이 핵어의 직접 의존소이며 다시 전치사 in은 명사의 의존소임을 알 수 있다. 따라서 수형도상으로는 동사 trat가 전치사구 in Erscheinung과 긴밀한 관계를 이루는 지의 여부에 대해 알기가 어렵다.

　(8) Politisch trat er kaum in Erscheinung :

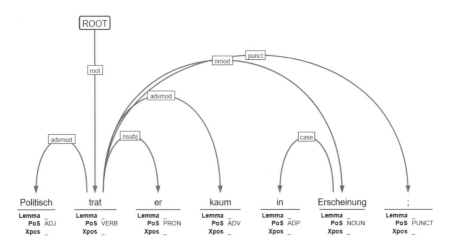

[그림 9] 의존수형도

(9) Seine Ehefrau Sophie überlebte ihn um mehr als 30 Jahre.

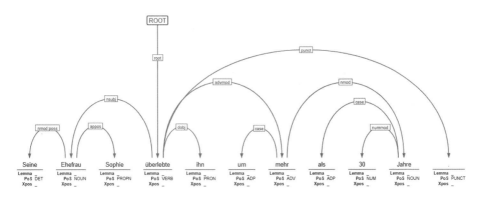

[그림 10] 의존수형도

수형도 [그림 10]을 살펴보면, 비교급 구문을 이끄는 부사 mehr가 핵어
인 동사 überlebte의 의존소이면서 동시에 비교구 mehr als 30 Jahre내

의 핵어인 Jahre를 의존소로 가지는 핵어 기능을 수행함을 알 수 있다. 의존소 Jahre는 핵어 mehr에 대해 명사형 수식어(nmod)라는 의존기능을 수행한다. 그런데 nmod라는 의존기능은 너무 일반적이어서 mehr와 비교 구간의 긴밀한 통사관계를 포착하기가 어렵다. 이 수형도에는 새로운 문법 기능 표지가 둘 등장하는데, nmod:poss(소유관사)와 nummod(수사)이다.

이제 수동구문을 UDG에서 어떻게 분석하는 지에 대해 논의하자.

(10) Nach 1918 wurden nur landwirtschaftliche Produkte
     umgeschlagen.

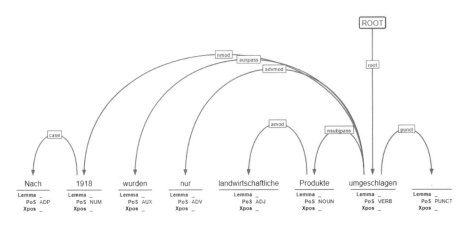

[그림 11] 의존수형도

위 수형도를 통해 동작수동 구문의 최상위 핵어는 수동분사 umschlagen 이고 주어 Produkte와 조동사 wurden이 핵어의 의존소들로서 기능함을 알 수 있다. 이때 주어 Produkte는 핵어 umschlagen에 대해 명사성 수동 주어(nsubjpass) 기능을, 조동사 wurden는 핵어 umschlagen에 대해 수동조 동사(auxpass) 기능을 수행한다. 수동조동사를 화법조동사나 완료조동사와 같은 여타 조동사들과 구별하는 점이 UDG의 특별한 점이다.

(11) So gab es nur Tachometer und Tankanzeige.

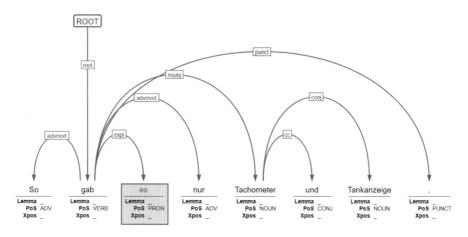

[그림 12] 의존수형도

수형도 [그림 12]를 살펴보면 성구 es gibt가 나타나 있는데, es는 핵어 gab에 대한 허사(expl) 기능을 수행하고 성구의 보충어인 Tachometer는 명사성 주어(nsubj) 기능을 수행한다. 이 수형도에는 등위접속사(cc)와 접속 성분(conj)이라는 새로운 문법기능 표지가 등장한다.

지금까지 우리는 다양한 구문의 분석을 통해 보편적 의존문법(UDG)에서 정의되는 의존기능들에는 어떤 것들이 있는 지를 살펴보았다. 앞서 논의 한 관계들을 포함하여 이제 의존기능 목록 전체를 정리하면 다음 [표 1]과 같다.

[표 1] 보편적 의존관계(Universal Dependencies)[3)]

의존기능 표지	항목 기술	의존기능 표지	항목 기술
acomp	형용사형 보충어	det	한정사 (관사, 지시사 등)
adp	부치사 (전치사 혹은 후치사)	dobj	직접 목적어
adpcomp	부치사형 보충어	expl	허사 (es 등)
adpmod	부치사형 수식어	infmod	부정사구형 수식어
adpobj	부치사형 목적어	iobj	간접 목적어
advcl	부사절	mark	표지사 (접속사 등)
advmod	부사형 수식어	mwe	다어휘 표현 (관용구 등)
amod	형용사형 수식어	neg	부정어
appos	동격구	nmod	명사형 수식어
attr	부가어	nsubj	명사형 주어
aux	조동사	nsubjpass	수동구문 명사형 주어
auxpass	수동조동사	num	수사
cc	접속성분	punct	구두점 (p로 쓰이기도 함)
ccomp	절형 보충어	parataxis	연결구성
compound	합성어 수식어	partmod	분사형 수식어
conj	접속사	poss	소유한정사
cop	계사	prt	동사 첨사
csubj	절형 주어	remod	관계절형 수식어
csubjpass	수동구문 절형 주어	rel	관계소
dep	일반 의존소	xcomp	개방절형 보충어

이제 구체적인 예문을 통해 보편적 의존관계들이 문장내에서 어떻게 실현되는 지를 살펴보기로 하자. 여기서는 의존구조 코퍼스내에서 출현빈도가 상대적으로 높은 의존기능 20개에 대해 논의한다.[4)]

---

3) McDonald et al. (2013) 참조.
4) 다음은 제5장에서 논의할 StammMI7의 스탠포드 코퍼스에서 추출한 의존기능의 출현빈도 순위이다. 순위 뒤에 따라 나오는 것이 의존관계이고, 그 뒤 괄호안의 숫자는 해당 의존관계의 출현빈도이다. 이 통계는 남경대에서 개발한 Dependencyviewer를 이용하여 추출했다: 1. nsubj(794) 2. root(705) 3. det(497) 4. punct(487) 5. advmod(418) 6.

　다음 문장 (12)의 의존구조 [그림 13]에는 여러 가지 의존관계가 나타나 있다.

　(12) Die Sommer schienen kein Ende zu nehmen.

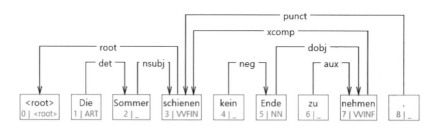

[그림 13] 의존수형도

　의존기능 root, punct, det, nsubj, neg, xcomp, aux와 dobj가 의존구조 [그림 13]에 나타난다. 이들은 모두 순위 16위안에 포함된 의존기능들이다. 이들 가운데 root와 punct는 일종의 형식적 의존기능으로 간주되는 것으로서 root는 최상위 핵어로서 구구조문법에서 초기기호 S와 동일한 기능을 수행한다. 의존기능 punct는 마침표나 콤마 등 구두점이 연관 구절의 핵어에 대해 갖는 관계이다. 먼저, 의존기능 det에 대해 살펴보자. det는 의존소 die가 핵어 Sommer와 맺고 있는 관계이다. 어휘범주 개념을 사용하여 일반화하자면, 일반명사(NN)를 선행하면서 수식하는 관사(Art)가 의존기능 det를 수행하는 것으로 이해할 수 있다. 의존기능 nsubj는 주어기능을 하는 의존소가 핵어인 완전동사와 맺는 관계이다. 일반적

---

dobj(404) 7. case(291) 8. nmod(271) 9. amod(201) 10. aux(201) 11. conj(173) 12. mark(148) 13. cop(138) 14. cc(134) 15. neg(111) 16. xcomp(66) 17. ccomp(64) 18. advcl(46) 19. appos(39) 20. name(39) 21. iobj(37) 22. parataxis(27) 23. acl(25) 24. nummod(15) 25. expl(13) 26. auxpass(11) 27. dep(11) 28. nmod:poss(9) 29. nsubjpass(9) 30. compound(2) 31. csubj(2)

으로 NN과 VVFIN, VVPP 혹은 VVINF간에 이 관계가 성립한다. 의존수
형도 [그림 13]에서는 Sommer와 schienen간에 nsubj 관계가 이루어진
다. 명사를 수식하는 부정어 kein-이나 여타 어휘범주를 수식하는 일반
부정어 nicht가 핵어에 대해 가지는 관계가 의존기능 neg이다. 우리의 예
에서는 kein이 명사 Ende에 대해 의존기능 neg를 수행한다. 의존기능
xcomp는 주절의 완전동사와 zu-부정사 구문의 완전동사간에, 혹은 주절
의 완전동사와 종속절이나 부사절의 완전동사간에 맺어진다. 의존구조 [그
림 13]에서는 zu-부정사 구문의 완전동사 nehmen이 의존소로서 핵어인
주절의 완전동사 schienen에 대해 xcomp 관계를 가진다. 보통은 핵어인
완전동사(VVINF, VVPP)와 의존소인 조동사(VAFIN, VAINF, VMFIN, VMINF)
간에 의존관계 aux가 성립한다. 이 밖에도 zu-부정사구내에서는 의존소인
첨사 zu가 핵어인 비정동사간에 대해 의존관계 aux를 가진다. 의존수형도
[그림 13]에서는 첨사 zu가 비정동사 nehmen과 aux 관계를 맺고 있다.
의존관계 dobj는 직접목적어 기능을 하는 의존소가 핵어인 완전동사와 맺
는 관계이다. 일반적으로 NN과 VVFIN, VVPP 혹은 VVINF간에 이 관계
가 성립한다. 의존수형도 [그림 13]에서는 Ende와 nehmen간에 dobj 관
계가 이루어진다. 이제 다른 예를 통해 의존관계 advmod, ccomp 및
mark가 어떻게 구현되는 지를 살펴보자.

(13) Vermutlich dachte er, daß sie kommen würde.

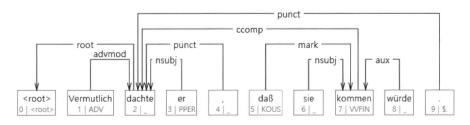

[그림 14] 의존수형도

의존수형도 [그림 14]에서는 문장부사 vermutlich가 의존소로서 최상위 핵어인 완전동사 dachte에 대해 의존관계 advmod를 수행한다. 이 의존관계는 일반적으로 완전동사(VVFIN, VVINF, VVPP)와 부사(ADV)간에 성립하는 관계이다. 의존관계 ccomp는 주절의 완전동사와 종속절이나 부사절의 완전동사간에 맺어진다. 의존구조 [그림 14]에서는 종속절의 완전동사 kommen이 의존소로서 핵어인 주절의 완전동사 dachte에 대해 xcomp 관계를 가진다. 의존관계 mark는 종속절이나 부사절을 이끄는 접속사가 의존소로서 핵어인 종속절 혹은 부사절의 완전동사에 대해 수행하는 관계이다. 이 관계가 종속접속사 daß와 종속절의 완전동사 kommen간에 이루어져 있는 것을 수형도 [그림 14]에서 확인할 수 있다. 한편, 아래의 예문에서는 의존관계 mark가 두 번 실현된다.

(14) Oder gingen sie zurück, um zu laichen?

부사적 zu-부정사 구문을 이끄는 접속사 um은 핵어인 완전동사 laichen에 대해 의존관계 mark를 수행하고, 주절의 분리전철 zurück은 주절의 완전동사 gingen에 대해 의존관계 mark를 수행한다.

이제 의존관계 case와 nmod가 의존구조내에서 어떻게 실현되는 지에 대해 논의하자.

(15) Die Frau trat in den Saal zurück.

의존관계 case는 전치사구 내에서 의존소인 전치사와 핵어인 명사간에 성립하는 관계이다. 수형도 [그림 15]에서는 전치사구 in den Saal내에서 핵어인 Saal에 대해 의존소인 in이 의존관계 case를 수행한다. 한편, 의존관계 nmod는 전치사구내의 핵어인 명사와 상위 핵어인 완전동사간에 이

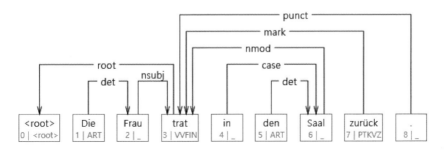

[그림 15] 의존수형도

루어지는 관계이다. 수형도 [그림 15]에서는 전치사구 in den Saal내에서 핵어인 Saal이 상위핵어인 완전동사 trat에 대해 의존관계 nmod를 수행한다.

다음 예에서는 의존관계 amod가 어떻게 구현되는 지를 확인할 수 있다.

(16) Du wirst das dunkelblaue Kleid wieder tragen.

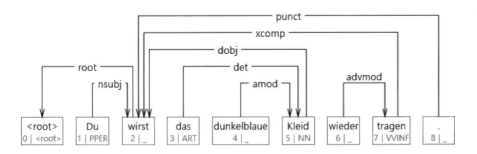

[그림 16] 의존수형도

의존관계 amod는 명사구 내에서 의존소인 부가형용사와 핵어인 명사간에 성립하는 관계이다. 수형도 [그림 16]에서는 명사구 das dunkelblaue Kleid 내에서 핵어인 Kleid에 대해 의존소인 dunkelblaue가 의존관계 amod를 수행한다.

다음으로 의존관계 cop, cc와 conj가 의존구조내에서 어떻게 실현되는지에 대해 논의하자.

(17) Er war außer Atem und musste husten.

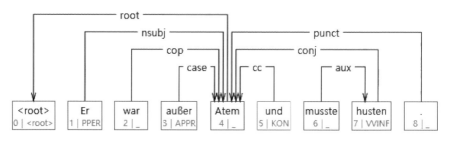

[그림 17] 의존수형도

의존관계 cop는 계사 구문 내에서 의존소로 기능하는 계사와 보어의 핵어간에 성립하는 관계이다. 수형도 [그림 17]에서는 핵어인 명사 Atem에 대해 의존소인 계사 war가 의존관계 cop를 수행한다. 그리고 의존관계 cc는 등위접속구문 내에서 등위접속사와 선행하는 접속성분의 핵어간에 성립하는 관계이다. 수형도 [그림 17]에서는 접속사 und가 선행하는 접속성분의 핵어 Atem에 대해 의존관계 cc를 수행한다. 한편, 의존관계 conj는 등위접속구문 내에서 접속성분들의 핵어들간에 성립하는 관계이다. 수형도 [그림 17]에서는 후행하는 핵어인 완전동사 husten이 선행하는 핵어 Atem에 대해 의존관계 conj를 수행한다. 아래의 등위접속구문들에서도 의존관계 conj가 발견된다.

(18) a. Aus dem Wald kamen Rufe und Gelächter.

　　b. Dann umarmten sie sich, und Kathrine ging.

　　c. Das Treppenhaus war eng und gelb gestrichen.

문장 (18a)에서는 명사 Rufe와 Gelächter간에, (18b)에서는 완전동사 umarmten와 ging간에 그리고 (18b)에서는 서술형용사 eng과 gelb간에 의존관계 conj가 이루어진다.

다음 예를 통해 의존관계 advcl이 어떻게 구현되는지를 알 수 있다.

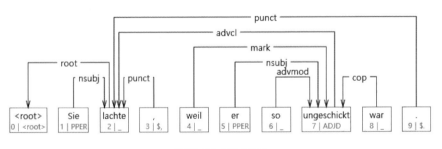

[그림 18] 의존수형도

의존관계 advcl은 주절의 완전동사와 부사절의 핵어간에 맺어진다. 부사절의 핵어는 [그림 18]에서처럼 계사구문의 보어이거나 완전동사이다. 의존구조 [그림 18]에서는 부사절의 핵어인 ungeschickt가 상위핵어인 주절의 완전동사 lachte에 대해 advcl 관계를 가진다.

다음 예에서는 의존관계 appos가 어떤 성분들 간에 이루어지는 지를 확인할 수 있다.

(20) Dann dachte sie an Einar, den Schwager.

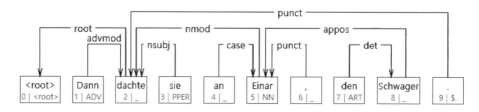

[그림 19] 의존수형도

의존관계 appos는 동일한 지시체를 가리키는 성분들간에 성립하는 관계로서 선행하는 어휘가 핵어의 기능을 하고, 후행하는 표현이 의존소로서 기능한다. 수형도 [그림 19]에서는 핵어인 고유명사 Einar에 대해 의존소인 Schwager가 의존관계 appos를 수행한다.

이제까지 우리는 다양한 의존관계들이 보편적 의존구조내에서 어떤 양상으로 실현되는 지에 대해 논의했다.

보편 의존문법 UDG에서는 이처럼 범언어적으로 적용가능한 의존관계 목록을 설정할 뿐만 아니라 보편적으로 통용될 수 있는 어휘범주들도 정의한다.5)

[표 2] 보편적 품사태크 목록(Universal POS tags)

열린 품사 (Open class words)	ADJ(형용사), ADV(부사), INTJ(감탄사), NOUN(명사), PROPN(고유명사), VERB(동사)
닫힌 품사 (Closed class words)	ADP(부치사), AUX(조동사), CONJ(접속사), DET(관사), NUM(수량사), PART(첨사), PRON(대명사), SCONJ(종속접속사)
기타(Other)	PUNCT(구두점), SYM(기호), X(기타)

---

5) McDonald et al. (2016:1661) 참조.

이 품사태그 목록은 17개로 한정되는데 CoNLL-U에서 채택되어 여러 언어의 보편 의존문법적 구문분석에 활용되고 있다. 각 언어 고유의 전통적인 품사태그와 매핑될 수 있기 때문에6) Penn 트리뱅크 포맷의 코퍼스를 보편적 의존구조 코퍼스로 변환하는 과정에서 이 목록에 속하는 품사들이 전통적 품사태그들을 대체한다.

3.3 보편적 의존문법의 강점과 약점

이 절에서는 독일어의 통사구조 분석과 관련하여 보편적 의존문법이 보여주는 강점들과 약점들에 대해 논의한다.

먼저 UDG의 강점에 대해 논의를 하자. 이 이론이 제안되게 된 배경은 앞서 언급한 바와 같이 범언어적인 보편적 특성을 최대한 반영한 문법이론을 기반으로 하여 언어간 자동번역의 효율을 높이고자 하는 의도였다. 사실 언어 간의 차이는 대부분 기능범주의 차이에서 비롯되고 내용범주의 경우 차이가 별로 드러나지 않기 때문에 기능어의 비중을 약화시키고 내용어의 비중을 강화시킨다면 비교대상이 되는 언어의 보편적 특성을 잘 드러낼 수 있다. 문장내 두 성분이 의존관계에 있을 때에 그 중 어떤 성분을 핵어로 삼을 것인가는 매우 중요한 문제일 수 있는데, 보편적 의존문법에서는 기능어보다는 내용어를 핵어로 간주한다. 예를 들자면, 명사와 전치사가 의존관계를 형성할 경우에 내용어인 명사를 핵어로, 완전동사와 조동사가 의존관계를 이룰 경우에 내용어인 완전동사를 핵어로, 그리고 종속절에서 완전정동사와 접속사가 의존관계에 설 경우에 내용어인 완전

---

6) Petrov et al.(2009)에서는 보편적 의존구조를 위한 품사태그를 12개로 줄임으로써 구문분석의 효율을 높일 수 있다고 주장한다. 이들이 설정하는 품사들은 다음과 같다: ADJ ADP ADV CONJ DET NOUN NUM PRON PRT VERB X \. 더 나아가 여러 언어의 전통적 품사태그들과 12개의 품사태그간의 mapping table을 웹사이트를 통해 제공하고 있다: code.google.com/p/universal-pos-tags/

정동사를 핵어로 분류함으로써 내용어에 권력을 부여한다.

다음 영어 문장과 독일어 문장의 보편적 의존구조를 비교함으로써 내용어 중심성이 언어보편성을 잘 드러낸다는 주장의 타당성을 확인할 수 있다.

(21) a. She begged him to think again on the subject.

b. Sie bat ihn, die Sache noch einmal zu bedenken.

두 문장은 각각 Jane Austen의 "이성과 감성(Sense and Sensibility)"와 독일어 번역본("Verstand und Gefühl")에서 추출한 것으로 의미가 동일하다. 이 문장들을 스탠포드 보편적 의존파서로 분석할 결과가 의존수형도로 [그림 20]과 [그림 21]에 제시되어 있다.

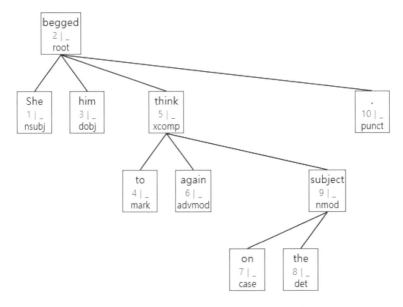

[그림 20] 의존수형도

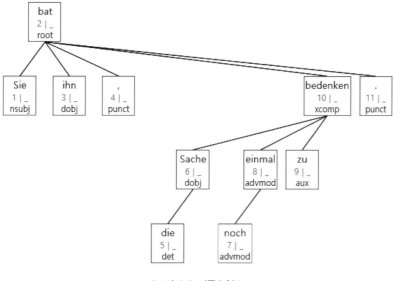

[그림 21] 의존수형도

　수형도 [그림 20]과 [그림 21]을 비교해 보면, 어순의 차이 외에 여타 구조적 차이가 드러나지 않는다. 뿐만 아니라, 두 수형도에 나타나 있는 의존기능 표지들도 거의 동일하다. 구조적 차이도 거의 없고 의존기능 표지들도 유사할 경우 자동번역의 성능을 높이는데 크게 기여할 수 있다. 이처럼 동일한 의미를 가진 영어문장과 독일어 문장의 의존구조가 유사한 것은 보편적 의존문법에서 범언어적으로 통용될 수 있는 의존기능 집합을 가정할 뿐만 아니라, 내용어와 기능어간의 권력분배 과정에서 내용어에 핵어기능을 부여하는데 기인한다. 이와 달리 일반 의존문법의 경우, 의미가 동일한 두 문장이라고 하더라도 구조상에서 큰 차이를 드러낸다.

　다음 수형도 [그림 22]와 [그림 23]은 슈투트가르트 대학에서 개발한 Mate 파서를 이용하여 추출한 영어 문장 (21a)와 독일어 문장 (21b)의 의존구조이다.

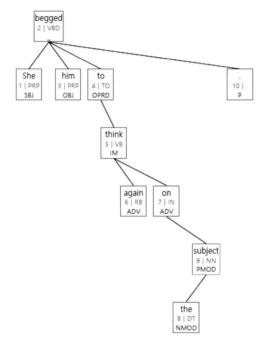

[그림 22] 의존수형도

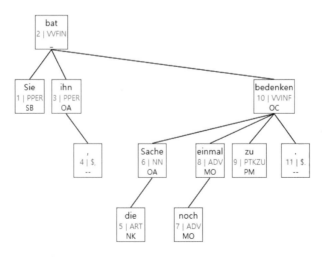

[그림 23] 의존수형도

수형도 [그림 22]와 [그림 23]을 비교하면, 구조적 차이가 너무 크게 나타날 뿐만 아니라, 의존기능 표지들도 너무 상이함을 확인할 수 있다. 구조적 차이는 의존관계에 있는 내용어와 기능어에 권력을 배분하는 원칙에서 기능어 중심성을 견지한데서 비롯된다. 의존기능 표지들이 서로 다른 것은 Mate 파서의 기저에 놓인 의존문법에서 개별언어, 곧 영어와 독일어 고유의 의존기능 집합을 허용한 데에 기인한다. 이와 같이 보편적 의존문법과 전통적 의존문법의 차이는 의미가 동일한 다른 문장들에서도 명료하게 드러난다.

다음 예문들을 살펴보자.

(22) a. A narrow passage led directly through the house into the garden.

b. Ein schmaler Gang führte durch das Haus unmittelbar in den Garten.

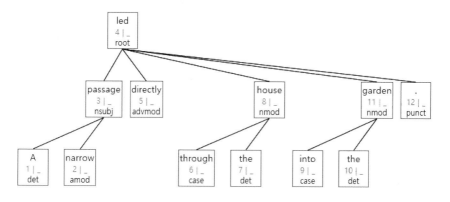

[그림 24] 의존수형도

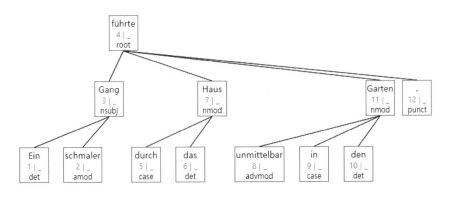

[그림 25] 의존수형도

두 수형도도 어순차이를 도외시하면 의존구조와 의존관계 표지에서 거의 차이를 발견할 수 없다. 반면, Mate 파서에 의해 생성된 의존구조에서는 큰 차이가 드러난다.

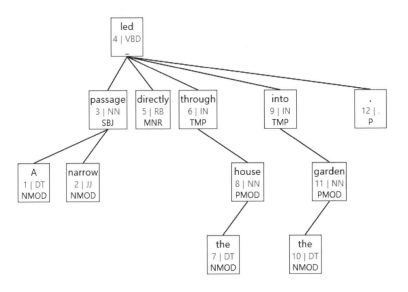

[그림 26] 의존수형도

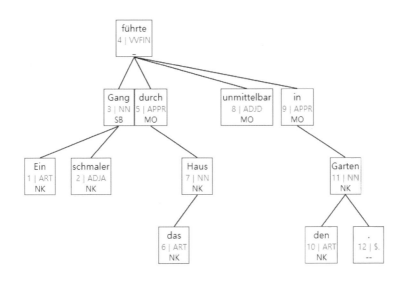

[그림 27] 의존수형도

　두 수형도에서 모두 전치사와 명사간 의존관계의 경우, 기능어인 전치
사가 핵어이고 명사가 의존소로 기능하는 것을 알 수 있다. 다시 말하여,
Mate 의존문법은 기능어 중심성 원칙을 따른다는 점을 확인하게 된다. 또
한 의존기능 목록들도 영어와 독일어가 매우 다르다. 때문에 기계학습을
이용하여 자동번역을 할 경우에 Mate 의존문법과 같은 전통적인 의존문
법은 보편적 의존문법과 비교하여 번역의 정확률이 낮을 수밖에 없다.
　또한 보편적 의존문법은 일반적으로 결합가 연구나 연어관계 연구에 적
합한 것으로 알려져 있다. 예를 들자면, 특정 타동사가 어떤 명사들을 보
충어로 택하여 문장을 이루는 지에 대해 알고자 한다면 의존구조상에서
해당 동사를 핵어로 하는 명사들에는 어떤 것들이 있는 지를 확인하면 된
다. 앞서 논의한 보편적 의존수형도 [그림 25]를 이용하여 동사 führte가
명사 Gang, Haus 및 Garten을 보충어로 삼는다는 사실을 끌어 낼 수 있
다. 반면, Mate 의존수형도 [그림 27]를 통해서는 동사 führte와 명사

Gang간의 관계만 명시적으로 파악할 수 있을 뿐, 동사 führte가 Haus 및 Garten을 보충어로 삼는다는 사실은 추론할 수가 없다. 다만, 동사 führte 와 전치사 durch나 in과의 관계만 알 수 있을 뿐이다.

특정 동사를 중심으로 그 동사와 공기하는 명사목록을 추출할 때 매우 유용하게 쓰일 수 있다. 정리하자면, 동사와 명사간의 관계가 직접적으로 부호화됨으로써 생기는 이점이 많은 것이 보편적 의존문법이다.

이러한 이점 가운데 하나는 어순에 대한 언어유형론적인 근거의 제공이다. Liu는 의존구조 코퍼스를 언어유형론 연구에 활용한 구체적인 사례에 대해 논의한다(Liu 2010). Greenberg(1963) 이래 문장내 구성성분들간의 어순을 기준으로 삼아 여러 언어를 유형화하는 시도들이 많이 있어 왔는데, Liu(2010)에서는 의존구조 코퍼스를 분석대상으로 삼아 계량적인 접근을 한 점이 새로운 시도라고 할 수 있다. 이 연구에서 언어유형론적 발견을 몇 가지 제시하고 있는데, 이 가운데서 보편 의존문법적인 접근과 양립가능한 발견은 동사(V)와 목적어 명사(O)간의 상대적인 순서를 기준으로 유형학적인 결론을 끌어낸 경우이다.7) 그 결과는 다음 그래프로 제시된다 (Liu 2010:1573).

아래 [그림 28]의 그래프상에서 우리는 먼저 일본어의 경우 목적어(O)-동사(V) 어순이 100%인 반면, 덴마크어의 경우 반대로 동사(V)-목적어(O) 어순이 100%에 가깝다는 사실을 확인할 수 있다. 또한 중국어와 영어는 덴마크어 유형에 가까운 반면, 독일어와 터키어는 일본어 유형에 가깝다는 사실도 확인된다.

---

7) Liu(2010)에서는 다음과 같은 20개 언어가 분석대상이다: Chinese (chi), Japanese (jpn), German (ger), Czech (cze), Danish (dan), Swedish (swe), Dutch (dut), Arabic (ara), Turkish (tur), Spanish (spa), Portuguese (por), Bulgarian (but), Slovenian (slv), Italian (ita), English (eng), Romanian (rum), Basque (eus), Catalan (cat), Greek (ell), Hungarian (hun)

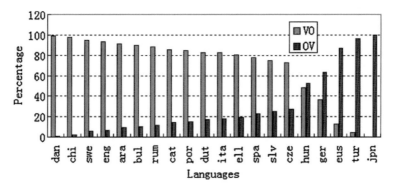

Fig. 8. Distribution of VO and OV in 20 languages.

[그림 28] VO 어순과 OV 어순의 분포

Liu(2010)에서는 동사-목적어간의 의존관계뿐만 아니라, 동사-주어간 및 형용사-명사간의 의존관계에 나타나는 핵어와 의존소간의 어순을 기준으로 삼아 이룬 언어유형론적 발견을 제시하는데, 그 결과가 아래 그래프로 정리된다(Liu 2010:1571).

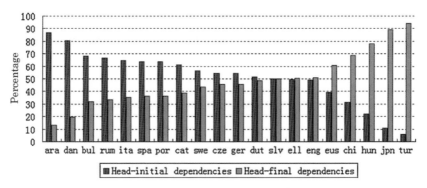

Fig. 4. Distribution of the dependency direction in 20 languages.

[그림 29] 20개 언어의 의존성 방향 분포

　　이 그래프에서 확인가능 하듯이, 단순히 동사(V)-목적어(O)간의 어순만
을 고려한 경우와 달리, 세 가지 의존관계에서 나타난 핵어의 위치를 고려
하여 계산한 분석결과는 좀 더 다른 양상을 보여준다. [그림 29]의 그래프
와 [그림 28]을 비교해 보면, VO 어순만을 기준으로 했을 때 일본이나 터
키어와 대척점에 있었던 영어와 중국어가 핵어-의존소 어순을 기준으로
한 경우 일본어나 터키어와 유사한 언어유형으로 분류되는 것을 알 수 있
다. 새로운 기준에 따라 이들 언어유형과 대척점에 있는 언어들은 아랍어,
덴마크어, 불가리아어 및 루마니아어 등이다.

　　이제 보편적 의존문법의 약점에 대해 논의를 하자. 먼저, 보편적 의존문
법에서는 의존문법의 전통에서 매우 중요한 이슈로 수십 년간 논란의 중
심에 있었던 보충어와 수식어간의 구분문제에 대해 해결책을 제시하지 못
하고 문제를 악화시킨다. 특정 동사를 놓고 논의를 할 때 어떤 어휘가 보
충어냐 수식어냐 하는 문제보다는 의존소인지의 여부만 중요하다. 앞서
논의한 적이 있는 다음 문장에서 전통적인 의존문법에 따르면 명사 Gang
만이 동사 führte의 보충어로 간주되고, 명사 Haus와 Garten은 수식어로
간주되는데 보편적 의존문법에서는 이러한 구분이 의미를 잃는다.

(23) Ein schmaler Gang führte durch das Haus unmittelbar in den
　　　Garten. (=22b)

　　또한 보편적 의존문법에서는 종속접속사 daß와 동사의 분리전철에
mark라는 의존기능 표지를 부여함으로써 양자간의 통사론적 차이를 무시
한다. 아래 예를 보자.

(24) a. Vermutlich dachte er, daß sie kommen würde. (=13)
　　　b. Die Frau trat in den Saal zurück. (=15)

사실 (24a)의 종속접속사 daß는 기능어인 반면, (24b)의 분리전철 zurück 은 독자적인 의미를 가지는 내용어이기 때문에 이 둘을 하나의 울타리에 넣는 것은 문제가 많다.

더 나아가 등위접속구문의 특성을 분석하는데 있어 보편적 의존문법적 접근은 한계가 있다.

(25) Nett, freundlich und sehr kompetent.

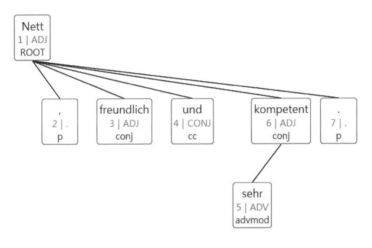

[그림 30] 의존수형도

(25)의 등위 접속 구문에서 형용사 nett와 freundlich간의 관계나 freundlich와 sehr kompetent간의 관계에서 세 어구는 동등한 지위를 갖 는데, 보편적 의존수형도 [그림 30]에서는 이러한 동등성을 읽어내기 어렵 다. 다시 말하여, 등위 접속 구문의 기술과 연관된 보편적 의존구조는 모국 어 화자의 언어직관을 제대로 반영하지 못한다는 한계를 드러낸다. 앞서 논의한 바 있는 다음 문장에서도 동사구 war außer Atem와 musste husten은 통사구조상 동등한 지위를 갖는데, 이 문장을 보편적 의존구조

로 나타낼 경우에 이러한 동등성은 명시적으로 표상되지 않는다.

(26) Er war außer Atem und musste husten. (=17)

외에 보편적 의존문법은 다음 예와 같은 상관구 분석에도 한계를 보인다.

(27) So profitiert nicht nur die Agentur, sondern in erster Linie der
     Kunde.

지금까지 이 절에서 우리는 각각 몇 가지 사례를 들어 보편적 의존문법
의 강점과 약점에 대해 논의를 했다. 이와 관련하여 한 가지 덧붙이자면
독일어처럼 격지배나 동사의 지위지배 등 형태성을 중심으로 통사구조가
설계되어 있는 언어의 경우 내용어 중심의 보편적 의존문법보다는 기능어
중심의 전통적 의존문법이 더 적절한 분석틀이 될 수 있다.

제3장의 요약

이 장에서는 보편적 의존문법의 역사와 특성에 대해 몇 가지 방향에서 논의했다.
우선적으로 보편적 의존문법의 발전역사를 간단히 개관했다.
다음으로 보편적 의존문법의 특성이 무엇이고 통사적인 관점에서 보았을 때 이
러한 분석틀이 독일어 통사현상의 분석과 관련하여 어떠한 장점을 갖게 되는지, 또
한 그 한계는 무엇인지에 대해 살펴보았다.
이어서 독일어의 통사구조 분석과 관련하여 보편적 의존문법이 보여주는 강점들
과 약점들에 대해 논의했다.

제4장

전산 의존문법의 형식문법적 이해

4.1 형식문법의 이해

형식문법적인 관점에서 의존문법을 기술한다면 하나의 의존구조, 곧 의존구조 그래프에 대한 형식문법적 정의로부터 출발하는 것이 합리적이다.

(1) 하나의 의존구조 그래프는 G=⟨N, T, P, L, D, S⟩로 정의된다. 이때

    i. N은 비단말 어휘의 유한한 집합이고,

    ii. T는 단말 어휘의 유한한 집합이며,

    iii. P는 p → q 형태를 가진 의존관계 규칙들의 유한한 집합이며,

    iv. L은 P에 속하는 개별 규칙들 중 우측 성분이 NT의 원소인 규칙유형에 부착되는 의존기능 표지들의 유한한 집합이며,

    v. D는 P에 속하는 개별 규칙들에 적용되는 의존 방향성의 유한한 집합이며,

    vi. S는 N에 속하는 요소가운데 하나로서 초기기호이다.

그래프 G는 다음과 같은 속성들을 지닌다:

(2)

i. G는 초기기호를 하나만 가진 방향성이 있는 비순환적 그래프이다. 이때 뿌리교점은 그 자체 핵교점을 갖지 않는 교점이다.

ii. 뿌리교점을 제외한 모든 교점은 상위교점을 정확히 하나 갖는다.

iii. 모든 비단말 어휘 교점은 하나의 하위교점을 갖는다.

iv. P에 속하는 개별 규칙 p → q의 p는 NT의 원소중 하나이고, q는 NT나 T의 원소 중 하나이다.

v. 의존방향성은 좌측(left)이거나 우측(right) 혹은 정방향(straight)이다.

위의 (1)에 정의된 바에 따라 구체적인 독일어 문장의 의존구조 그래프를 생성할 수 있는 문법을 하나 구성해 보면 다음과 같다.

(3) 독일어 의존문법 (D-DG)

N = {root, ADJA, ADJD, ADV, APPR, APPRART, ART, CARD, KON, KOUS, NE, NN, PIAT, PIS, PPER, PPOSAT, PRF, PROAV, PTKNEG, PTKVZ, PTKZU, PWAV, VAFIN, VAPP, VMFIN, VVFIN, VVINF, VVPP, ...}

T = {äußerst, dachte, daß, deutsch, die, ende, er, gutes, karl, kein, kommen, nehmen, schienen, schnell, sehr, sie, sommer, spricht, vermutlich, würde, zu, ...}

P = { p1: VVFIN → NN,

p2: VVFIN → PPER,

p3: VVPP → VAFIN,

p4: VVFIN → CONJ,

p5: NN → ART,

...... }

L = {root, acomp, adp, adpcomp, adpmod, adpobj, advcl, advmod, amod, appos, attr, aux, auxpass, cc, ccomp, compound, conj, cop, csubj, csubjpass, dep, det, dobj, expl, infmod, iobj, mark, mwe, neg, nmod, nsubj, nsubjpass, num, punct, parataxis, partmod, poss, prt, remod, rel, xcomp}

D = {left, right, straight}

S = root

이 독일어 의존문법은 집합 L이 비교적 적은 수의 원소를 지닌다는 점에서 보편적 의존문법의 틀을 따른다고 할 수 있다. 또한 집합 P에 속하는 의존규칙들의 우측성분이 최대한 하나만 허용되는 점도 의존문법의 특성에 속한다. 위 (3)에 정의된 독일어 의존문법을 토대로 앞서 논의한 바가 있는 독일어 문장의 의존구조 그래프를 생성하면 다음과 같다.

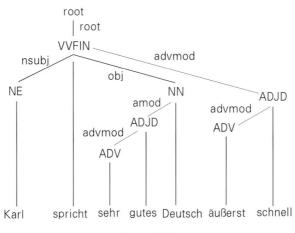

[그림 1] 의존수형도

위 수형도에서 각 교점에는 비단말 어휘나 단말 어휘가 부착되어 있고, 교점들을 연결하는 가지에는 의존관계 표지가 달려있는 것을 확인할 수 있다. 또한 의존관계 표지가 부착된 가지의 경우, 의존성의 방향에 따라 가지가 좌측이나 우측으로 향하는 것을 확인할 수 있으며, 핵어가 비단말 어휘이고 의존소가 단말 어휘인 가지의 경우 의존기능 표지가 부착되지 않고 가지의 방향은 정방향임을 알 수 있다.

4.2 비단말 어휘 집합

의존문법의 비단말어휘 집합은 개별 어휘들이 속하는 어휘범주들만을 포함한다. 이 점은 어휘범주와 구범주를 포함하는 구구조문법의 비단말어 휘 집합과 구별되는 것이다. 앞 절에서 정의한 의존 형식문법은 다음 장에 서 상세히 논의하게 StanfordMI7 코퍼스를 모델로 삼은 것이므로 이 절 에서도 StanfordMI7 코퍼스에 나타나는 어휘범주들에 대해 논의하기로 한다. StanfordMI7 코퍼스는 아래의 예문 (4a)-(4c)와 같이 7개 어휘로 된 문장 700개로 구성된 원시코퍼스 StammMI7을 스탠포드 의존파서 (Stanford dependency parser)를 이용하여 자동분석한 결과를 모은 것이다.

(4) a. Nur das Gefühl des Verlusts war größer.

b. Ohne seine Uniform sah Harald vieljünger aus.

c. Paß auf, es ist alles schrecklich schmutzig.

스탠포트 의존파서는 일반적으로 보편적 의존문법의 틀을 따르지만 독 일어의 경우 표준태그셋이라고 할 수 있는 STTS(Stutgart-Tübingen-Tagset) 를 채택한다.[1] 이 태그셋은 56개로 구성되어 있으며 각 태그의 속성과 예 를 제시하면 다음과 같다.[2]

(5) STTS 태그셋

어휘범주	속성	예
ADJA	attributives Adjektiv	[das] große [Haus]
ADJD	adverbiales oder	[er fährt] schnell
	prädikatives Adjektiv	[er ist] schnell
ADV	Adverb	schon, bald, doch
APPR	Präposition; Zirkumposition links	in [der Stadt], ohne [mich]
APPRART	Präposition mit Artikel	im [Haus], zur [Sache]
APPO	Postposition	[ihm] zufolge, [der Sache] wegen
APZR	Zirkumposition rechts	[von jetzt] an
ART	bestimmter oder	der, die, das,
	unbestimmter Artikel	ein, eine, . . .
CARD	Kardinalzahl	zwei [Männer], [im Jahre] 1994
FM	Fremdsprachliches Material	[Er hat das mit "] A big fish [" ubersetzt]
ITJ	Interjektion	mhm, ach, tja
KOUI	unterordnende Konjunktion mit "zu" und Infinitiv	um [zu leben],anstatt [zu fragen]
KOUS	unterordnende Konjunktion mit Satz	weil, daß, damit,wenn, ob
KON	nebenordnende Konjunktion	und, oder, aber
KOKOM	Vergleichskonjunktion	als, wie
NN	normales Nomen	Tisch, Herr, [das] Reisen
NE	Eigennamen	Hans, Hamburg, HSV
PDS	substituierendes Demonstrativpronomen	dieser, jener
PDAT	attribuierendes Demonstrativpronomen	jener [Mensch]
PIS	substituierendes Indefinitpronomen	keiner, viele, man, niemand
PIAT	attribuierendes Indefinitpronomen ohne	kein [Mensch], irgendein

---

1) Thielen et al. (1999) 참조.
2) 이민행(2012:56-67) 참조.

	Determiner	[Glas]
PPER	irreflexives Personalpronomen	ich, er, ihm, mich, dir
PPOSS	substituierendes Possessivpronomen	meins, deiner
PPOSAT	attribuierendes Possessivpronomen	mein [Buch], deine [Mutter]
PRELS	substituierendes Relativpronomen	[der Hund,] der
PRELAT	attribuierendes Relativpronomen	[der Mann,] dessen [Hund]
PRF	reflexives Personalpronomen	sich, dich, mir
PWS	substituierendes Interrogativpronomen	wer, was
PWAT	attribuierendes Interrogativpronomen	welche [Farbe], wessen [Hut]
PWAV	adverbiales Interrogativ- oder Relativpronomen	warum, wo, wann,worüber, wobei
PROAV	Pronominaladverb	dafür, dabei, deswegen, trotzdem
PTKZU	"zu" vor Infinitiv	zu [gehen]
PTKNEG	Negationspartikel	nicht
PTKVZ	abgetrennter Verbzusatz	[er kommt] an, [er fährt] rad
PTKANT	Antwortpartikel	ja, nein, danke, bitte
PTKA	Partikel bei Adjektiv oder Adverb	am [schönsten], zu [schnell]
SGML	SGML Markup	turnid=n022k TS2004
TRUNC	Kompositions-Erstglied	An- [und Abreise]
VVFIN	finites Verb, voll	[du] gehst, [wir] kommen [an]
VVIMP	Imperativ, voll	komm [!]
VVINF	Infinitiv, voll	gehen, ankommen
VVIZU	Infinitiv mit "zu", voll	anzukommen, loszulassen
VVPP	Partizip Perfekt, voll	gegangen, angekommen
VAFIN	finites Verb, aux	[du] bist, [wir] werden
VAIMP	Imperativ, aux	sei [ruhig !]
VAINF	Infinitiv, aux	werden, sein
VAPP	Partizip Perfekt, aux	gewesen
VMFIN	finites Verb, modal	dürfen

VMINF	Infinitiv, modal	wollen
VMPP	Partizip Perfekt, modal	gekonnt, [er hat gehen] können
XY	Nichtwort, Sonderzeichen enthaltend	3:7, H2O, D2XW3
$,	Komma	,
$.	Satzbeendende Interpunktion	.?!:;
$(	sonstige Satzzeichen; satzintern	- [,]()

이제 StanfordMI7 코퍼스에서 추출한 어휘범주의 출현빈도를 보면 다음과 같은 분포를 이룬다.

[표 1] 어휘범주의 출현빈도

어휘범주	빈도	백분율	어휘범주	빈도	백분율
NN	719	11.81	VMFIN	56	0.92
$.	701	11.52	KOUS	55	0.9
PPER	650	10.68	PTKZU	26	0.43
VVFIN	642	10.55	PIAT	26	0.43
ART	370	6.08	PWAV	22	0.36
ADV	327	5.37	PDS	20	0.33
VAFIN	312	5.13	PROAV	17	0.28
$,	302	4.96	VAPP	16	0.26
APPR	256	4.21	PWS	16	0.26
NE	219	3.6	PIDAT	15	0.25
ADJD	151	2.48	VAINF	10	0.16
KON	139	2.28	KOKOM	10	0.16
VVPP	117	1.92	PTKA	8	0.13
ADJA	105	1.72	PRELS	7	0.11
CARD	101	1.66	PDAT	7	0.11
APPRART	92	1.51	VVIZU	6	0.1
PTKNEG	85	1.4	VVIMP	6	0.1

PTKVZ	84	1.38	PTKANT	6	0.1
VVINF	81	1.33	APPO	5	0.08
PPOSAT	79	1.3	FM	4	0.07
XY	72	1.18	KOUI	3	0.05
PRF	72	1.18	$[	3	0.05

어휘범주들의 출현빈도와 백분율은 튀빙엔 대학의 Tündra 시스템을 이용하여 추출했다. 이를 위해 사용한 검색식은 다음 (6)과 같다.

(6) #1:[pos=/.*/]

이 검색식은 TIGERSearch 프로그램에서 사용하는 검색언어의 규정을 따르는 것으로 정규표현식의 형태를 띄고 있다. 속성 pos의 값이 임의의 문자열이기 때문에 모든 pos에 대해 검색하고 그 출현빈도를 출력하게 되어 있다. Tündra내에서 어떤 검색식에 대해 통계값을 출력하고자 할 경우에 검색식앞에 #로 시작하는 표지를 붙인다.[3)]

시스템 Tündra에서는 특정한 어휘범주가 출현하는 용례들도 추출할 수 있다. 예를 들어 부정어가 나타나는 용례들을 검색하고자 하면 다음 검색식을 실행하면 된다.

(7) #1:[pos="PTKNEG"]

검색결과가 다음과 같이 의존수형도와 함께 화면에 출력된다.[4)]

---

3) TIGERSearch 검색언어의 특성 및 활용방법에 대해서는 이민행(2012) 참조.
4) 용례 하나를 선택해서 더블클릭하면 의존구조도 출력이 된다.

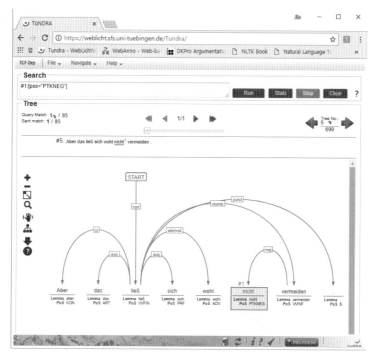

[그림 2] 검색결과의 출력화면

검색결과 추출한 용례 85개 가운데 몇 가지만 제시하면 다음과 같다.

(8) a. Aber es klang nicht wie eine Einladung.

   b. Er konnte sich das Gefühl nicht erklären.

   c. Ich habe gedacht, du kommst nicht zurück.

   d. Nadja konnte nicht aufhören sich zu beklagen.

이 용례들을 통해 nicht의 문장내 위치도 확인할 수가 있는데, 문장전체를 부정하는 nicht는 (8b)에서 명시적으로 확인할 수 있듯이 직접목적어 뒤에, 거의 문장의 끝자락에 위치한다는 점이다.

4.3 의존관계 표지 집합

앞서 논의한 바와 같이 코퍼스 StanfordMI7에서 채택된 의존문법에서
는 의존관계 표지, 곧 의존기능을 수형도상에서 교점과 교점을 연결하는
가지위에 표시한다. 다음의 수형도를 보자.

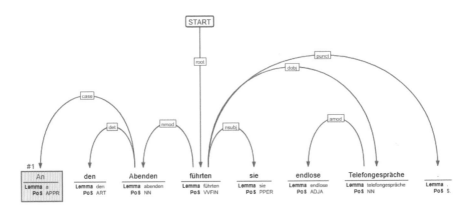

[그림 3] 의존수형도

위 수형도상에 교점과 교점을 연결하는 가지위에 붙은 표지들은 모두
의존기능을 나타내는데, case, det, nmod, root, nsunj, dobj, punct 및
amod가 의존기능을 표상한다. StanfordMI7의 의존문법에서는 모두 40
가지 종류의 의존기능을 설정하고 있으며 검색을 통해 어떤 어휘범주간에
특정한 의존기능이 수행되는 지를 확인할 수 있다. 코퍼스 StanfordMI7
전체에서 나타나는 의존기능의 분포는 [표 2]와 같다.

표에 나타난 데이터를 통해, 의존기능으로는 기능범주 root, punct외에
nsubj, det, advmod 및 dobj가 압도적으로 많이 출현한다는 점을 관찰할
수 있다. 위의 표에 제시된 바, 의존기능 전체의 출현분포를 추출하기 위

해서 남경대에서 개발한 Dependencyviewer를 활용하였다.

[표 2] 의존기능의 출현빈도

의존기능	빈도	의존기능	빈도
nsubj	794	ccomp	64
root	705	advcl	46
det	497	appos	39
punct	487	name	39
advmod	418	iobj	37
dobj	404	parataxis	27
case	291	acl	25
nmod	271	nummod	15
amod	201	expl	13
aux	201	auxpass	11
conj	173	dep	11
mark	148	nmod:poss	9
cop	138	nsubjpass	9
cc	134	compound	2
neg	111	csubj	2
xcomp	66		

이 프로그램을 이용하면 특정한 의존관계 표지가 출현하는 용례들도 추출할 수 있다. 예를 들어 의존기능 xcomp가 나타나는 용례들을 검색하고자 할 경우에 다음 검색식을 실행하면 된다.5)

(9) ⟨xcomp⟩

검색결과는 다음과 같이 화면에 출력된다.

---

5) Dependencyviewer에서 검색식을 세울 때 어휘범주는 [ ]안에 넣어 표기하고, 의존기능는 ⟨ ⟩안에 넣어 표기한다. 그리고 보통 어휘는 an, nicht와 같이 괄호표기를 이용하지 않고 바로 표기한다.

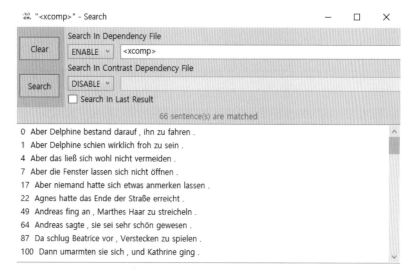

[그림 4] Dependencyviewer의 〈xcomp〉 검색결과 화면

위의 출력된 용례 가운데 하나를 더블클릭하면 그에 대한 의존수형도도 메인화면에 출력된다.

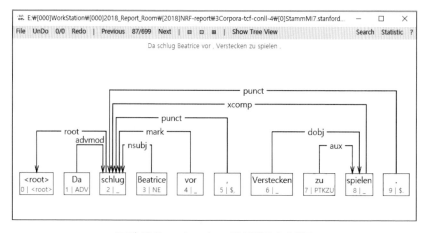

[그림 5] Dependencyviewer의 검색결과 수형도

이 의존구조 수형도상에서 zu-부정사 구문의 완전동사 spielen이 주문
장 동사 schlug에 대해 의존기능 xcomp을 수행함을 확인할 수 있다.

특정 의존기능이 어떤 어휘범주들간에 수행되는 지를 Tündra의 검색언
어를 이용하여 확인할 수 있다. 예를 들어 의존기능 mark에 대해 세밀한
분석을 하고자 할 경우 아래의 검색식을 이용하여 검색할 수 있다.

(10) #1:[pos=/.*/] >mark #2:[pos=/.*/]

검색결과가 다음과 같이 의존수형도와 함께 화면에 출력된다.

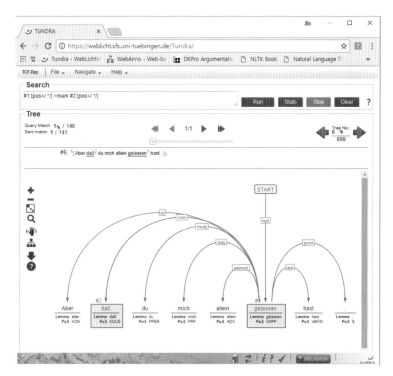

[그림 6] Tündra 검색화면

이 화면에서 우측상단의 메뉴키 Stats를 클릭하면 의존기능 mark의 핵어로 기능하는 어휘범주들(검색식에서 #1 표지가 붙은 성분)의 출현빈도를 화면에서 볼 수 있을 뿐만 아니라 파일로도 저장할 수 있다.

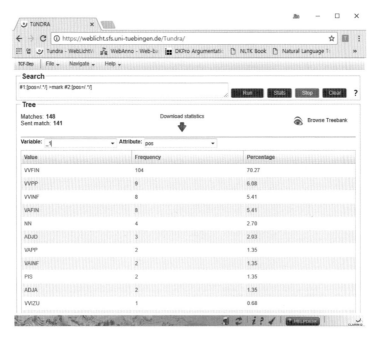

[그림 7] Tündra의 의존기능 mark의 핵어 검색화면

위에 제시된 통계치를 통해 어휘범주 VVFIN이 압도적으로 많이 의존기능 mark의 핵어로 기능함을 관찰할 수 있다. 앞선 화면에서 변수(Variable)를 _2로 선택하면 의존기능 mark의 의존소로 기능하는 어휘범주들(검색식에서 #2 표지가 붙은 성분)의 출현빈도를 화면에서 볼 수 있다.

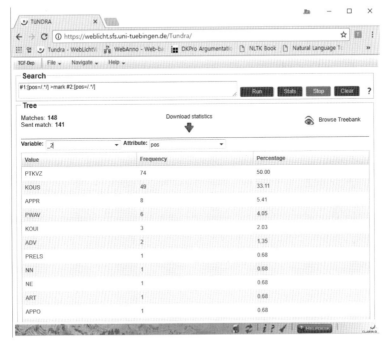

[그림 8] Tündra의 의존기능 mark의 의존소 검색화면

위에 제시된 통계치를 통해서는 zu-부정사구를 이끄는 어휘범주 PTKZU
와 종속절이나 부사절을 이끄는 KOUS가 압도적으로 많이 의존기능 mark
의 의존소로 기능함을 관찰할 수 있다.

지금까지 이 장에서는 의존문법을 형식문법적인 관점에서 정의한 다음
어휘범주와 의존기능에 대해 논의했다.

제4장의 요약

이 장에서는 형식문법적인 관점에서 전산 의존문법의 특성에 대하여 논의를 했다. 먼저, 전산 의존문법을 어떻게 형식문법적으로 기술할 수 있는 지에 대해 살펴보았다.

이어서, 전산 의존문법의 비단말 어휘 집합의 구성에 대해 논의한다. 의존문법의 비단말 어휘 집합이 개별 어휘들이 속하는 어휘범주들만을 포함한다는 점에서 어휘범주와 구범주를 포함하는 구구조문법의 비단말어휘 집합과 구별된다는 사실을 밝혀냈다.

또한, 코퍼스 StanfordMI7에서 채택된 의존관계 표지, 곧 의존기능들에 대해 검토했다. 수형도상에서 의존기능은 교점과 교점을 연결하는 가지위에 표시된다.

제5장

원시 코퍼스 및 평가용 의존코퍼스의 구축

5.1 원시코퍼스 StammMI7의 구축

이 절에서는 독일어 파서의 평가를 목적으로 구축하게 될 세 가지 의존 구조 코퍼스를 구축하는데 있어 공통기반이 되는 원시코퍼스 StammMI7 의 구축과정에 대해 논의한다.

스위스 작가 Peter Stamm의 어떤 작품은 다음과 같은 문장들로 시작한다.

(1) Agnes ist tot. Eine Geschichte hat sie getötet.

1998년에 발표된 『Agnes』라는 장편소설에 나오는 이 문장들은 소설을 이끄는 Leitmotiv를 담고 있다. 아래에 제시된 문장들도 Peter Stamm의 작품들 속에 나오는데, 모두 7개 어휘로 구성된 문장이라는 공통점을 지닌다.

(2)

Agnes stand auf und kam zum Sofa.

Als es dämmerte, machten sie ein Feuer.

Andreas war froh, dass nicht gesungen wurde.

Da schlug Beatrice vor, Verstecken zu spielen.

Er wusste, was sie von ihm erwartete.

이 용례들을 통해 등위접속구문, 부사절, 종속절, zu-부정사 구문 및 간접의문문 등 다양한 구문이 7개 어휘로 표현될 수 있음을 확인하게 된다.

먼저, 인지적인 관점에서 마법의 수로 알려져 있는 7개 어휘로[1] 구성된 문장들이 나타내는 독일어 구문들의 스펙트럼을 확인하고자 한다. 이 연구는 그 성과를 독일어 교육에 활용할 수 있다는 데서 연구의의를 찾을 수 있다.

이 연구를 위해 7개 어휘로 구성된 문장 700개를 원시코퍼스 StammMI7로[2] 구축했다. 구축절차는 다음과 같다. Peter Stamm이 쓴 장편소설 세 편을 스캔한 다음에, OCR로 해독하여 텍스트 파일로 만들고, 이로부터 7개 어휘로 구성된 문장 700개를 선별하여 구축한 것이다. 따라서 원시코퍼스의 규모는 4,900개 어휘이다. 코퍼스의 토대가 된 Stamm의 세 작품은 다음과 같다:[3]

---

1) 1950년대 중반에 프린스턴 대학의 인지심리학자 George Miller가 평균적으로 사람들이 단기기억에 저장하거나 불러내 처리할 수 있는 개체의 수가 7+/-2라고 주장한 이래, 숫자 7이 기호의 인지처리와 관련하여 마법의 수(magic number)라고 불린다. Miller(1956) 참조.
2) 본 연구에서 분석대상으로 삼은 원시코퍼스가 마법의 숫자(magic number) 7과 깊숙이 연관되어 있기 때문에 코퍼스의 명칭을 StammMI7으로 명명하기로 한다. MI는 MagIc의 줄임말이다.
3) 작가 Peter Stamm의 작품과 작품세계 및 줄거리가 위키피디아에 자세히 소개되어 있다: https://de.wikipedia.org/wiki/Peter_Stamm

Stamm, Peter (1998). Agnes. Roman. Arche, Zürich.

Stamm, Peter (2001). Ungefähre Landschaft. Roman. Arche, Zürich.

Stamm, Peter (2007). An einem Tag wie diesem. Roman. S. Fischer, Frankfurt am Main.

세 작품으로부터 추출한 문장은 모두 10,000개가 넘는데, 이 문장들을 길이를 기준으로 오름차순으로 정렬한 다음에[4] 7개 어휘로만 구성된 문장들을 선별했다. 10,000번째 문장까지를 살펴볼 때에 가장 짧은 문장은 하나의 어휘로 되어 있는 반면, 가장 긴 문장은 44개 어휘로 되어 있다. 문장의 길이에 따른 분포는 다음의 표와 같다.

[표 1] Peter Stamm 작품의 길이별 분포

문장길이	빈도	누적빈도	문장길이	빈도	누적빈도
1	55	55	23	112	9453
2	192	247	24	87	9540
3	473	720	25	82	9622
4	649	1369	26	59	9681
5	852	2221	27	47	9728
6	835	3056	28	49	9777
7	797	3853	29	41	9818
8	719	4572	30	30	9848
9	622	5194	31	27	9875
10	588	5782	32	23	9898
11	546	6328	33	14	9912
12	444	6772	34	9	9921
13	442	7214	35	20	9941
14	399	7613	36	4	9945

---

4) 문장 길이를 기준으로 문장들을 정렬하기 위해 sortLength.pl 이라는 perl 스크립트를 사용했다.

15	349	7962	37	12	9957
16	309	8271	38	12	9969
17	234	8505	39	6	9975
18	222	8727	40	6	9981
19	191	8918	41	6	9987
20	160	9078	42	3	9990
21	134	9212	43	3	9993
22	129	9341	44	7	10000

이 표를 보면 5개부터 8개 어휘로 구성된 문장들이 많은 것으로 분석된다. 곧, 마법의 수 7에 관한 G. Miller의 주장이 타당하다는 것을 입증하는 좋은 예라고 할 수 있다.

코퍼스 StammMI7에 나타난 구문의 유형을 정리하면 다음 (3)과 같다.

(3)
- 유형1(T1): 복합명사구
- 유형2(T2): (단순) 도치구문
- 유형(T3): (단순) 명령문
- 유형(T4): 종속문
- 유형(T5): 관계문
- 유형(T6): 간접의문문
- 유형(T7): 부정사구문
- 유형(T8): 등위접속구문
- 유형(T9): 생략구문
- 유형(T10): 분리구문
- 유형(T11): 외치구문
- 유형(T12): 비교구문
- 유형(T13): 동격구문
- 유형(T14): 수동구문
- 유형(T15): 완료구문
- 유형(T6): (일반) 단순문

이제 구문유형별로 해당 문장이 어떤 것들인 지를 살펴보자.

먼저, 복합명사구 유형에 속하는 문장으로는 다음과 같은 것을 들 수 있다.

(4) a. Aber er sah nur stumme, gleichgültige Oberflächen.

b. Andreas empfand plötzlich heftiges Mitleid mit ihm.

다음 문장들은 (단순) 도치구문 유형으로 분류된다.

(5) a. Am frühen Nachmittag war sie wieder zurück.

b. Im Flur hing ein Foto der Familie.

이어, (단순) 명령문 유형에 속하는 문장으로는 다음과 같은 것을 들 수 있다.

(6) a. Komm herunter, wenn du dich eingerichtet hast.

b. Denk doch an Randy, sagte die Mutter.

아래 문장들은 제4유형 종속문으로 분류된다.

(7) a. Er sagte, er beneide sie ein wenig.

b. Ich hatte Angst, daß mich jemand zurückhält.

제5유형 관계문에 속하는 예들로는 다음과 같은 것을 들 수 있다.

(8) a. Morten war der einzige Passagier, der zustieg.

b. Er springt auf alles, was sich bewegt.

다음 예문들은 간접의문문 유형으로 분류된다.

(9) a. Ich fragte sie, ob sie Feuer brauche.

    b. Man weiß ja nie, woran man ist.

부정사구문(T7) 유형에 속하는 문장으로는 다음과 같은 것을 들 수 있다.

(10) a. Er fing an, seine Sachen zu ordnen.

    b. Er solle beim Eingang auf sie warten.

아래 문장들은 제8유형 등위접속구문으로 분류된다.

(11) a. Sie lachte und fragte, was das solle.

    b. Ich dankte ihr und versprach zu kommen.

제9유형 생략구문에 속하는 예들로는 다음과 같은 것을 들 수 있다.

(12) a. Als seien sie mit ihrem Hund spazierengegangen.

    b. Sie wollte in den Louvre, er nicht.

다음 예문들은 분리구문 유형으로 분류된다.

(13) a. Der Portier redete ungeduldig auf sie ein.

    b. Nicht einmal sein Adressbuch packte er ein.

제11유형 외치구문에 속하는 예들로는 다음과 같은 것을 들 수 있다.

(14) a. Ein Fenster war aufgegangen auf ihrem Bildschirm.

b. Es könnte auch wichtig sein für uns.

아래 문장들은 제12유형 비교구문으로 분류된다.

(15) a. Die fahren wie die Wahnsinnigen, sagte Marthe.

b. Walter sah eher überrascht aus als traurig.

또한, 동격구문 유형에 속하는 예문으로는 다음과 같은 것이 있다.

(16) Ich habe ihn gelöscht, sagte sie, "vergessen.

다음 예문들은 제14유형 수동구문으로 분류된다.

(17) a. Das Treppenhaus war eng und gelb gestrichen.

b. Es wurde tagelang von nichts anderem gesprochen.

제15유형 완료구문에 속하는 예들로는 다음과 같은 것들이 있다.

(18) a. Ein richtiges Kinderparadies sei das Zimmer geworden.

b. Ich hatte ihn nie vorher weinen sehen.

아래 문장들은 제16유형 (일반) 단순문으로 분류된다.

(19) a. Ich hatte keine Zeit an dem Tag.

b. Sie war sichtlich stolz auf ihren Mann.

위의 등위접속구문이 할당된 예문 (11a)에 사실상 등위접속구문을 할당할 수도 있고, 간접의문문 구문을 할당할 수도 있다. 여기에 설정된 구문유형들이 상호배타적이 아니어서 한 문장에 대해 여러 가지 구문이 해당될 수도 있기 때문이다. 등위접속구문이 할당된 예문 (11b)에 사실 등위접속구문을 할당할 수도 있고, 부정사구문도 할당할 수 있다. 마찬가지로 생략구문이 할당된 예문 (12a)에 대해서 생략구문을 할당할 수도 있고, 완료구문을 할당할 수도 있다. 이처럼 한 문장에 대해 여러 가지 구문을 할당할 수 있을 경우에는 구문의 복잡성과 희소성을 고려하여 처리 난이도가 높은 구문을 우선적으로 유형을 할당했다. 대안적인 전략은 한 문장에 대해 가능한 모든 구문을 할당하는 것일 것이다. 이 연구에서 문장에 대한 구문의 할당과 연관하여 설정한 난이도 위계 몇 가지는 다음과 같다.

(20) a. 종속문 〈 간접의문문 〈 등위접속구문

　　　 b. 분리구문 〈 부정사구문 〈 등위접속구문

　　　 c. 종속문 〈 완료구문 〈 생략구문

　　　 d. 완료구문 〈 도치구문

　　　 e. 분리구문 〈 외치구문

　　　 f. (일반) 단순문 〈 도치구문

이제 코퍼스 StammMI7내에 출현하는 구문의 분포통계에 대해 살펴보자. 구문의 분포는 다음 [표 2]와 같다.

[표 2] 구문의 분포

구문유형	빈도	백분율(%)	누적백분율(%)
T16	87	12.43	12.43
T15	82	11.71	24.14

T8	79	11.29	35.43
T4	77	11	46.43
T11	69	9.86	56.29
T7	66	9.43	65.71
T2	63	9	74.71
T1	44	6.29	81
T10	39	5.57	86.57
T9	25	3.57	90.14
T6	24	3.43	93.57
T5	12	1.71	95.29
T12	11	1.57	96.86
T13	10	1.43	98.29
T14	8	1.14	99.43
T3	4	0.57	100

표에 제시된 구문의 분포를 검토하면, 제16유형(T16)인 (일반) 단순문의 출현빈도가 가장 높은 반면 제3유형 관계문은 출현빈도가 적다. 다시 말하여 이 코퍼스는 구문의 균형성은 고려하지 않은 코퍼스라고 할 수 있다. 이러한 불균형성은 코퍼스에 포함한 문장의 길이를 7개 어휘로 한정한 데서 비롯된다.

5.2 WeblichtMI7의 구축 및 활용[5)]

이 절에서는 튀빙엔대학의 Weblicht 시스템에서 제공하는 파서를 이용하여 구축한 코퍼스 WeblichtMI7의 구축절차 및 활용방법에 대해 논의한다.
의존구조 코퍼스 WeblichtMI7의 구축절차는 다음에 제시된 몇 가지 절차를 따른다.

---

5) 이 절의 논의는 대부분 이민행(2017)을 수정보완한 내용이다.

(21)

- 원시코퍼스 StammMI7의 준비
- Weblicht내에서 원시코퍼스를 불러들임
- 파싱 도구들의 선택 및 수집
- 수집된 도구들의 실행

다음 [그림 1]은 위의 네 단계 가운데 세 번째 단계를 마친 상태를 보여준다.6)

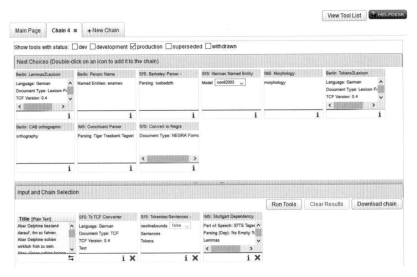

[그림 1] 파싱 도구 모음

위 그림을 통해 우리는 의존구조 코퍼스의 생성을 위해 TCF 포맷으로 변환하기 위한 도구(To TCF Converter)와 문장 및 토큰분할기(Tockenizer/

---

6) Weblicht의 주소는 다음과 같다: https://weblicht.sfs.uni-tuebingen.de/weblicht/

Sentences) 및 의존구조 파서(Stuttgart Dependency)가 쓰임을 확인할 수 있다. 이처럼 파싱에 필요한 도구들이 모두 모아지면 우측 하단의 [Run Tools] 단추를 클릭함으로써 코퍼스를 구축하게 된다. 그 결과로 생성 되는 것은 아래 (22)에 제시되는 형태의 데이터 구조인데, 이 구조는 TCF0.4 포맷을 취하고 있다.

(22) 코퍼스 WeblichtMI7의 데이터 구조

⟨tc:tokens xmlns:tc="http://www.dspin.de/data/textcorpus"⟩

    ⟨tc:token ID="t1"⟩Aber⟨/tc:token⟩

    ⟨tc:token ID="t2"⟩Delphine⟨/tc:token⟩

    ⟨tc:token ID="t3"⟩bestand⟨/tc:token⟩

    ……………………………

    ⟨tc:token ID="t7"⟩zu⟨/tc:token⟩

    ⟨tc:token ID="t8"⟩fahren⟨/tc:token⟩

    ⟨tc:token ID="t9"⟩.⟨/tc:token⟩

    ……………………………

⟨tc:sentences xmlns:tc="http://www.dspin.de/data/textcorpus"⟩

    ⟨tc:sentence   tokenIDs="t1 t2 t3 t4 t5 t6 t7 t8 t9"

      ID="s1"⟩⟨/tc:sentence⟩

    ……………………………

⟨namedEntities type="ENAMEX"⟩

    ⟨entity ID="e1" tokenIDs="t2" class="person"⟩⟨/entity⟩

      ……………………………

    ⟨tc:lemmas xmlns:tc="http://www.dspin.de/data/textcorpus"⟩

    ⟨tc:lemma ID="l_0" tokenIDs="t1"⟩aber⟨/tc:lemma⟩

    ⟨tc:lemma ID="l_1" tokenIDs="t2"⟩Delphine⟨/tc:lemma⟩

⟨tc:lemma ID="l_2" tokenIDs="t3"⟩bestehen⟨/tc:lemma⟩

....

⟨tc:lemma ID="l_6" tokenIDs="t7"⟩zu⟨/tc:lemma⟩

⟨tc:lemma ID="l_7" tokenIDs="t8"⟩fahren⟨/tc:lemma⟩

⟨tc:lemma ID="l_8" tokenIDs="t9"⟩—⟨/tc:lemma⟩

....

⟨tc:POStags   xmlns:tc="http://www.dspin.de/data/textcorpus"
  tagset="stts"⟩

  ⟨tc:tag tokenIDs="t1"⟩KON⟨/tc:tag⟩

  ⟨tc:tag tokenIDs="t2"⟩NE⟨/tc:tag⟩

  ⟨tc:tag tokenIDs="t3"⟩VVFIN⟨/tc:tag⟩

....

  ⟨tc:tag tokenIDs="t7"⟩PTKZU⟨/tc:tag⟩

  ⟨tc:tag tokenIDs="t8"⟩VVINF⟨/tc:tag⟩

  ⟨tc:tag tokenIDs="t9"⟩$.⟨/tc:tag⟩

....

⟨tc:depparsing   xmlns:tc="http://www.dspin.de/data/textcorpus"
  tagset="tiger" multigovs="false" emptytoks="false"⟩

  ⟨tc:parse⟩

    ⟨tc:dependency   func="JU"   govIDs="t3"
      depIDs="t1"⟩⟨/tc:dependency⟩

    ⟨tc:dependency   func="SB"   govIDs="t3"
      depIDs="t2"⟩⟨/tc:dependency⟩

    ⟨tc:dependency func="ROOT" depIDs="t3"⟩⟨/tc:dependency⟩

    ⟨tc:dependency   func="OP"   govIDs="t3"
      depIDs="t4"⟩⟨/tc:dependency⟩

....

〈tc:dependency   func="RE"   govIDs="t4"
depIDs="t8"〉〈/tc:dependency〉

〈tc:dependency   func="―"   govIDs="t8"
depIDs="t9"〉〈/tc:dependency〉

〈/tc:parse〉

....

이 데이터 구조는 널리 통용되는 XML 포맷을 따르는 것이 특징이다. 아래 (23)에 열거된 네 가지 유형의 정보가 의존코퍼스 WeblichtMI7을 구성하는 700개의 의존구조 각각에, 곧 위의 XML 파일안에 담겨져 있다.

(23)

- 어휘형태(word form) 정보 [Aber, sie, hatte, …]
- 품사(pos) 정보 [KON, PPER, VAFIN, …]
- 의존기능(dependency function)/표지(label) [JU, SB, OC, …]
- 레마(lemma) 정보 [aber, sie, haben, …]

예를 들어 문장 "Aber sie hatte keine Antwort gegeben."의 의존수형도는 [그림 2]와 같다.

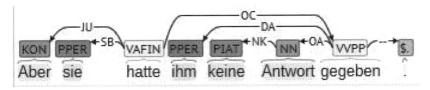

[그림 2] 의존구조 수형도 (Weblicht)

위 수형도를 살펴보면, Aber, sie, hatte 등 어휘형태 정보가 맨 아래층에 나타나고, KON, PPER, VAFIN 등 품사 정보가 아래로부터 두 번째 층에 위치해 있으며, JU, SB, OC 등 의존기능 표지가 맨 위층에 자리하여 품사들간의 의존관계를 화살표를 통해 표시하고 있다. 이 수형도에서 화살표가 출발하는 품사가 핵어이고 화살촉이 맞닿는 품사가 의존어이다. Weblicht에서 제공하는 뷰어(viewer)의 제한성 때문에 레마에 대한 정보는 이 의존수형도에는 나타나 있지 않으나 코퍼스 WeblichtMI7의 데이터 구조에는 포함되어 있다. 반면, 아래의 [그림 3]에서 확인할 수 있듯이 Tündra에서 활용되는 의존수형도에는 레마에 대한 정보가 명시적으로 표현된다.

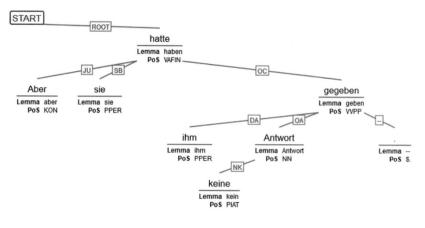

[그림 3] 의존구조 수형도(Tündra)

위 그림에 제시된 수형도에서 교점간의 의존관계를 표현하기 위해 의존기능 표지를 나타내지만 의존관계의 방향을 수형도상의 관할(Dominanz) 관계를 통해 화살표를 대신한다. 다시 말하여 임의의 두 교점이 의존기능 표지가 부착된 가지를 통해 연결되어 있을 경우에 상위에 위치한 교점이 핵어로, 하위에 위치한 교점이 의존소로 간주된다.

이제 핵어와 의존소간의 의존관계들 가운데 자주 나타나는 유형들을 정리해 보면 다음 [표 3]과 같다.

[표 3] 핵어-의존소간의 의존기능 유형

핵어	의존어	예
동사	명사 (주어, 목적어 등)	gebraucht → Punkte (s4) (VVPP -OA-⟩ PPER)
조동사	동사	hätte → gebraucht (s4) (VAFIN -OC-⟩ VVPP)
동사	부사	ließ → wohl (s5) (VVFIN -MO-⟩ ADV)
동사	(서술)형용사	sein → froh (s2) (VAINF -PD-⟩ ADJD)
동사	전치사 (보충어, 부사어)	führte → an (s43) (VVFIN -MO-⟩ APPR)
동사	대용부사	bestand → darauf (s1) (VVFIN -OP-⟩ PROAV)
대용부사	동사	darauf → fahren (s1) (PROAV -RE-⟩ VVINF)
동사	관계부사	fahre → wohin (s36) (VVFIN -MO-⟩ PWAV)
동사	첨사	fahren → zu (s1) (VVINF -PM-⟩ PTKZU)
명사	형용사	Oberflächen → stumme (s11) (NN -NK-⟩ ADJA)
(서술)형용사	부사	froh → wirklich (s2) (ADJD -MO-⟩ ADJD)
형용사	명사	[pos=ADJA [pos=NN]] 3 Fälle ~~~⟩ Fehler
명사	관사	Abenden → den (s43) (NN -NK-⟩ ART)
명사	전치사 (보충어, 수식어, 혹은 von-구)	Streit → um (s204) (NN -OP-⟩ APPR) Musik → die (s164) (NN -MNR-⟩ APPR) [pos=NN [pos=APPR]]

위에 정리된 의존기능 유형 가운데 '동사'가 핵어인 의존관계들이 많은데, 여기서 '동사'는 완전동사 정동사(VVFIN), 조동사 정동사(VAFIN), 과거분사(VVFIN), 완전동사 부정형(VVINF) 등을 일괄지칭한 상위범주이다. 보다 세밀하게 완전정동사(VVFIN)가 핵어가 되는 의존기능들을 일종의 행렬형식으로 정리하면 다음 [표 4]와 같다.

[표 4] 의존기능들의 행렬형식

	Pos			KON	PPER	NN	NE	PIS	APPR
VVFIN	262		JU	13					
VAFIN	140		OA				1		
VVPP	4		SB		123	1	64	7	
NN	108		CP						1
APPR	38		--						
NE	9		MO		1				
APPRART	17		DA						
VMFIN	20		EP		4				
PROAV	2		PH		1				

위 행렬은 Stuttgart 대학에서 개발한 ICARUS 시스템을 이용하여 코퍼스 WeblichtMI7의 의존관계를 검색한 결과의 일부를 보여준다. 이 행렬에서 왼편의 'VVFIN'을 선택하면 완전동사 정동사가 핵어 기능을 하는 의존관계를 한 눈에 볼 수 있다. 위의 [표 4]는 'VVFIN'이 핵어로 기능하는 의존관계 262 사례 중 일부만을 보인 것이다. 이 표를 통해 우리는 'VVFIN'이 핵어로서 의존어인 '접속사(KON)'와 의존관계를 가지며, 이들간의 관계는 '접속어(JU)'라는 것과 이 의존관계 유형의 출현빈도가 13이라는 사실을 확인할 수 있다. 마찬가지로 의존어인 '일반명사(NN)'와는 핵어 'VVFIN'와 123차례 의존관계를 가지는 데 이들간의 관계가 '주어(SB)'인 것을 알 수 있다.

이제 개별 의존기능이 코퍼스 WeblichtMI7내에서 어떠한 통계적인 분

포를 보이는 지를 살펴보기로 하자. Tündra에서 제공하는 검색엔진을 이
용하여 의존기능의 출현빈도를 추출할 수 있는데, 검색을 위해 다음과 같
은 검색식을 실행시켰다.

(24) #1:[pos=/.*/] 〉#2. #3:[pos=/.*/]

이 검색식은 TIGERSearch의 검색문법에 의거하여 생성한 것이며, 그
의미는 #1로 지시되는 교점과 #3으로 지시되는 교점이 있을 때, #1 교점
이 #3 교점의 상위에 위치하며, 두 교점간의 의존관계를 나타내는 의존기
능은 #2로 나타낸다는 것이다. 우리의 관심은 변수 #2의 값을 채우는 의
존기능들의 출현빈도이다. 의존기능의 출현빈도를 백분율과 함께 제시하
면 아래의 [표 5]와 같다.

[표 5] 의존기능의 분포

의존기능	빈도	백분율(%)	의존기능	빈도	백분율(%)
NK	914	19.5	CM	14	0.3
SB	815	17.39	RC	12	0.26
MO	714	15.23	PNC	12	0.26
—	490	10.45	PG	12	0.26
OC	405	8.64	RE	8	0.17
OA	365	7.79	CC	7	0.15
PD	146	3.11	AMS	7	0.15
CJ	121	2.58	UC	6	0.13
CD	97	2.07	PH	6	0.13
SVP	91	1.94	APP	6	0.13
NG	85	1.81	PAR	3	0.06
DA	79	1.69	DM	3	0.06
CP	61	1.3	OG	2	0.04
JU	43	0.92	OA2	2	0.04

OP	34	0.73	AC	2	0.04
MNR	33	0.7	VO	1	0.02
EP	29	0.62	SBP	1	0.02
PM	26	0.55	RS	1	0.02
AG	19	0.41	AVC	1	0.02
CVC	14	0.3			

위의 [표 5]를 보면, 의존기능 '명사핵(NK)'의 출현빈도가 가장 높고, '주어(SB)'와 '수식어(MO)'가 그 뒤를 따른다.7)

한편, 코퍼스로부터 품사(pos)의 분포를 추출하기 위해 필요한 검색식은 다음 (25)와 같다.

(25) #1:[pos=/.*/]

이 검색식을 실행하여 얻은 결과는 아래의 [표 6]이다.

[표 6] 어휘범주의 분포

품사	빈도	백분율(%)	품사	빈도	백분율(%)
$.	702	11.54	VMFIN	52	0.85
NN	675	11.09	PIAT	34	0.56
PPER	664	10.91	PDS	27	0.44
VVFIN	612	10.05	PTKZU	25	0.41
ART	360	5.91	PWAV	21	0.34
ADV	313	5.14	VAPP	16	0.26
VAFIN	306	5.03	PWS	16	0.26
$,	302	4.96	PROAV	16	0.26

---

7) 네 번째 순위를 차지한 의존기능 '—'은 절 단위의 최상위 핵어가 콤마($,)나 마침표 ($.) 등 구두점과 갖는 의존관계를 나타낸다.

NE	260	4.27	KOKOM	16	0.26
APPR	247	4.06	CARD	14	0.23
$(	184	3.02	VAINF	11	0.18
ADJD	151	2.48	PRELS	9	0.15
KON	139	2.28	PTKA	8	0.13
VVPP	115	1.89	PDAT	7	0.11
VVINF	104	1.71	VVIZU	6	0.1
ADJA	100	1.64	PTKANT	6	0.1
APPRART	92	1.51	VVIMP	5	0.08
PTKVZ	91	1.49	KOUI	5	0.08
PIS	88	1.45	FM	5	0.08
PTKNEG	85	1.4	VMINF	3	0.05
PRF	70	1.15	XY	1	0.02
PPOSAT	68	1.12	APPO	1	0.02
KOUS	54	0.89			

이 표를 살펴보면, 마침표($.)에 이어 일반명사(NN), 인칭대명사(PPER) 및 완전동사 정동사(VVFIN) 순으로 출현빈도가 높은 것을 확인할 수 있다.

이 장을 마무리하면서 의존구조 코퍼스를 어떻게 활용할 수 있는 지에 대해 몇 가지 활용방안에 대해 논의하기로 한다. 일차적으로 코퍼스 WeblichtMI7 을 Tündra(Tübingen aNnotated Data Retrieval Application) 검색시스템에 넣어 의존구조 수형도를 생성하고 적절한 검색식을 세워서 필요한 통계를 추출할 수 있다. 다음으로, 의존구조 코퍼스를 ICARUS(Interactive platform for Corpus Analysis and Research tools, University of Stuttgart) 분석도구에 넣어 의존구조 수형도를 생성하고 수정하거나 관심있는 언어현상에 대한 통계를 추출할 수 있다(Gärtner et. al. 2013 참조). 마지막으로, WeblichtMI7을 구성구조 코퍼스 WeblichtMI7-CsS로 확장할 수 있는데, 이 작업은 Weblicht 에서 제공하는 해당 모듈을 이용하여 수행할 수 있다. Weblicht는 의존구조를 구성구조로 변환하는 모듈을 제공하고 있기 때문이다.

5.3 MateMI7의 구축 및 활용

슈튜트가르트 대학의 IMS 연구소에서 개발한 의존구조 파서 Mate는 Weblicht 시스템에 포함되어 있지 않기 때문에 별도의 과정을 통해 의존코퍼스 MateMI7을 구축해야 한다. MateMI7은 원시코퍼스로서 StammMI7을 사용한다는 점에서 두 코퍼스의 공통점이 있다. 코퍼스 MateMI7를 구축하기 위해 다름슈타트(Darmstadt) 대학에서 개발한 groovy 시스템을 활용하였다.[8] groovy 시스템을 먼저 설치한 다음에 윈도우의 명령라인 환경에서 아래와 같은 명령식을 실행하면 의존코퍼스 MateMI7를 얻을 수 있다.

(26) groovy pipelineTCF-Mate-de.groovy

일종의 스크립트인 "pipelineTCF-Mate-de.groovy"은 "StammMI7.mate"을 입력파일로 받아서 "StammMI7.mate.tcf"이라는 TCF 포맷의 의존구조 코퍼스를 출력하는 프로그램이다. 입력파일은 원시코퍼스 StammMI7으로 단순히 분석하고자 하는 문장들만을 모아놓은 것이고 출력파일에는 파싱한 결과가 저장된다. 출력파일의 내용을 시작부분만 제시하면 다음과 같다.

(27)
〈?xml version="1.0" encoding="UTF-8"?〉
〈?xml-model href="http://de.clarin.eu/images/weblicht-tutorials/resources/
    tcf-04/schemas/latest/d-spin_0_4.rnc"type="application/

---

8) Groovy에 대해서는 Eckart et al.(2014) 및 github 자료 참조.

relax-ng-compact-syntax"?⟩

⟨D-Spin xmlns="http://www.dspin.de/data" version="0.4"⟩

⟨md:MetaData xmlns:xsi="http://www.w3.org/2001/XMLSchema-instance"

    xmlns:cmd="http://www.clarin.eu/cmd/" xmlns:md="http://www.dspin.

    de/data/metadata" xsi:schemaLocation="http://www.clarin.eu/cmd/

    http://catalog.clarin.eu/ds/ComponentRegistry/rest/registry/profiles/

    clarin.eu:cr1:p_1320657629623/xsd"⟩⟨/md:MetaData⟩

⟨tc:TextCorpus xmlns:tc="http://www.dspin.de/data/textcorpus"

    lang="x-unspecified"⟩

⟨tc:text⟩Aber Delphine bestand darauf, ihn zu fahren.

Aber Delphine schien wirklich froh zu sein.

Aber Jürgen schien keinen Verdacht zu schöpfen.

Aber dafür hätte ich zweihundertsiebzig Punkte gebraucht.

    ……

이 파일은 원시코퍼스에 포함된 문장 700개를 Mate 파서를 이용하여 자동분석한 결과를 담고 있다. 여기에 제시된 형식은 TCF 포맷으로서 Weblicht나 ICARUS에서 검색 및 통계추출이 가능한 의존구조의 포맷이다. 앞서 TCF 포맷의 MateMI7 코퍼스를 구축할 때 실행한 groovy 프로그램 "pipelineTCF-Mate-de.groovy"은 다음 (28)과 같다.

(28)

```
#!/usr/bin/env groovy
@Grab(group='de.tudarmstadt.ukp.dkpro.core', version='1.6.2',
        module='de.tudarmstadt.ukp.dkpro.core.opennlp-asl')
import de.tudarmstadt.ukp.dkpro.core.opennlp.*;
```

```
@Grab(group='de.tudarmstadt.ukp.dkpro.core', version='1.6.2',
        module='de.tudarmstadt.ukp.dkpro.core.languagetool-asl')
import de.tudarmstadt.ukp.dkpro.core.languagetool.*;
@Grab(group='de.tudarmstadt.ukp.dkpro.core', version='1.6.2',
        module='de.tudarmstadt.ukp.dkpro.core.matetools-gpl')
import de.tudarmstadt.ukp.dkpro.core.matetools.*;
@Grab(group='de.tudarmstadt.ukp.dkpro.core', version='1.6.2',
        module='de.tudarmstadt.ukp.dkpro.core.io.text-asl')
import de.tudarmstadt.ukp.dkpro.core.io.text.*;
@Grab(group='de.tudarmstadt.ukp.dkpro.core', version='1.6.2',
        module='de.tudarmstadt.ukp.dkpro.core.io.tcf-asl')
import de.tudarmstadt.ukp.dkpro.core.io.tcf.*;
import static org.apache.uima.fit.pipeline.SimplePipeline.*;
import static org.apache.uima.fit.factory.AnalysisEngineFactory.*;
import static org.apache.uima.fit.factory.CollectionReaderFactory.*;


runPipeline(
   createReaderDescription(TextReader,
      TextReader.PARAM_SOURCE_LOCATION, "StammMI7.mate",
      TextReader.PARAM_LANGUAGE, "de"),
   createEngineDescription(OpenNlpSegmenter),
   createEngineDescription(OpenNlpPosTagger),
   createEngineDescription(LanguageToolLemmatizer),
   createEngineDescription(MateParser),
   createEngineDescription(TcfWriter,
      TcfWriter.PARAM_TARGET_LOCATION, "."));
```

이 스크립트의 하단으로부터 두 번째 줄에 출력시에 TCF 포맷으로 하기 위해 "TcfWriter"를 엔진으로 사용하라는 명령이 들어 있고, 하단으로부터 세 번째 줄에는 파싱을 위한 파서로 "MateParser"를 엔진으로 사용하라는 명령라인이 포함되어 있으며, 하단으로부터 여덟째 줄에 입력 파일로는 "StammMI7.mate"을 사용하라는 명령이 들어 있다. 그 중간에는 토크나이 저와 태거로 어떤 툴들을 사용할 지에 대한 지침이 포함되어 있다.

이제 Mate 파서를 이용해 생성한 파일 "StammMI7.mate.tcf", 곧 의존 구조 코퍼스 MateMI7을 Weblicht안에서 불러들여 검색을 할 수 있다.

다음은 코퍼스 MateMI7를 Weblicht에서 실행한 화면이다.

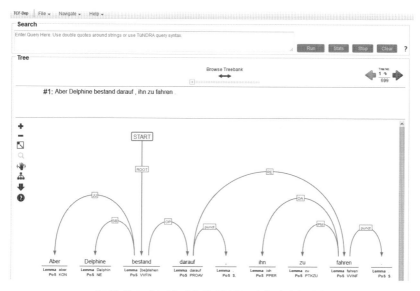

[그림 4] 코퍼스 MateMI7을 Weblicht에서 실행한 화면

화면의 검색창에 [그림 5]와 같이 검색식을 입력한 후에 실행(Run)을 하 면 Mate 코퍼스로부터 품사(pos)의 분포를 추출할 수 있다.

```
┌ Search ──────────────────────────────────────────────────────────────
│ #1:[pos=/.*/]
│                                                      ▓ Run ▓ ▓ Stats ▓ ▓ Stop ▓ ▓ Clear ▓  ?
└──────────────────────────────────────────────────────────────────────
```

[그림 5] 검색식을 입력한 화면

추출한 어휘범주의 통계적 분포는 아래의 [표 7]과 같다.

[표 7] 어휘범주의 분포

어휘범주	빈도	백분율	어휘범주	빈도	백분율
$.	702	11.89	PIS	67	1.13
NN	681	11.53	KOUS	49	0.83
VVFIN	641	10.86	PIAT	39	0.66
PPER	612	10.36	VMFIN	31	0.52
ART	374	6.33	PTKZU	29	0.49
ADV	337	5.71	PWAV	21	0.36
NE	304	5.15	PDS	20	0.34
$,	303	5.13	CARD	16	0.27
VAFIN	289	4.89	VAPP	15	0.25
APPR	247	4.18	PROAV	15	0.25
ADJD	155	2.62	KOKOM	14	0.24
KON	137	2.32	PWS	12	0.2
VVPP	122	2.07	$(	12	0.2
ADJA	111	1.88	VAINF	11	0.19
VVINF	93	1.57	PRELS	10	0.17
APPRART	93	1.57	VVIZU	7	0.12
PTKVZ	87	1.47	PDAT	7	0.12
PTKNEG	83	1.41	KOUI	6	0.1
PPOSAT	77	1.3	PTKA	5	0.08
PRF	69	1.17	PTKANT	2	0.03

이 표를 살펴보면, 마침표($.)에 이어 일반명사(NN), 인칭대명사(PPER) 및

완전동사 정동사(VVFIN) 순으로 출현빈도가 높은 것을 확인할 수 있다.

이제 개별 의존기능이 코퍼스 WeblichtMI7내에서 어떠한 통계적인 분포를 보이는 지를 살펴보기로 하자. Tündra에서 제공하는 검색엔진을 이용하여 의존기능의 출현빈도를 추출할 수 있는데, 검색을 위해 다음과 같은 검색식을 실행시켰다.

(29) #1:[pos=/.*/] 〉#2. #3:[pos=/.*/]

이 검색식은 TIGERSearch의 검색문법에 의거하여 생성한 것이며, 그의미는 #1로 지시되는 교점과 #3으로 지시되는 교점이 있을 때, #1 교점이 #3 교점의 상위에 위치하며, 두 교점간의 의존관계를 나타내는 의존기능은 #2로 나타낸다는 것이다. 우리의 관심은 변수 #2의 값을 채우는 의존기능들의 출현빈도이다. 의존기능의 출현빈도를 백분율과 함께 제시하면 아래의 [표 8]과 같다.

[표 8] 의존기능의 분포

의존기능	빈도	백분율	의존기능	빈도	백분율
NK	927	20.58	PNC	22	0.49
SB	839	18.62	RC	15	0.33
MO	776	17.23	CM	14	0.31
OC	385	8.55	PG	10	0.22
punct	318	7.06	AMS	10	0.22
OA	318	7.06	CC	9	0.2
PD	148	3.29	EP	8	0.18
CJ	132	2.93	CVC	8	0.18
CD	96	2.13	RE	7	0.16
SVP	82	1.82	APP	7	0.16
NG	82	1.82	PAR	4	0.09
DA	63	1.4	UC	2	0.04

CP	51	1.13	SBP	2	0.04
JU	42	0.93	AC	2	0.04
MNR	41	0.91	VO	1	0.02
PM	29	0.64	DM	1	0.02
OP	29	0.64	AVC	1	0.02
AG	24	0.53			

이 표를 통해 우리는 의존기능 핵성분(NK)에 이어 주어(SB), 수식어(MO) 및 보충어절(OC) 순으로 출현빈도가 높은 것을 확인할 수 있다.

Mate 파서를 이용할 경우에 groovy 프로그램을 이용하여 직접 CoNLL 포맷을 가진 의존구조 코퍼스를 생성할 수도 있다. 앞서 CoNLL포맷의 MateMI7 코퍼스를 구축할 때 실행한 groovy 프로그램 "pipelineCoNLL-Mate-de.groovy"은 다음 (30)과 같다.

(30)
```
#!/usr/bin/env groovy
@Grab(group='de.tudarmstadt.ukp.dkpro.core', version='1.6.2',
        module='de.tudarmstadt.ukp.dkpro.core.opennlp-asl')
import de.tudarmstadt.ukp.dkpro.core.opennlp.*;
@Grab(group='de.tudarmstadt.ukp.dkpro.core', version='1.6.2',
        module='de.tudarmstadt.ukp.dkpro.core.languagetool-asl')
import de.tudarmstadt.ukp.dkpro.core.languagetool.*;
@Grab(group='de.tudarmstadt.ukp.dkpro.core', version='1.6.2',
        module='de.tudarmstadt.ukp.dkpro.core.matetools-gpl')
import de.tudarmstadt.ukp.dkpro.core.matetools.*;
@Grab(group='de.tudarmstadt.ukp.dkpro.core', version='1.6.2',
        module='de.tudarmstadt.ukp.dkpro.core.io.text-asl')
```

```
import de.tudarmstadt.ukp.dkpro.core.io.text.*;
@Grab(group='de.tudarmstadt.ukp.dkpro.core', version='1.6.2',
        module='de.tudarmstadt.ukp.dkpro.core.io.conll-asl')
import de.tudarmstadt.ukp.dkpro.core.io.conll.*;
import static org.apache.uima.fit.pipeline.SimplePipeline.*;
import static org.apache.uima.fit.factory.AnalysisEngineFactory.*;
import static org.apache.uima.fit.factory.CollectionReaderFactory.*;


runPipeline(
    createReaderDescription(TextReader,
        TextReader.PARAM_SOURCE_LOCATION, "StammMI7.mate",
        TextReader.PARAM_LANGUAGE, "de"),
    createEngineDescription(OpenNlpSegmenter),
    createEngineDescription(OpenNlpPosTagger),
    createEngineDescription(LanguageToolLemmatizer),
    createEngineDescription(MateParser),
    createEngineDescription(Conll2006Writer,
        Conll2006Writer.PARAM_TARGET_LOCATION, "."));
```

이 스크립트의 하단으로부터 두 번째 줄에 출력시에 CoNLL 포맷으로 하기 위해 "Conll2006Writer"를 엔진으로 사용하라는 명령이 들어 있고, 하단으로부터 세 번째 줄에는 파싱을 위한 파서로 "MateParser"를 엔진으로 사용하라는 명령라인이 포함되어 있으며, 하단으로부터 여덟째 줄에 입력 파일로는 "StammMI7.mate"을 사용하라는 명령이 들어 있다. 그 중간에는 토크나이저와 태거로 어떤 툴들을 사용할 지에 대한 지침이 포함되어 있다.

5.4 StanfordMI7의 구축 및 활용

미국 스탠포드 대학에서 개발한 의존구조 파서도 Weblicht 시스템에 포함되어 있지 않기 때문에 별도의 과정을 통해 의존코퍼스 StanfordMI7을 구축해야 한다. StanfordMI7도 원시코퍼스로서 StammMI7을 사용한다는 점에서 WeblichtMI7 및 MateMI7과 공통점이 있다. 코퍼스 StanfordMI7을 구축하기 위해서 스탠포드대학에서 제공하는 CoreNLP 패키속에 포함된 의존파서 엔진을 이용해야 한다.[9] CoreNLP를 먼저 설치한 다음에 윈도우의 명령라인 환경에서 아래와 같은 명령식을 실행하면 의존코퍼스 StanfordMI7를 얻을 수 있다.

(31)

java -Xmx5g -cp stanford-corenlp-3.8.0.jar;stanford-german- corenlp-3.8.0-models.jar;* edu.stanford.nlp.pipeline.StanfordCoreNLP -props StanfordCoreNLP-german-coref.properties -annotators tokenize, ssplit,pos,lemma,ner,depparse -coref.algorithm neural -ssplit. eolonly -outputFormat conllu -file StammMI7.stan

스탠포드 의존파서는 자바환경에서 운용되기 때문에 자바 명령식을 사용하여 파싱을 실행한다. 이 명령식은 "StammMI7.stan"을 입력파일로 받아서 "StammMI7.stan.conllu"이라는 CoNLLU 포맷의 의존구조 코퍼스를 출력하는 프로그램이다. 입력파일 "StammMI7.stan"은 원시코퍼스 StammMI7으로 단순히 분석하고자 하는 문장들만을 모아놓은 것이고 자동으로 확장자 "conllu"가 출력파일 "StammMI7.stan.conllu"에는 보편적 의존문법 파서

---

9) 스탠포드 자연어처리 도구 CoreNLP에 대해서는 Manning et al. (2014) 참조. 이 도구는 https://stanfordnlp.github.io/CoreNLP/에서 다운받을 수 있다.

를 이용하여 자동분석한 결과가 저장된다. 위 명령식안에는 독일어를 분석대
상으로 하는 경우에 어떤 도구들을 사용해야 하는 지에 대한 정보를 담은 파
일명이 포함되어 있는데 "StanfordCoreNLP-german-coref.properties"이
그 파일이다.10) 파싱 관련한 이 독일어 파라메터 파일을 열어 보면 다음
과 같은 내용으로 되어 있다.

(32)
annotators = tokenize, ssplit, pos, ner, parse

tokenize.language = de

pos.model   =   edu/stanford/nlp/models/pos-tagger/german/german-
    hgc.tagger

ner.model   =   edu/stanford/nlp/models/ner/german.conll.hgc_175m_
    600.crf.ser.gz

ner.applyNumericClassifiers = false

ner.useSUTime = false

parse.model   =   edu/stanford/nlp/models/lexparser/germanFactored.
    ser.gz

depparse

depparse.model = edu/stanford/nlp/models/parser/nndep/UD_German.gz

depparse.language = german

여기에는 어떤 작업들을 수행할 것인 지 등에 정보 등 여러 가지 지침이
들어 있는데, 그 중에서 가장 중요한 것은 어떤 파싱모델을 사용할 것인지
에 대한 것이다. 우리가 사용하고자 하는 의존구조 파서로는 신경망 기반

10) 이 독일어 파라메터 파일은 "stanford-german-corenlp-3.8.0-models.jar"안에 포함되
    어 있다.

의 UD_German을 사용하도록 지시하고 있다. 자바 명령식을 실행한 다음에 생성된 출력파일 "StammMI7.stan.conllu" 속에 포함된 분석결과를 둘만 제시하면 다음과 같다.

(33)

1	Aber	aber	KON	KON	_	3	cc	_	_
2	Delphine	delphine	_	NN	_	3	nsubj	_	_
3	bestand	bestand	VVFIN	VVFIN	_	0	root	_	_
4	darauf	darauf	_	PROAV	_	3	advmod	_	_
5	,	,	$,	$,	_	3	punct	_	_
6	ihn	ihn	_	PPER		8	dobj		
7	zu	zu	PTKZU	PTKZU	_	8	aux		
8	fahren	fahren	_	VVINF	_	3	xcomp		
9	.	.	$.	$.	_	3	punct		

1	Aber	aber	KON	KON	_	3	cc	_	_
2	Delphine	delphine	_	NN	_	3	advmod	_	_
3	schien	schien	VVFIN	VVFIN	_	0	root	_	_
4	wirklich	wirklich	_	ADJD	_	5	advmod	_	_
5	froh	froh	ADJD	ADJD	_	3	xcomp	_	_
6	zu	zu	_	PTKZU	_	7	aux	_	_
7	sein	sein	VAINF	VAINF	_	5	cop	_	_
8	.	.	_	$.	_	3	punct	_	_

이 파싱결과는 원시코퍼스의 첫 문장과 두 번째 문장을 Stanford 파서를 이용하여 자동분석한 결과이다. 여기에 제시된 형식은 CoNLL-U 포맷이라고 불리는 표준적인 의존구조의 포맷이다. 이 포맷은 ICARUS나 DependencyViewer에서 검색이 가능하다.

다름슈타트 공과대학에서 개발한 시스템 Webanno를 이용하면 CoNLL-U 포맷으로 된 의존구조 코퍼스를 수정할 수 있을 뿐만 아니라, 포맷을 변환할 수 있다.11) 이 절에서 논의하고 있는 스탠포드 코퍼스 StanfordMI7은 CoNNL-U 포맷으로 되어 있어 Tündra내에서 실행하여 검색할 수가 없는 약점이 있다.12) 때문에 효율적인 검색과 통계처리를 위해 CoNLL-U 포맷을 TCF 포맷으로 변환할 필요가 있다. 이 목적을 위해 Webanno 태깅도구를 활용하면 된다.13) 다음은 Webanno 도구를 이용하여 TCF로 변환한 파일 StanfordMI7.tcf를14) Tündra 시스템에서 불러들인 화면을 캡쳐한 것이다.

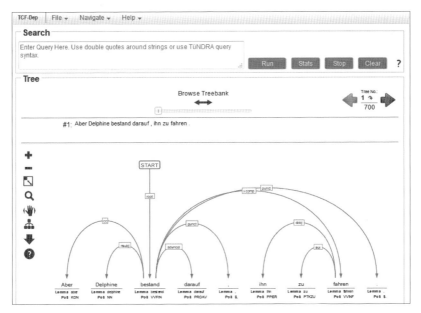

[그림 6] Tündra에서 StanfordMI7 코퍼스를 실행한 화면

---

11) 다름슈타트 대학에서 개발한 Webanno의 설계구조 및 사용방법에 대해서는 Yimam et al. (2014) 참조. Webanno는 다양한 언어학적 태깅을 위한 웹기반 태깅도구이다.

12) 제1세대 Tündra 시스템에서는 CoNNL-U 포맷의 데이터를 실행할 수 없었으나 최신 시스템에서는 CoNNL-U 포맷의 의존구조 코퍼스로부터 검색이 가능하다.

13) CoNLL-U 포맷으로부터 TCF 포맷으로의 변환과정에 대해서는 [부록 5]에 정리한다.

14) 변환파일의 구조상 Tündra내에서 바로 실행이 되지 않으므로 정규표현식을 지원하는 편집기를 이용하여 특정 라인을 교정해 주어야 한다: ^(.+func="root")(depIDs=".+")(govIDs=".+") => \1\2

위 화면의 검색창(Search)에 아래 그림과 같이 검색식을 입력하면 코퍼스 StanfordMI7에서 출현하는 의존기능들의 통계를 추출할 수 있다.

[그림 7] Tündra에서 의존기능의 출현빈도를 추출한 화면

이렇게 추출된 통계 값은 앞서 4.3절에서 논의한 바 DependencyViewer를 이용하여 추출한 내용과 대동소이하다.

외에 StanfordMI7 코퍼스에 출현하는 어휘범주들에 대해서도 이미 보편적 의존문법의 특성을 논의하는 제4장에서 논의를 마쳤기 때문에 이 절에서 이에 대해 다시 검토하지 않는다.

이제, 앞서 세 절에 걸쳐 논의한 세 가지 코퍼스, 곧 WeblichtMI7, MateMI7 및 StanfordMI7의 구축도구, 포맷 및 활용가능한 검색시스템에 대해 비교해 보기로 하자.

아래의 [표 9]는 세 가지 유형의 코퍼스의 형식적 측면을 비교한 결과를 보여준다.

[표 9] 세 코퍼스의 구축 및 활용 비교

〉〉〉 코퍼스	WeblichtMI7	MateMI7	StanfordMI7
구축도구	Weblicht	Groovy	StanfordCoreNLP
1차 포맷	TCF	TCF, CoNLL	CoNLL-U
변환도구	-	-	WebAnno
2차 포맷	-	-	TCF
검색도구	Tündra, Icarus	Tündra, Icarus, DependencyViewer	Tündra, Icarus, DependencyViewer

5.5 파서의 평가 체계 수립 및 세 파서의 비교평가 수행
─파일럿 스터디

이 절에서는 본격적으로 세 가지 파서의 비교평가를 실시하기 전에 평가체계에 대해서 먼저 논의를 한 다음에 평가문장 10개를 대상으로 하여 비교평가를 위한 파일럿 스터디를 수행한다.

파서의 자동 구문 분석결과를 토대로 하여 파서의 성능을 평가할 수가 있다. 이때 핵심이 되는 이슈는 평가문장을 파싱한 결과 생성된 의존수형도를 검토하여 분석이 정확하게 되었는지, 오류가 발견되었다면 어떤 종류의 오류인 지를 검토해야 한다. 이런 평가작업을 수행하기 전에 먼저 정해야 할 것은 오류의 유형을 정의하는 일이다. 이와 관련하여 본 연구에서는 의존수형도상의 두 가지 유형의 오류를 상정하는 바, 의존기능 오류와 핵어선택 오류이다. 다음 예를 살펴보자.

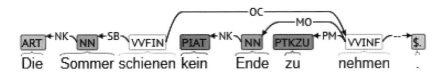

[그림 8] 오류분석 사례 1

코퍼스 WeblichtMI7에 속한 이 의존수형도는 '의존기능 오류'를 보여주는 대표적인 사례이다. 여기서 부정동사(VVINF)인 'nehmen'과 일반명사(NN) 'Ende'간의 의존관계를, 곧 일반명사의 의존기능을 수식어(MO)로 분석하고 있는데, 이들 간의 관계는 4격목적어(OA) 관계로 분석되어야 한다. 두 번째 사례를 검토해 보자.

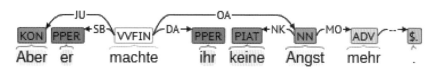

[그림 9] 오류분석 사례 2

마찬가지로 코퍼스 WeblichtMI7에 속한 이 의존수형도는 '핵어선택 오류'를 보여준다. 왜냐하면, 이 의존구조에서는 부사(ADV)의 핵어가 명사(NN)인 'Angst'로 분석되어 있는데, 올바른 분석이라면 정동사(VVFIN)인 'machte'를 핵어로 선택했어야 한다.

의존기능 오류와 핵어선택 오류 중 후자가 전자에 비해 더 심각한 오류로 판단된다. 왜냐하면, 어떤 의존수형도에 의존기능 오류가 나타날 경우, 구조변경 없이 의존기능만 수정하면 올바른 수형도를 얻을 수 있는 반면, 핵어선택 오류가 발생하면 올바른 수형도를 얻기 위해 구조를 변경해야 하기 때문이다. 두 가지 유형의 오류를 코퍼스의 평가에 반영하는 방법은 코퍼스를 구성하는 의존수형도 각각에 대해 먼저 올바른 분석인지의 여부를 판단하고, 오류가 발견되면 감점을 부여한 다음에 최종적으로 모든 수형도에 대해 감점을 합산하여 해당 코퍼스의 평가점수를 산출하는 것이다. 이와 관련하여 두 가지 문제를 고려해야 하는데, 하나는 오류유형에 따라 가중치를 달리 할 것인 지의 문제이고 다른 하나는 어떤 의존수형도에서 여러 번 오류가 발견될 경우에 오류마다 감점을 부여할 것인 지 아니면 가중치가 높은 오류유형에 매기는 감점 하나만 부여할 것인가를 정하는 문제이다. 이러한 몇 가지 문제들을 고려할 때 평가체계를 보다 객관적인 체계로 만들기 위해서는 계량적인 접근법을 취하는 것이 바람직하다. 본 연구에서 채택하는 평가체계는 세 가지 원칙으로 구성된다.

제1원칙. 오류유형을 두 가지, 곧 의존기능 오류와 핵어선택 오류로 설정한다.

제2원칙. 오류유형에 가중치를 부여한다. 의존기능 오류에는 감점 1점을, 핵어선택 오류에는 감점 2점을 부여한다.

제3원칙. 이어 의존구조 코퍼스 안의 개별 의존수형도에 대해 평가를 실시하는데, 하나의 수형도에 여러 개의 오류가 나타나더라도 가중치가 높은 오류유형으로 판정하고 그에 따른 감점을 부여한다.

이제까지 논의한 평가시스템을 10 문장으로 구성된 평가셋에 적용한 결과를 아래에 [표]로 정리했다.

[표 10] 세 코퍼스의 비교 평가

평가문장	WeblichtMl7		MateMl7		StanfordMl7	
	오류여부	평점	오류여부	평점	오류여부	평점
Andreas zeigte auf einen Hügel am Horizont.	DF	-1	ok	0	HC	-2
Man muß einem Menschen doch vergeben können.	DF	-1	DF	-1	DF	-1
Sie hatten gelacht und geschrien vor Freude.	ok	0	HC	-2	ok	0
Sie hätten die ganze Nacht kaum geschlafen.	DF	-1	DF	-1	DF	-1
Sie ließ das Rad am Straßenrand stehen.	DF	-1	DF	-1	DF	-1
Sie müßte sehen, wie wunderschön alles sei.	HC	-2	DF	-1	HC	-2

Sie mussten spüren, dass etwas nicht stimmte.	ok	0	HC	-2	ok	0
Sie rief, sie sei unter der Dusche.	ok	0	ok	0	ok	0
Sie sagte etwas, das ich nicht verstand.	ok	0	DF	-1	HC	-2
Sie sagte, der Garten sei ihr Reich.	ok	0	ok	0	ok	0
평가결과	-6		-9		-9	

* DF=의존기능(Dependency Function) 오류, HC=핵어선택(Head Choice) 오류

표에 나타난 평가결과를 보면, 코퍼스 WeblichtMI7가 MateMI7이나 StanfordMI7에 비해 오류가 적은 것으로 평가된다. 다시 말하여, 이 코퍼스들을 구축할 때 사용한 Weblicht 파서가 Mate 파서나 Stanford 파서에 비해 성능이 우수하다고 잠정적으로 평가할 수 있다. 그런데, 각 코퍼스에 포함된 의존수형도 700개를 모두 평가했을 경우에도 결과가 같을 지는 미리 단정할 수 없다.

위 [표 10]에 제시된 평가문장 10개 가운데서 세 파서 모두 잘못 분석한 문장 두 개를 대상으로 각 파서가 어떤 분석결과를 내 놓았으며, 의존수형도상에 나타난 오류는 무엇인지를 살펴보기로 하자.

먼저 다음 문장의 분석결과에 대해 논의하자.

(34) Man muß einem Menschen doch vergeben können.

Weblicht 파서에 의해 생성된 이 문장의 의존구조는 [그림 10]과 같다. 이 의존구조에서 발견한 오류는 핵어 vergeben에 대한 의존소 Menschen의 의존기능(DF) 오류로서 간접목적어(DA)가 부여되어야 바른 분석인데 직접목적어(OA)가 부여되었다. 따라서 1점 감점 평가를 받게 된다.

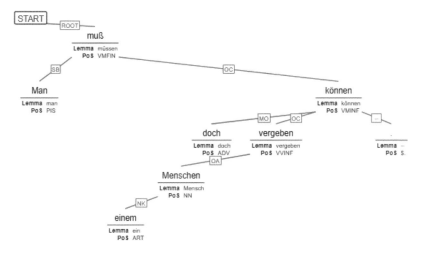

[그림 10] Weblicht 파서의 의존수형도

동일한 평가문에 대한 Mate 파서의 의존수형도는 다음과 같다.

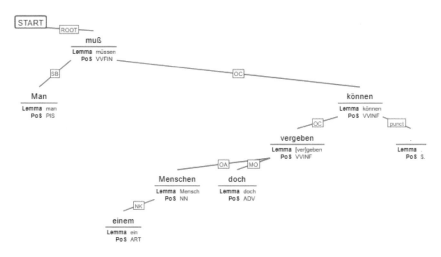

[그림 11] Mate 파서의 의존수형도

이 의존구조에서도 Weblicht의 의존구조와 동일한 발견한 오류가 발견된다. 핵어 vergeben에 대한 의존소 Menschen의 의존기능(DF)의 오류로서 간접목적어(DA)가 아니라 직접목적어(OA)가 잘못 부여되었다. 마찬가지로 1점 감점 평가를 받게 된다.

이어, 같은 문장에 대한 Stanford 파서의 분석을 살펴보자.

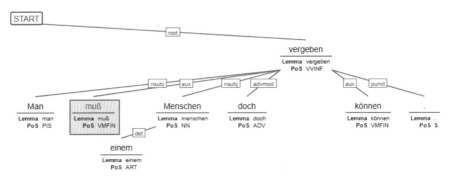

[그림 12] Stanford 파서의 의존수형도

이 의존구조에서도 핵어 vergeben에 대한 의존소 Menschen의 의존기능(DF) 오류가 나타난다. 올바른 의존기능이 간접목적어(iobj)인데 실수로 주어(nsubj)가 부여되었다. 따라서 1점 감점 평가를 받게 된다.

다음으로 논의할 평가문장은 다음과 같다.

(35) Sie müßte sehen, wie wunderschön alles sei.

Weblicht 파서에 의해 생성된 이 문장의 의존구조는 다음 [그림 13]과 같다.

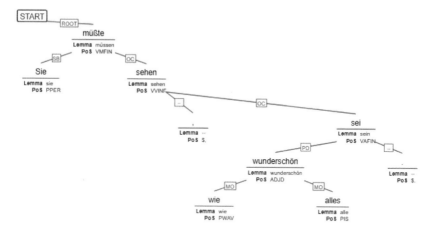

[그림 13] Weblicht 파서의 의존수형도

　이 의존구조에서는 핵어선택 오류가 나타난다. 간접의문문의 주어인 alles의 핵어는 형용사 wunderschön이 아니라 정동사인 sei이다. 여기에는 alles의 의존기능도 잘못 부여되었는데, 이 오류는 핵어선택 오류 때문에 빚어진 것으로 판단된다. 앞서 평가전략에 대해 논의하는 과정에서 의존수형도상에서 둘 이상의 오류가 발견되더라도 더 심각한 오류에 대한 평가만을 하기로 했기 때문에 이 분석에는 감점 2점이 부여된다.

　다음으로, 동일한 문장에 대한 Mate 파서의 분석을 검토하자.

　[그림 14] 의존수형도는 의존기능 오류가 두 번 나타난다. 먼저, 핵어 sei에 대한 의존소 wunderschön의 의존기능(DF)이 보어(PD)가 아닌 수식어(MOD)로 잘못 분석되었다. 또한 핵어 sei에 대한 의존소 alles 의존기능(DF)을 주어(SB)가 아닌 보어(PD)로 분석한 것도 오류이다. 오류가 둘이지만 앞서 논의한 평가체계에 따라 1점 감점 평가를 받게 된다.

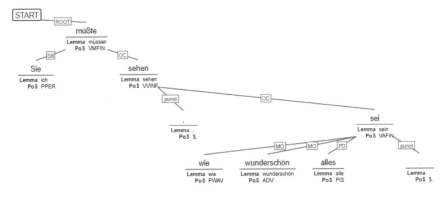

[그림 14] Mate 파서의 의존수형도

마지막으로, 동일한 평가문에 대한 Stanford 파서의 분석을 살펴보자.

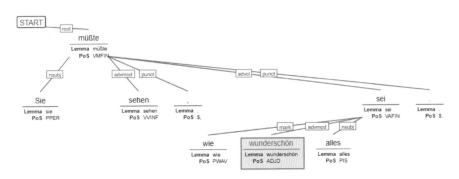

[그림 15] Stanford 파서의 의존수형도

이 의존구조에서는 오류가 적어도 3개 이상 발견된다. 먼저 최상위 핵어
선택 오류이다. 보편적 의존문법에서는 기능어가 아니라 내용어가 핵어로
간주되는데, 이 수형도에는 기능어인 müßte가 핵어로 내용어인 sehen이

의존소로 분석되어 있다. 두 어휘가 자리바꿈을 해야 하며, 동시에 의존기능도 부사수식어(advmod)가 아닌 조동사(aux)로 분석되어야 한다. 또한 간접의문문내에서 형용사 wunderschön과 계사 sei도 자리를 맞바꾸어야 바른 분석이 되고, 이때 의존소로서 sei의 핵어 wunderschön에 대한 의존기능은 계사(cop)가 되어야 한다. 이처럼 이 의존수형도가 여러 가지 오류를 범하고 있지만, 평가체계상 핵어선택 오류로 분류됨에 따라 이 분석에는 감점 2점이 부여된다.

이상 여러 사례를 통해 살펴본 바와 같이 자동구문분석 결과 구축된 의존구조 코퍼스들에는 적지 않은 분석오류가 발견된다. 세 파서가 700문장 전체에 대해 어떤 분석을 보여주는지 오류율은 얼마나 되며, 특별히 오류를 많이 유발하는 구문적인 환경은 어떠한 지에 대해 다음 장에서 논의한다.

제5장의 요약

이 장에서는 Weblicht 파서, Mate 파서 및 Stanford 파서 등 세 가지 의존문법 파서의 성능을 비교 평가하기 위한 준비단계로 먼저 평가목적으로 구축하는 세 가지 의존구조 코퍼스의 공통기반이 되는 원시코퍼스 StammMl7의 구축과정에 대해 논의했다.

다음으로 튀빙엔대학의 Weblicht 시스템에서 제공하는 파서를 이용하여 구축한 코퍼스 WeblichtMl7의 구축절차 및 활용방법에 대해 살펴보았다.

이어서 Mate 파서를 이용하여 어떻게 코퍼스 MateMl7를 구축하고 활용할 수 있는 지에 대해 기술했다.

또한 미국 스탠포드대학의 자연어처리 연구소에서 제공하는 Stanford 파서를 이용하여 코퍼스 StanfordMl7를 구축한 절차 및 그 활용 가능성에 대해 검토했다.

마지막으로 세 파서의 공정한 평가를 위한 합리적인 평가체계를 수립하고 몇 가지 사례를 중심으로 평가가 어떤 절차를 통해 이루어지는 지에 대해 기술했다.

제6장

세 가지 의존문법 파서의 비교 및 평가

6.1 평가체계 및 세 코퍼스의 비교

이 장에서는 세 종류의 의존코퍼스, 곧 WeblichtMI7, MateMI7 및 StanfordMI7을 비교평가한다. 앞서 제5.5절에서 논의한 바 있는 평가체계를 바탕으로 세 코퍼스를 비교하고자 한다. 이 평가체계는 다음에 제시된 세 가지 원칙을 토대로 한다.

(1)

제1원칙. 오류유형을 두 가지, 곧 의존기능 오류와 핵어선택 오류로 설정한다.

제2원칙. 오류유형에 가중치를 부여한다. 의존기능 오류에는 감점 1점을, 핵어선택 오류에는 감점 2점을 부여한다.

제3원칙. 이어 의존구조 코퍼스 안의 개별 의존수형도에 대해 평가를 실시하는데, 하나의 수형도에 여러 개의 오류가 나타나더라도 가중치가 높은 오류유형으로 판정하고 그에 따른 감점을 부여한다.

위에 정리된 평가원칙들을 적용하여 세 가지 코퍼스를 비교 평가하는 절차를 기술하면 다음과 같다. 각 코퍼스 별로 700개의 의존수형도 각각에 부여된 감점을 모두 합하여 합산 값을 비교한다. 비교결과 그 값이 가장 낮은 의존코퍼스를 가장 우수한 코퍼스로 평가한다.

이렇게 가장 우수한 의존코퍼스가 결정된 다음에는 평가결과를 반영하여 가장 우수한 코퍼스를 생성하기 위해 사용한 의존파서를 가장 우수한 파서로 판정한다. 그리고 이 파서를 제1차 8만 어휘 규모의 교육용 코퍼스 (CTG v.1)의 구축에 활용한다.

이제 각 의존코퍼스별로 어떤 오류가 나타나는 지를 검토하자.

먼저, Weblicht 의존파서에 의해 생성된 코퍼스 WeblichtMI7의 경우, 핵어선택 오류가 47개의 의존구조에서 발견되고, 의존기능 오류는 100개의 의존구조에서 발견된다. 앞서 논의한 평가체계에 의거하여 핵어선택 오류에는 2점 감점, 의존기능 오류에는 1점 감점이 부여되기 때문에 이 의존코퍼스의 평가결과는 총 감점 192점이다.

어떤 과정을 통해 최종평가에 이르렀는지를 좀 더 명확히 이해하기 위해 오류가 유발된 의존구조를 몇 개 살펴보기로 하자.

아래의 수동구문에 속하는 문장 (2)의 의존수형도는 [그림 1]과 같다.

(2) Das Geld werde ihm nach Vertragsunterzeichnung überwiesen.

수형도 [그림 1]에는 오류가 여러 번 나타난다. 먼저 Geld의 핵어는 동사의 과거분사형 überwiesen이 아니라, 정동사 werde이다. 왜냐하면 Geld는 의존기능적인 관점에서 간접목적어(DA)가 아니라 주어(SB) 기능을 수행하기 때문이다. 따라서, 여기서 핵어선택 오류와 의존기능 오류가 각각 한번 일어난다. 두 번 오류를 범한 이 수형도에 대해서 앞서 논의한 평가체계에 따라 가중치가 높은 핵어선택 오류 하나에 해당하는 감점을 부여한다.

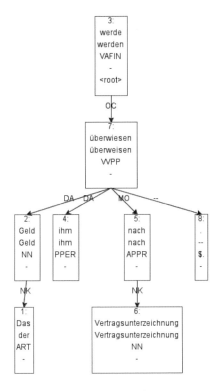

[그림 1] 의존수형도

마찬가지로 핵어선택 오류를 보이는 다른 예를 하나 더 검토하기로
하자.

(3) Die hätten Randy auch gefallen, dachte Kathrine.

이 문장은 외치구문에 속하는 문장으로, 여기서는 지시대명사 die가 종
속절의 주어(SB) 기능을 수행한다.

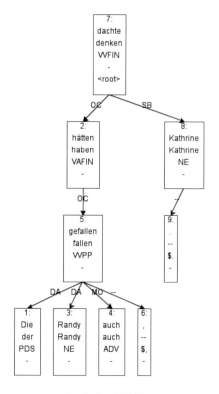

[그림 2] 의존수형도

이 수형도는 두 가지 오류를 범하고 있는데, 그 중 하나는 핵어선택 오류이고 다른 하나는 의존기능 오류이다. 두 오류 모두 지시대명사 die와 관련된다. 이 대명사는 종속절에서 간접목적어(DA)가 아닌 주어(SB) 기능을 수행하므로, 그 핵어는 과거분사 gefallen이 아니고 종속절의 정동사 hätten으로 분석되어야 한다. 때문에 이 수형도는 두 가지 오류를 범하고 있으며 그 결과 평가원칙에 따라 가중치가 높은 2점 감점을 부여받는다.

이제, 의존기능 오류를 보이는 수형도에 대해 살펴보자.

(4) Sie sagte, sie habe Manuel wirklich gern.

이 문장은 종속절을 포함하므로 분석이 쉽지 않은 예이다. 이 문장에 대한 의존수형도는 아래의 [그림 3]과 같다.

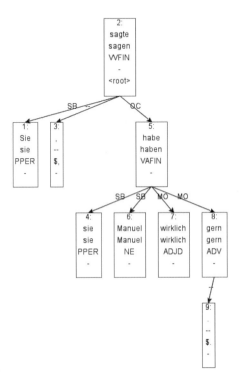

[그림 3] 의존수형도

이 수형도를 검토해보면, 고유명사 Manuel의 의존기능이 주어(SB)로 분석되어 있는 것을 확인할 수 있다. 올바른 분석은 Manuel의 의존기능을 직접목적어(OA)로 분류하는 것이다. 따라서 이 의존수형도는 의존기능 오류를 범하고 있어 감점 1점을 부여받는다.

이어, Mate 의존파서에 의해 생성된 코퍼스 MateMI7의 경우, 핵어선택 오류가 74개의 의존구조에서 발견되고, 의존기능 오류는 86개의 의존구조에서 발견된다. 앞서 논의한 평가체계에 의거하여 핵어선택 오류에는 2점 감점이, 의존기능 오류에는 1점 감점이 부여되기 때문에 이 의존코퍼스는 총 234점을 감점으로 받는다.

이제, 분석오류를 보인 문장 몇 개를 대상으로 하여, Mate 파서가 어떤 분석결과를 내 놓았으며 수형도상에 나타난 오류는 무엇인지를 살펴보기로 하자.

먼저 다음 문장의 분석결과에 대해 논의하자.

(5) Damals war ihm das nicht wichtig erschienen.

Mate 파서에 의해 생성된 이 문장의 의존구조는 다음과 같다.

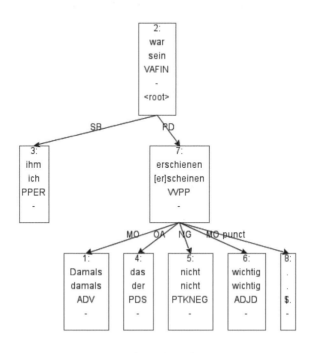

[그림 4] 의존수형도

이 의존구조에서 발견한 오류는 인칭대명사 ihm과 지시대명사 das의 핵어선택과 관련된 오류 및 각각의 의존기능 할당과 관련된다. ihm의 핵어는 주절의 정동사 war가 아니라 과거분사 erschienen이고, 반대로 das의 핵어는 과거분사 erschienen가 아니라 주절의 정동사 war이다. 또한 ihm의 의존기능은 간접목적어(DA)이고 das의 의존기능은 주어어(SB)이다. 의존수형도상에서 ihm과 das를 맞바꾸면 올바른 분석이 된다. 어떻든 이 수형도는 두 번의 핵어선택 오류와 두 번의 의존기능 오류를 범하고 있는데, 평가체계에 근거하여 가중치가 높은 하나의 오류에 해당하는 감점, 곧 2점을 부여받게 된다.

다음 문장에 대한 의존수형도 핵어선택 오류를 보여준다.

(6) Ein bißchen betrunken waren sie wohl auch.

도치구문에 속하는 이 문장을 Mate 파서로 분석한 결과 생성된 수형도는 [그림 5]와 같다.

이 수형도를 살펴보면, 부사적 서술형용사인 bißchen이 정동사 waren을 핵어로 삼고 있는데, 여기에 핵어선택 오류가 게재되어 있다. 올바른 분석에 따르면 bißchen의 핵어가 betrunken이어야 한다. 이를 입증하는 통사적인 근거는 ein bißchen betrunken이 하나의 구를 형성하여 전장 (Vorfeld)에 위치하고 있다는 사실이다. 이러한 핵어선택 오류와 함께 의존기능 오류도 나타나는데, bißchen의 의존기능은 보어(PD)가 아니라 수식어(MO)로 분석되는 것이 타당하다.

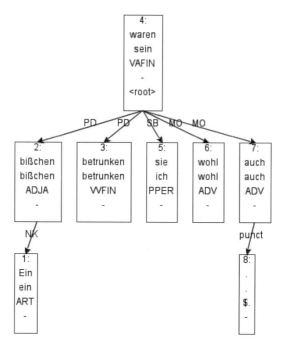

[그림 5] 의존수형도

한편, 관계절이 포함된 다음 문장의 수형도에는 의존기능 오류가 나타
난다.

(7) Morten war der einzige Passagier, der zustieg.

이 문장에 대한 의존수형도는 [그림 6]에 제시되어 있다. 이 수형도는
상당히 복잡한 구조를 담고 있는데, Morten에 의존기능이 잘못 할당되어
있다. 이 문장에서 Morten은 보어(PD)가 아닌 주어(SB) 기능을 수행하고
있다. 따라서 이 의존수형도는 의존기능 오류를 범하고 있으므로 감점 1점
을 부여받는다.

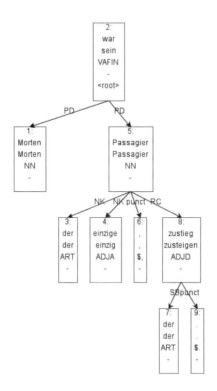

[그림 6] 의존수형도

마지막으로, Stanford 의존파서에 의해 생성된 코퍼스 StanfordMI7의 경우, 핵어선택 오류가 235개의 의존구조에서 발견되고, 의존기능 오류는 101개의 의존구조에서 발견된다. 앞서 논의한 평가체계에 의거하여 핵어 선택 오류에는 2점 감점이, 의존기능 오류에는 1점 감점이 부여되기 때문에 이 의존코퍼스는 총 571점을 감점으로 받는다.

몇 가지 사례를 들어 Stanford 의존파서가 유발하는 오류에 대해 살펴보기로 하자. 다음 문장 (8)을 파싱한 결과 생성된 의존수형도 [그림 7]에는 오류들이 포함되어 있다.

(8) Aber er machte ihr keine Angst mehr.

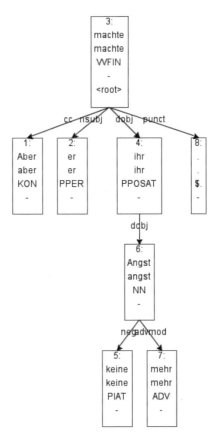

[그림 7] 의존수형도

이 수형도를 검토해보면, 명사 Angst가 인칭대명사 ihr를 핵어로 삼고 있는데, 여기에 핵어선택 오류가 있다. 올바른 분석이라면 직접목적어 (dobj)인 Angst의 핵어가 정동사 machte여야 한다. 또한 대명사 ihr는 간접목적어(iobj) 기능을 수행하는 것으로 분석되어야 한다. 더 나아가 부사 mehr의 핵어도 정동사 machte로 분석되어야 한다. 이와 같이 두 차례의 핵어선택 오류와 한 차례의 의존기능 오류를 이 수형도가 범하고 있는데, 평가체계에 따라 이 의존수형도에는 가중치가 높은 오류 한 차례에 대해서만 감점 2점이 부여된다.

한편, 도치구문에 속하는 아래의 문장을 파싱한 결과 생성된 수형도에는 몇 가지 오류가 나타난다.

(9) Dann besuchte Kathrine die Mutter im Dorf.

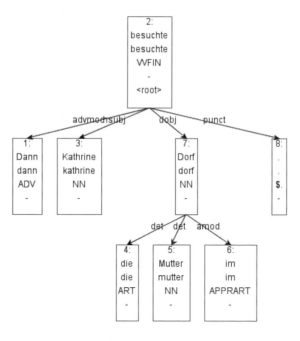

[그림 8] 의존수형도

이 수형도에는, 명사 Mutter의 핵어가 명사 Dorf로 분석되어 있는데 여기에 핵어선택 오류가 있다. 올바른 분석에 따르면 Mutter의 핵어는 정동사 besuchte여야 하고 여기서 이 명사는 직접목적어(dobj) 기능을 수행한다. 또한 정관사 die의 핵어는 명사 Mutter로 분석되어야 한다. 이들간의 관계에서 정관사는 관사(det) 기능을 수행한다. 이 수형도는 두 차례의 핵어선택 오류와 한 차례의 의존기능 오류를 범한다. 그러나 평가체계에 따라 이 의존수형도에는 가중치가 높은 오류 한 차례에 대해서만 감점 2점이 부여된다.

한편, 완료구문에 속하는 아래의 문장 (10)을 파싱한 결과 생성된 수형도 [그림 9]에는 의존기능 오류가 나타난다.

(10) Das Kind hatte sie zur Mutter gebracht.

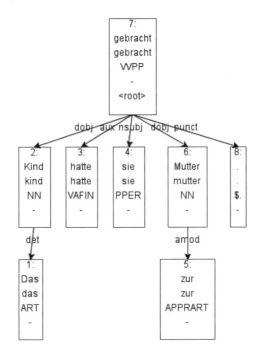

[그림 9] 의존수형도

이 수형도를 살펴보면, 명사 Mutter는 과거분사 gebracht를 핵어로 삼아 직접목적어(dobj) 기능을 수행하는 것으로 분석되어 있는데 여기에 의존기능 오류가 있다. 올바른 분석에 따르면 이들간의 의존관계에서 Mutter는 수식어(nmod) 기능을 수행하는 것으로 분석되어야 한다. 따라서 이 수형도는 단 한 차례의 의존기능 오류를 범하고 있기 때문에, 평가체계에 의거하여 이 의존수형도에는 감점 1점이 부여된다.

이제까지 우리는 세 의존 코퍼스에 대한 전체적인 평가를 실시하고 구체적인 오류의 사례를 검토하면서 평가체계가 어떤 절차로 운용되는 지에 대해 논의했다. 개별 코퍼스 전체에 대한 평가를 종합하여 데이터를 정리하면 다음 [표 1]과 같다.

[표 1] 세 의존 코퍼스의 비교 평가

코퍼스	WeblichtMI7		MateMI7		StanfordMI7	
	오류 수	감점 합계	오류 수	감점 합계	오류 수	감점 합계
핵어선택 오류	47	92	74	148	235	470
의존기능 오류	100	100	86	86	101	101
감점 합계	192		234		571	
순위	1위		2위		3위	

이 표를 살펴보면, 코퍼스 WeblichtMI7이 가장 낮은 감점 192점으로 평가되고, 코퍼스 StanfordMI7이 가장 높은 감점 571점을 부여받은 것을 알 수 있다. 따라서 코퍼스 WeblichtMI7이 가장 우수한 의존코퍼스라는 사실을 평가체계에 의해 확인하게 된다. 이 평가결과, Weblicht 파서가 Mate 파서나 Stanford 파서와 비교하여 가장 우수한 의존파서라는 사실도 함께 확인할 수 있다.

지금까지 우리는 의존파서들에 의해 생성된 세 의존코퍼스에 나타난 분석오류들에 대해 논의했다.

6.2 구문분석 오류와 구문유형간의 상관관계

이제는 이러한 파싱오류가 앞서 제5장에서 설정한 16가지 구문유형과 어떤 상관관계에 있는가 하는 문제를 다루고자 한다. 16가지 구문유형을 다시 한 번 제시하면 다음 (11)과 같다.

(11)

- 유형1(T1): 복합명사구
- 유형2(T2): (단순) 도치구문
- 유형3(T3): (단순) 명령문
- 유형4(T4): 종속문
- 유형5(T5): 관계문
- 유형6(T6): 간접의문문
- 유형7(T7): 부정사구문
- 유형8(T8): 등위접속구문
- 유형9(T9): 생략구문
- 유형10(T10): 분리구문
- 유형11(T11): 외치구문
- 유형12(T12): 비교구문
- 유형13(T13): 동격구문
- 유형14(T14): 수동구문
- 유형15(T15): 완료구문
- 유형16(T16): (일반) 단순문

이 장에서 이미 평가를 완료한 세 가지 의존코퍼스의 기초가 된 원시코퍼스 StammMI7에서 16가지 구문유형들이 출현하는 분포도 앞서 제5장에서 논의한 바가 있는데, 이를 다시 제시하면 아래의 [표 2]와 같다.

[표 2] 구문유형의 분포

구문유형	빈도	백분율(%)	누적백분율(%)
T16	87	12.43	12.43
T15	82	11.71	24.14
T8	79	11.29	35.43
T4	77	11	46.43
T11	69	9.86	56.29

T7	66	9.43	65.71
T2	63	9	74.71
T1	44	6.29	81
T10	39	5.57	86.57
T9	25	3.57	90.14
T6	24	3.43	93.57
T5	12	1.71	95.29
T12	11	1.57	96.86
T13	10	1.43	98.29
T14	8	1.14	99.43
T3	4	0.57	100

위의 표를 살펴보면, 16가지 구문유형이 차지하는 비중이 제각기 상이함을 알 수 있다. 단순문(T16)의 출현빈도가 가장 높은 반면 관계문(T3)은 출현빈도가 가장 적다. 이제 우리의 관심사는 이러한 구문유형이 오류분포에 어떤 영향을 미치는 가를 검증하는 일이다. 이 과제를 해결하기 위해 우리는 각 구문유형이 코퍼스내에서 출현하는 백분율과 각 구문유형이 분석오류를 유발하는 백분율을 비교할 필요가 있다.

앞서 논의한 바와 같이 코퍼스의 분석오류는 두 유형으로서 핵어선택 오류이거나 의존기능 오류이다. 오류유형별로 어떤 구문이 오류를 유발하는 환경을 제공하는 지를 살펴보기 위해 다음과 같은 빈도통계를 이용할 수 있다. 먼저 아래의 [표 3]은 핵어선택 오류와 구문유형간의 상관관계를 관찰하기에 적절한 데이터를 제공한다.

[표 3] 핵어선택 오류와 구문유형간의 상관관계

구문유형	빈도	백분율(%)	누적백분율(%)	전체코퍼스내 분포(%)	분포의 차이
T11	57	16.01	16.01	9.86	6.15
T16	48	13.48	29.49	12.43	1.05

T15	34	9.55	39.04	11.71	-2.16
T8	32	8.99	48.03	11.29	-2.3
T4	32	8.99	57.02	11	-2.01
T7	31	8.71	65.73	9.43	-0.72
T2	25	7.02	72.75	9	-1.98
T1	24	6.74	79.49	6.29	0.45
T9	21	5.9	85.39	3.57	2.33
T10	13	3.65	89.04	5.57	-1.92
T13	10	2.81	91.85	1.43	1.38
T6	8	2.25	94.1	3.43	-1.18
T12	7	1.97	96.07	1.57	0.4
T5	7	1.97	98.03	1.71	0.26
T3	4	1.12	99.16	0.57	0.55
T14	3	0.84	100	1.14	-0.3

위 표를 살펴보면, 전체 코퍼스내의 분포와 비교할 때 핵어선택 오류가 발생하는 비율이 구문유형 외치구문(T11), 생략구문(T9) 및 동격구문(T13)에서 상대적으로 높게 나타난다는 것을 확인할 수 있다. 다시 말하여 이 세 구문이 핵어선택 오류를 유발시키는 주된 환경을 제공한다고 해석할 수 있다. 이 표에 기입된 빈도는 세 가지 의존코퍼스에서 나타난 오류를 모두 합한 값이다.

한편, 다음 [표 4]은 의존기능 오류와 구문유형간의 상관관계를 관찰하기에 적절한 데이터를 제공한다.

[표 4] 의존기능 오류와 구문유형간의 상관관계

구문	빈도	백분율(%)	누적백분율(%)	전체코퍼스내 분포(%)	분포의 차이
T15	42	14.63	14.63	11.71	2.92
T4	34	11.85	26.48	11	0.85
T2	33	11.5	37.98	9	2.5

T7	30	10.45	48.43	9.43	1.02
T16	26	9.06	57.49	12.43	-3.37
T10	22	7.67	65.16	5.57	2.1
T1	21	7.32	72.47	6.29	1.03
T8	19	6.62	79.09	11.29	-4.67
T5	14	4.88	83.97	1.71	3.17
T6	13	4.53	88.5	3.43	1.1
T9	13	4.53	93.03	3.57	0.96
T11	12	4.18	97.21	9.86	-5.68
T13	5	1.74	98.95	1.43	0.31
T3	2	0.7	99.65	0.57	0.13
T14	1	0.35	100	1.14	-0.79
T12	0	0	100	1.57	-1.57

위 표를 살펴보면, 전체 코퍼스내의 분포와 비교할 때 의존기능 오류가 발생하는 비율이 구문유형 관계문(T5), 완료구문(T15) 및 도치구문(T2)에서 상대적으로 높게 나타난다는 것을 확인할 수 있다. 다시 말하여 이 세 구문이 의존기능 오류를 유발시키는 주된 환경을 제공한다고 해석할 수 있다. 마찬가지로 이 표에 기입된 빈도는 세 가지 의존코퍼스에서 나타난 오류를 모두 합한 값이다.

이제까지 우리는 세 가지 의존코퍼스, 곧 WeblichtMI7, MateMI7 및 StanfordMI7 에 나타난 오류데이터를 토대로 하여 이 코퍼스들을 생성하기 위한 도구로 사용된 세 가지 파서의 성능을 비교평가하였다. 평가결과 WeblichtMI7 코퍼스의 생성에 사용된 Weblicht 파서가 가장 정확한 분석결과를 낸다는 사실을 밝혀낼 수 있었다.

더 나아가 동일한 오류데이터를 바탕으로 어떤 구문유형들이 분석오류를 유발하는 지를 검토한 결과, 핵어선택 오류의 경우에 외치구문(T11), 생략구문(T9) 및 동격구문(T13)이 많은 오류를 만들어내는 반면, 의존기능 오류에는 관계문(T5), 완료구문(T15) 및 도치구문(T2)이 오류를 많이 발생시킨다는 사실을 확인할 수 있었다.

제6장의 요약

이 장에서는 두 가지 과제를 수행했다. 어떤 의존파서가 상대적으로 정확한 분석 결과를 생성하는 지의 문제와 어떤 구문유형들이 오류를 많이 유발하는 지에 대한 문제이다.

먼저, 우리는 세 가지 의존코퍼스, 곧 WeblichtMI7, MateMI7 및 StanfordMI7 에 나타난 오류데이터를 토대로 하여 이 코퍼스들을 생성하기 위한 도구로 사용된 세 가지 파서의 성능을 비교하여 평가했다. 평가결과 WeblichtMI7 코퍼스의 생성에 사용된 Weblicht 파서가 가장 정확한 분석결과를 낸다는 사실을 밝혀낼 수 있었다.

이어, 오류데이터를 바탕으로 어떤 구문유형들이 분석오류를 유발하는 지를 검토한 결과, 핵어선택 오류의 경우에 외치구문(T11), 생략구문(T9) 및 동격구문(T13)이 많은 오류를 만들어내는 반면, 의존기능 오류에는 관계문(T5), 완료구문(T15) 및 도치구문(T2)이 오류를 많이 발생시킨다는 사실을 확인할 수 있었다.

제7장

길이의 언어학

7.1 문장길이와 구문유형간의 상관성

이 절에서는 문장의 길이와 구문적 표현가능성간에는 깊은 상관관계가 있다는 논제의 타당성 여부를 검토하려고 한다. 이와 관련하여 우선적으로, 문장의 길이가 늘어나면 그에 따라 표현가능한 구문유형의 숫자가 늘어나는지, 아니면 양자간에 특별한 상관관계가 없는 것인지를 살펴볼 수 있을 것이다. 상식적으로는 5개 어휘로 구성된 문장들이 14개 어휘로 구성된 문장들과 비교하여 표현할 수 있는 구문의 유형이 적을 것으로 판단되기 때문에 이 문제가 제기되는 것이다. 다른 한편, 문장의 길이가 늘어남에 따라 의존구조 오류율이 증가하는지, 아니면 양자간에 특별한 상관성이 없는 지에 대해서도 살펴보고자 한다. 오류율이 문장의 길이에 따라 증가한다면 어떤 구문이 특히 그러한 오류를 많이 유발하는 지를 검토하려 한다.

이 연구주제들을 수행하기 위해 길이별로 문장 100개씩을 선별하여 먼저 1,000문장 규모의 원시코퍼스 CTG1000을 구축했다. 이어, 오류분석을 위해 원시코퍼스를 대상으로 Weblicht 파서로 분석한 결과를 CTG1000-DS 코퍼스로 구축했다.

원시코퍼스 CTG1000에 포함된 5단어로 구성된 문장 몇 개를 살펴보면 다음과 같다.

(1)

a. Das ist eine tolle Idee.

b. Er konnte sich nicht beruhigen.

c. Ich war von Schrecken erfüllt.

위의 (1a)는 구문유형으로 보아 유형 T16, 곧 단순문 유형에 속하고, (1b)는 유형 T7, 부정사구문 유형에 속하며, (1c)는 (상태)수동문이므로 유형 T14에 속한다. 이처럼 각 문장마다 16가지 구문유형 가운데 하나가 할당되는데, 5단어로 된 문장 100개가 보여주는 구문들의 통계적 분포는 다음 [표 1]과 같다.

[표 1] 5단어 문장들의 구문유형 분포

구문	빈도	백분율(%)	누적백분율(%)	전체 코퍼스내의 백분율(%)
T16	52	52	52	13.3
T7	13	13	65	11
T2	13	13	78	7.4
T15	8	8	86	6.4
T4	4	4	90	9.5
T10	4	4	94	5.1
T14	3	3	97	3.3
T3	1	1	98	9.5
T8	1	1	99	13.5
T1	1	1	100	5.7

위 표를 검토해 보면, 구문 유형 T16이 5단어 문장들로 구성된 하위 코퍼스에서 특별히 강하게 선호되는 것을 확인할 수 있다. 유형 T16의 경우, 코퍼스 전체에 출현하는 비율이 13.3%인데, 이 하위 코퍼스에서는 무려 52% 출현하기 때문이다. 구문유형 T7과 T2도 이 하위 코퍼스에서 13% 출현하는 것으로 분석되는데, T7의 경우 전체 코퍼스에서는 11% 출현하고 T2의 경우 전체 코퍼스에서 7.4% 출현하므로 두 구문도 이 하위 코퍼스에 의해 선호되는 것으로 분석될 수 있다. 반면, 등위접속구문(T8)은 이 하위 코퍼스에 의해 거부되는 것으로 분석가능한데, 이 구문이 전체 코퍼스내에서 차지하는 비중은 13.5%인 반면, 이 하위 코퍼스에서는 1%의 출현빈도를 보이기 때문이다. 구문유형 T8과 더불어 관계문(T5), 생략구문(T9), 외치구문(T11) 및 비교구문(T12)도 이 하위 코퍼스에 의해 거부되는 것으로 분석된다. 이들 구문이 전체 코퍼스에서 차지하는 비중이 각각 5.9%, 6.5%, 4.5% 및 2.2%인데, 이 하위 코퍼스에는 단 한 번도 나타나지 않기 때문이다.[1]

아래의 문장들은 모두 6단어로 구성된 문장들이다. 이들은 코퍼스 CTG1000 로부터 추출한 용례들이다.

(2)

a. Auf mich macht das keinen Eindruck.

b. "Das kann ich verstehen", sagte Marcel.

c. Ich habe mich sehr darüber gefreut.

위의 (2a)는 구문유형으로 보아 유형 T2, 곧 도치구문 유형에 속하고,

---

1) 전체 코퍼스내에서의 각 구문의 출현 백분율은 다음과 같다:
   T1: 5.7%, T2: 7.4%, T3: 1.3%, T4: 9.5%, T5: 5.9%, T6: 3%, T7: 11%, T8: 13.5%, T9: 6.5%, T10: 5.1%, T11: 4.5%, T12: 2.2%, T13: 1.4%, T14: 3.3%, T15: 6.4%, T16: 13.3%

(2b)는 유형 T4, 곧 종속문 유형에 속하며, (2c)는 유형 T15, 곧 완료구문에 속한다. 다음 [표 2]는 6단어로 구성된 문장 100개가 속한 구문의 통계적 분포를 보여준다.

[표 2] 6단어 문장들의 구문유형 분포

구문	빈도	백분율(%)	누적백분율(%)	전체 코퍼스내의 백분율(%)
T16	35	35	35	13.3
T2	16	16	51	7.4
T7	10	10	61	11
T15	7	7	68	6.4
T8	7	7	75	13.5
T10	7	7	82	5.1
T4	5	5	87	9.5
T3	3	3	90	1.3
T12	3	3	93	2.2
T14	3	3	96	3.3
T1	2	2	98	5.7
T9	1	1	99	6.5
T5	1	1	100	5.9

위 표를 검토해 보면, 구문 유형 T16이 6단어 문장들로 구성된 하위 코퍼스에서 특별히 강하게 선호되는 것을 확인할 수 있다. 유형 T16의 경우, 코퍼스 전체에 출현하는 비율이 13.3%인데, 이 하위 코퍼스에서는 무려 35% 출현하기 때문이다. 구문유형 T2도 이 하위 코퍼스에서 16% 출현하는 것으로 분석되는데, T2의 경우 전체 코퍼스에서 7.4% 출현하므로 이 구문도 이 하위 코퍼스에 의해 선호되는 것으로 분석될 수 있다. 반면, 등위접속구문(T8)은 이 하위 코퍼스에 의해 거부되는 것으로 분석가능한데, 이 구문이 전체 코퍼스내에서 차지하는 비중은 13.5%인 반면, 이 하위 코퍼스에서는 7%의 출현빈도를 보이기 때문이다. 구문유형 생략구문(T9)도

전체 코퍼스내에서 차지하는 비중은 6.5%인 반면, 이 하위 코퍼스에서는 1%의 출현빈도를 보이기 때문에 이 하위 코퍼스에 의해 거부되는 것으로 분석된다. 전체 코퍼스에서 차지하는 비중이 4.5%인 외치구문(T11)이 이 하위 코퍼스에는 단 한 번도 나타나지 않는다. 이 때문에 이 하위 코퍼스에 의해 거부되는 것으로 분석될 수 있다.

코퍼스 CTG1000에 포함된 7단어로 구성된 문장 몇 개를 살펴보면 다음과 같다.

(3)

a. Endlich machten wir uns auf die Reise.

b. Armin Bittner schied im ersten Durchgang aus.

c. Mach es, weil du es gerne machst.

위의 (3a)는 구문유형으로 보아 유형 T2, 곧 도치구문 유형에 속하고, (3b)는 유형 T10, 분리구문 유형에 속하며, (3c)는 명령문 유형인 T3에 속한다. 7단어로 구성된 문장 100개를 모은 하위 코퍼스가 보여주는 구문들의 통계적 분포는 다음 [표 3]과 같다.

[표 3] 7단어 문장들의 구문유형 분포

구문	빈도	백분율(%)	누적백분율(%)	전체 코퍼스내의 백분율(%)
T16	18	18	18	13.3
T2	16	16	34	7.4
T15	11	11	45	6.4
T7	10	10	55	11
T1	10	10	65	5.7
T14	7	7	72	3.3
T4	7	7	79	9.5

T9	6	6	85	6.5
T8	5	5	90	13.5
T6	2	2	92	3
T11	2	2	94	4.5
T3	2	2	96	1.3
T13	2	2	98	1.4
T10	2	2	100	5.1

위 표를 검토해 보면, 구문 유형 T2, 곧 도치구문이 7단어 문장들로 구성된 하위 코퍼스에서 특별히 강하게 선호되는 것을 확인할 수 있다. 유형 T2의 경우, 코퍼스 전체에 출현하는 비율이 7.4%인데, 이 하위 코퍼스에서는 16% 출현하기 때문이다. 구문유형 T15, 곧 완료구문이 이 하위 코퍼스에서 11% 출현하는 것으로 분석되는데, T15의 경우 전체 코퍼스에서는 6.4% 출현하므로 이 구문도 이 하위 코퍼스에 의해 선호되는 것으로 분석될 수 있다. 복합명사구 구문인 T1의 경우 전체 코퍼스에서는 5.7% 출현하는데 이 하위 코퍼스에서는 10% 출현빈도를 보이므로 이 구문도 이 하위 코퍼스에 의해 선호되는 것으로 분석될 수 있다. 반면, 등위접속 구문(T8)은 이 하위 코퍼스에 의해 상대적으로 덜 선호되는 것으로 분석가능한데, 이 구문이 전체 코퍼스내에서 차지하는 비중은 13.5%인 반면, 이 하위 코퍼스에서는 5%의 출현빈도를 보이기 때문이다. 이 하위 코퍼스에서 단 한 번도 나타나지 않은 관계문(T7)과 비교구문(T12)도 이 하위 코퍼스에서 거부되는 것으로 분류할 수 있다.

아래의 문장들은 모두 8단어로 구성된 문장들이다. 이들은 코퍼스 CTG1000 로부터 추출한 용례들이다.

(4)

a. Bis wann müssen wir auf dem Flughafen sein?

  b. Sie vernahm die Orgel und schloß die Augen.

  c. Insgesamt wurden bisher schon 12 Millionen DM bewilligt.

위의 (4a)는 구문유형으로 보아 유형 T7, 곧 부정사구문 유형에 속하고, (4b)는 유형 T8, 곧 등위접속구문 유형에 속하며, (4c)는 유형 T14, 곧 수동구문에 속한다. 다음 [표 4]는 8단어로 구성된 문장 100개가 속한 구문의 통계적 분포를 보여준다.

[표 4] 8단어 문장들의 구문유형 분포

구문	빈도	백분율(%)	누적백분율(%)	전체 코퍼스내의 백분율(%)
T7	25	25	25	11
T16	13	13	38	13.3
T8	12	12	50	13.5
T10	8	8	58	5.1
T14	7	7	65	3.3
T15	7	7	72	6.4
T4	5	5	77	9.5
T1	5	5	82	5.7
T6	4	4	86	3
T2	4	4	90	7.4
T9	3	3	93	6.5
T5	3	3	96	5.9
T11	2	2	98	4.5
T12	1	1	99	2.2

위 표를 검토해 보면, 구문 유형 T7이 8단어 문장들로 구성된 하위 코퍼스에서 특별히 강하게 선호되는 것을 확인할 수 있다. 유형 T7의 경우, 코퍼스 전체에 출현하는 비율이 11%인데, 이 하위 코퍼스에서는 두 배가 넘는 25% 출현하기 때문이다. 수동구문 유(T14)도 이 하위 코퍼스에서 7%

출현하는 것으로 분석되는데, T14의 경우 전체 코퍼스에서 겨우 3.3% 출현하므로 이 구문도 이 하위 코퍼스에 의해 선호되는 것으로 분석될 수 있다. 분리구문(T10)도 또한 이 하위 코퍼스에 의해 선호되는 것으로 분석가능한데, 이 구문이 전체 코퍼스내에서 차지하는 비중은 5.1%인 반면, 이 하위 코퍼스에서는 8%의 출현빈도를 보이기 때문이다. 반면, 구문유형 종속문(T4)은 전체 코퍼스내에서 차지하는 비중은 9.5%인 반면, 이 하위 코퍼스에서는 5%의 출현빈도를 보이기 때문에 이 하위 코퍼스에 의해 거부되는 것으로 분석된다. 또한 생략구문(T9)도 이 하위 코퍼스에서 거부되는 것으로 분석될 수 있는데, 이 구문의 경우 전체 코퍼스내에서의 출현빈도가 6.5%인 데 비해, 이 하위 코퍼스에서는 3%만 출현하기 때문이다. 이 코퍼스에서 단 한 번도 나타나지 않은 생략구문(T3)과 동격구문(T13)도 이 하위 코퍼스에서 거부되는 것으로 분류할 수 있다.

코퍼스 CTG1000에 포함된 9단어로 구성된 문장 몇 개를 살펴보면 다음과 같다.

(5)

a. Chung hat angekündigt, er wolle eine neue Partei gründen.

b. Nehmen Sie mich mit in das Arbeitszimmer Ihres Onkels!

c. Uwe Rahn, der Berliner Spieler, der überhaupt auffiel, traf.

위의 (5a)는 구문유형으로 보아 유형 T9, 곧 생략구문 유형에 속하고, (5b)는 유형 T3, 곧 명령문 유형에 속하며, (5c)는 동격구문 유형인 T13에 속한다. 9단어로 구성된 문장 100개를 모은 하위 코퍼스가 보여주는 구문들의 통계적 분포는 다음 [표 5]와 같다.

[표 5] 9단어 문장들의 구문유형 분포

구문	빈도	백분율(%)	누적백분율(%)	전체 코퍼스내의 백분율(%)
T8	17	17	17	13.5
T7	13	13	30	11
T4	10	10	40	9.5
T9	8	8	48	6.5
T15	6	6	54	6.4
T16	6	6	60	13.3
T11	5	5	65	4.5
T2	5	5	70	7.4
T14	5	5	75	3.3
T10	5	5	80	5.1
T12	4	4	84	2.2
T1	4	4	88	5.7
T5	4	4	92	5.9
T3	3	3	95	1.3
T13	3	3	98	1.4
T6	2	2	100	3

위 표를 검토해 보면, T1부터 T16까지 모든 구문이 이 하위코퍼스에 출현하는 것을 확인할 수 있다. 이 하위코퍼스에서 선호되는 구문들은 T8(등위접속구문), T7(부정사구문), T3(명령문), T13(동격구문) 등이다. 구문유형 T8의 경우, 코퍼스 전체에 출현하는 비율이 13.5%인데, 이 하위 코퍼스에서는 17% 출현하고, 구문유형 T7은 이 하위 코퍼스에서 13% 출현하는 것으로 분석되는데, T7의 경우 전체 코퍼스에서는 11% 출현하므로 이 두 구문이 이 하위 코퍼스에 의해 선호되는 것으로 분석될 수 있다. 또한 명령문 구문인 T3의 경우 전체 코퍼스에서는 매우 드물게 1.3% 출현하는데 이 하위 코퍼스에서는 3% 출현빈도를 보이고, 동격구문 T13의 경우 마찬가지로 드물게 전체 코퍼스에서는 1.4% 출현하는데 이 하위 코퍼스에서는 3% 출현한다. 때문에 이 두 구문도 이 하위 코퍼스에서 선호되는 것으

로 분석될 수 있다. 반면, 단순문 구문인 T16은 이 하위 코퍼스에서 선호
되지 않은 것으로 분석될 수 있는데 그 이유는 다음과 같다. 구문 T16은
전체 코퍼스내에서 차지하는 비중은 13.3%인 반면, 이 하위 코퍼스에서
는 6%의 출현빈도를 보이기 때문이다.

아래의 문장들은 모두 10단어로 구성된 문장들이다. 이들은 코퍼스
CTG1000로부터 추출한 용례들이다.

(6)

a. Daher vermag ich auch nicht den geringsten Plan zu befolgen.

b. Das Auto hatten sie verkauft, als der Vater gestorben war.

c. Du weißt doch, wie der Verkehr in der Stadt ist.

위의 (6a)는 구문유형으로 보아 유형 T7, 곧 부정사구문 유형에 속하
고, (6b)는 유형 T4, 곧 종속문 유형에 속하며, (6c)는 유형 T6, 곧 간접
의문문에 속한다. 다음 [표 6]은 10단어로 구성된 문장 100개가 속한 구문
의 통계적 분포를 보여준다.

[표 6] 10단어 문장들의 구문유형 분포

구문	빈도	백분율(%)	누적백분율(%)	전체 코퍼스내의 백분율(%)
T8	17	17	17	13.5
T7	16	16	33	11
T4	12	12	45	9.5
T9	9	9	54	6.5
T15	9	9	63	6.4
T1	9	9	72	5.7
T2	6	6	78	7.4
T6	5	5	83	3
T11	5	5	88	4.5

T5	5	5	93	5.9
T10	3	3	96	5.1
T12	2	2	98	2.2
T14	1	1	99	3.3
T16	1	1	100	13.3

위 표를 검토해 보면, 부정사구문 유형(T7)이 10단어 문장들로 구성된 하위 코퍼스에서 특별히 강하게 선호되는 것을 확인할 수 있다. 유형 T7의 경우, 코퍼스 전체에 출현하는 비율이 11%인데, 이 하위 코퍼스에서는 16% 출현하기 때문이다. 복합명사구 구문(T1)도 이 하위 코퍼스에 의해 선호되는 것으로 분석가능한데, 이 구문이 전체 코퍼스내에서 차지하는 비중은 5.7%인 반면, 이 하위 코퍼스에서는 9%의 출현빈도를 보이기 때문이다. 또한 구문유형 T8도 이 하위 코퍼스에 의해 선호되는 것으로 분석될 수 있는데, 이 구문이 전체 코퍼스에서 13.5% 출현하지만 이 하위 코퍼스에서 가장 많이 17% 출현하기 때문이다. 반면, 구문유형 단순문(T16)은 전체 코퍼스내에서 차지하는 비중이 13.3%인데, 이 하위 코퍼스에서는 1%의 출현빈도를 보이기 때문에 이 하위 코퍼스에 의해 거부되는 것으로 분석된다.

코퍼스 CTG1000에 포함된 11단어로 구성된 문장 몇 개를 살펴보면 다음과 같다.

(7)

a. Der Personalstand dürfte künftig durch den Aufbau der Telekommunikation eher steigen.

b. Hätte er ihn hintergeschlungen, wäre er natürlich gestorben, das ist sicher.

c. Die ungleicheren Länder schneiden bei all diesen sozialen

Problemen schlechter ab.

위의 (7a)는 구문유형으로 보아 유형 T9, 곧 생략구문 유형에 속하고, (7b)는 유형 T3, 곧 명령문 유형에 속하며, (7c)는 동격구문 유형인 T13에 속한다. 11단어로 구성된 문장 100개를 모은 하위 코퍼스가 보여주는 구문들의 통계적 분포는 다음 [표 7]과 같다.

[표 7] 11단어 문장들의 구문유형 분포

구문	빈도	백분율(%)	누적백분율(%)	전체 코퍼스내의 백분율(%)
T4	15	15	15	9.5
T8	14	14	29	13.5
T1	10	10	39	5.7
T9	10	10	49	6.5
T10	10	10	59	5.1
T2	8	8	67	7.4
T5	8	8	75	5.9
T7	6	6	81	11
T11	4	4	85	4.5
T12	4	4	89	2.2
T14	3	3	92	3.3
T16	2	2	94	13.3
T6	2	2	96	3
T15	2	2	98	6.4
T13	1	1	99	1.4
T3	1	1	100	1.3

위 표를 검토해 보면, T1부터 T16까지 모든 구문이 이 하위코퍼스에 출현하는 것을 확인할 수 있다. 이 하위코퍼스에서 선호되는 구문들은 T4(종속문), T1(복합명사구), T9(생략구문) 및 T10(분리구문) 등이다. 구문유형 T4의 경우, 코퍼스 전체에 출현하는 비율이 19.5%인데, 이 하위 코퍼스에서

는 15% 출현하고, 구문유형 T1은 이 하위 코퍼스에서 10% 출현하는 것으로 분석되는데, T1의 경우 전체 코퍼스에서는 5% 출현한다. 따라서 이두 구문이 이 하위 코퍼스에 의해 선호되는 것으로 분석될 수 있다. 또한생략구문인 T9의 경우 전체 코퍼스에서는 6.5% 출현하는데 이 하위 코퍼스에서는 10% 출현빈도를 보이고, 분리구문 T10의 경우 전체 코퍼스에서는 5.1% 출현하는데 이 하위 코퍼스에서는 10% 출현한다. 때문에 이 두구문도 이 하위 코퍼스에서 선호되는 것으로 분석될 수 있다. 반면, 단순문인 T16과 완료구문인 T15은 이 하위 코퍼스에서 선호되지 않은 것으로분석될 수 있는데 그 이유는 다음과 같다. 구문 T16의 경우, 전체 코퍼스에서 13.3% 출현하지만 이 하위코퍼스에서는 겨우 2% 출현한다. 또한 구문 T15도 전체 코퍼스내에서 차지하는 비중이 6.4%인 반면, 이 하위 코퍼스에서는 2%의 출현빈도를 보이기 때문이다.[2]

아래의 문장들은 모두 12단어로 구성된 문장들이다. 이들은 코퍼스 CTG1000로부터 추출한 용례들이다.

(8)

a. Sebastian rieb sich die Hände, ehe er sich in einen Sessel setzte.

b. Nicht nur ein Sinn fehlt dem Alten, alle fehlen in der Tat.

c. Ich denke, daß es niemand geben kann, der unglücklicher wäre als sie.

---

2) 완료구문(T15)은 정동사와 과거분사간의 거리가 너무 떨어져 있을 경우 수용자의 입장에서 문장이해도를 낮출 수 있기 때문에 10개 단어 이상이 될 경우 비선호되는 것으로 해석가능하다. 13개로 된 문장들이나 14개로 된 문장들로 구성된 하위 코퍼스의 경우에도 T15의 출현빈도가 상대적으로 적다는 사실이 이러한 해석을 뒷받침한다. 그러나 12개 단어로 된 문장들의 하위 코퍼스에서는 T15가 상대적으로 많이 출현한 사실에 대해서는 추가 논의가 필요할 것으로 보인다.

위의 (8a)는 구문유형으로 보아 유형 T4, 곧 종속문 유형에 속하고, (8b)
는 유형 T9, 곧 생략구문 유형에 속하며, (8c)는 유형 T12, 곧 비교구문에
속한다. 다음 [표 8]은 12단어로 구성된 문장 100개가 속한 구문의 통계적
분포를 보여준다.

[표 8] 12단어 문장들의 구문유형 분포

구문	빈도	백분율(%)	누적백분율(%)	코퍼스분포(%)
T8	17	17	17	13.5
T5	16	16	33	5.9
T4	13	13	46	9.5
T15	11	11	57	6.4
T7	9	9	66	11
T9	6	6	72	6.5
T11	6	6	78	4.5
T6	6	6	84	3
T12	4	4	88	2.2
T1	4	4	92	5.7
T13	3	3	95	1.4
T2	3	3	98	7.4
T10	2	2	100	5.1

위 표를 살펴보면, 구문 유형 T5, 곧 관계문이 12단어 문장들로 구성된
하위 코퍼스에서 특별히 강하게 선호되는 것을 확인할 수 있다. 유형 T5
의 경우, 코퍼스 전체에 출현하는 비율이 15.98%인데, 이 하위 코퍼스에
서는 16% 출현하기 때문이다. 완료구문(T15)도 이 하위 코퍼스에 의해 선
호되는 것으로 분석가능한데, 이 구문이 전체 코퍼스내에서 차지하는 비
중은 6.4%인 반면, 이 하위 코퍼스에서는 11%의 출현빈도를 보이기 때문
이다. 또한 등위접속구문(T8)도 이 하위 코퍼스에 의해 선호되는 것으로
분석될 수 있는데, 이 구문이 전체 코퍼스에서 13.5% 출현하지만 이 하위

코퍼스에서 가장 많이 17% 출현하기 때문이다. 반면, 도치구문(T2)은 전체 코퍼스내에서 차지하는 비중이 7.4%인데, 이 하위 코퍼스에서는 3%의 출현빈도를 보이기 때문에 이 하위 코퍼스에 의해 거부되는 것으로 분석된다. 더 나아가, 전체 코퍼스내 출현빈도가 13.3%이지만 이 하위 코퍼스에는 전혀 나타나지 않은 단순문 유형(T16)도 이 코퍼스에 의해 거부되는 것으로 분석될 수 있다.

코퍼스 CTG1000에 포함된 13단어로 구성된 문장 몇 개를 살펴보면 다음과 같다.

(9)

a. Es war ihm, als habe sich durch die Nacktheit auch ihr Gesicht verändert.

b. Es rührt die Frauen, die seine Geschichte nicht kennen, durch seine verweinte Schönheit.

c. Jetzt wandte sich die Zofe Ina an ihren Freund, den Kammerdiener des Fürsten.

위의 (9a)는 구문유형으로 보아 유형 T9, 곧 생략구문 유형에 속하고, (9b)는 유형 T5, 곧 관계문 유형에 속하며, (9c)는 동격구문 유형인 T13에 속한다. 13단어로 구성된 문장 100개를 모은 하위 코퍼스가 보여주는 구문들의 통계적 분포는 다음 [표 9]와 같다.

[표 9] 13단어 문장들의 구문유형 분포

구문	빈도	백분율(%)	누적백분율(%)	전체 코퍼스내의 백분율(%)
T8	22	22	22	13.5
T4	15	15	37	9.5

T9	10	10	47	6.5
T5	9	9	56	5.9
T11	8	8	64	4.5
T1	6	6	70	5.7
T10	6	6	76	5.1
T7	5	5	81	11
T6	5	5	86	3
T16	3	3	89	13.3
T2	3	3	92	7.4
T14	3	3	95	3.3
T13	2	2	97	1.4
T15	2	2	99	6.4
T12	1	1	100	2.2

위 표를 검토해 보면, T3(명령문) 구문을 제외하고 모든 구문이 이 하위 코퍼스에 출현하는 것을 확인할 수 있다. 이 하위코퍼스에서 선호되는 구문들은 T8(등위접속구문), T4(종속문), T9(생략구문), T11(외치구문) 및 T5(관계문) 등이다. 구문유형 T8의 경우, 코퍼스 전체에 출현하는 비율이 13.5%인데, 이 하위 코퍼스에서는 22% 출현하고, 구문유형 T4는 이 하위 코퍼스에서 15% 출현하는 것으로 분석되는데, T4의 경우 전체 코퍼스에서는 9.5% 출현한다. 따라서 이 두 구문이 이 하위 코퍼스에 의해 선호되는 것으로 분석될 수 있다. 또한 생략구문인 T9의 경우 전체 코퍼스에서는 6.5% 출현하는데 이 하위 코퍼스에서는 10% 출현빈도를 보이고, 외치구문 T11의 경우 전체 코퍼스에서는 4.5% 출현하는데 이 하위 코퍼스에서는 8% 출현한다. 때문에 이 두 구문도 이 하위 코퍼스에서 선호되는 것으로 분석될 수 있다. 관계문인 T5도 전체 코퍼스에서는 5.9% 출현하는데 이 하위 코퍼스에서는 9% 출현하기 때문에 이 구문도 이 하위 코퍼스에서 선호되

는 것으로 분석될 수 있다. 반면, 단순문인 T16은 이 하위 코퍼스에서 선호되지 않은 것으로 분석될 수 있는데 그 이유는 다음과 같다. 구문 T16는 전체 코퍼스내에서 차지하는 비중이 13.3%인 반면, 이 하위 코퍼스에서는 3%의 출현빈도를 보이기 때문이다.

아래의 문장들은 모두 14단어로 구성된 문장들이다. 이들은 코퍼스 CTG1000로부터 추출한 용례들이다.

(10)

a. Aber es liegen uns noch zwei Beobachtungen vor, die wir dir zunächst unterbreiten müssen.

b. Nur ist vieles gekürzt, anderes verbessert, die Sprache teilweise modernisiert, das ganze neu geordnet.

c. Mit allem hatte Pullman gerechnet, nur nicht mit dem Bedürfnis seiner Arbeiter nach Freiheit.

위의 (10a)는 구문유형으로 보아 유형 T5, 곧 관계문 유형에 속하고, (10b)는 유형 T9, 곧 생략구문 유형에 속하며, (10c)는 유형 T11, 곧 외치구문에 속한다. 다음 [표 10]은 14단어로 구성된 문장 100개가 속한 구문의 통계적 분포를 보여준다.

[표 10] 14단어 문장들의 구문유형 분포

구문	빈도	백분율(%)	누적백분율(%)	전체 코퍼스내의 백분율(%)
T8	23	23	23	13.5
T11	13	13	36	4.5
T5	13	13	49	5.9
T9	12	12	61	6.5
T4	9	9	70	9.5

T1	6	6	76	5.7
T10	4	4	80	5.1
T6	4	4	84	3
T7	3	3	87	11
T3	3	3	90	1.3
T12	3	3	93	2.2
T16	3	3	96	13.3
T13	2	2	98	1.4
T15	1	1	99	6.4
T14	1	1	100	3.3

　　표를 검토해 보면, 구문 유형 T8, 곧 등위접속구문과 구문 유형 T11, 곧 외치구문이 14단어 문장들로 구성된 하위 코퍼스에서 특별히 강하게 선호되는 것을 확인할 수 있다. 유형 T8의 경우 코퍼스 전체에 출현하는 비율이 13.5%인데, 이 하위 코퍼스에서는 23% 출현하고 유형 T11의 경우, 코퍼스 전체에 출현하는 비율이 4.5%인데, 이 하위 코퍼스에서는 13% 출현한다. 관계문(T5)과 생략구문(T9)도 이 하위 코퍼스에 의해 선호되는 것으로 분석가능하다. 이 구문 T5이 전체 코퍼스내에서 차지하는 비중은 5.9%인 반면, 이 하위 코퍼스에서는 13%의 출현빈도를 보이며, 구문 T9가 전체 코퍼스내에서 차지하는 비중은 6.5%인 반면, 이 하위 코퍼스에서는 12%의 출현빈도를 보이기 때문이다. 반면, 단순문(T16)은 전체 코퍼스내에서 차지하는 비중이 13.3%인데, 이 하위 코퍼스에서는 3%의 출현빈도를 보이기 때문에 이 하위 코퍼스에 의해 거부되는 것으로 분석된다. 마찬가지로 부정사구문(T7)도 이 하위 코퍼스에서 선호되지 않는데, 이 구문은 전체 코퍼스내 출현빈도가 11%이지만 이 하위 코퍼스에는 3% 출현하기 때문이다. 완료구문(T15)의 경우 전체 코퍼스내 출현빈도가 6.4%이지만 이 하위 코퍼스에는 겨우 1% 출현하기 때문에 이 구문도 거부구문으로 분류될 수 있다. 더 나아가, 전체 코퍼스내 출현빈도가 7.4%이지만 이 하

위 코퍼스에는 전혀 나타나지 않은 도치구문 유형(T2)도 이 코퍼스에 의해 거부되는 것으로 분석될 수 있다.

지금까지 우리는 10가지 하위 코퍼스를 바탕으로 문장의 길이와 선호 구문간의 상관관계에 대해 논의했다. 이 관계를 보다 명시적으로 포착하기 위해 앞서 논의한 내용을 표로 정리하면 다음과 같다.

[표 11] 문장 길이와 선호 구문간의 상관관계

하위 코퍼스	선호 구문	거부 구문	비출현 구문
CTG1000-W5	T16, T7, T2	T8	T5, T6, T9, T11, T12, T13
CTG1000-W6	T16, T2	T8, T9	T11
CTG1000-W7	T2, T15, T1	T8	T7, T12
CTG1000-W8	T7, T14, T10	T4, T9, T3, T13	T3, T13
CTG1000-W9	T8, T7, T3, T13	T16	
CTG1000-W10	T7, T1, T8	T16	T3, T13
CTG1000-W11	T4, T1, T9, T10	T16, T15	
CTG1000-W12	T5, T15, T8	T16, T2	T3, T14, T16
CTG1000-W13	T8, T4, T9, T11, T5	T16	T3
CTG1000-W14	T8, T11, T5, T9	T16, T7, T15	T2

위 표를 통해 우리는 문장의 길이에 따라 표현이 어려운 구문이 있다는 사실을 먼저 확인하게 된다. 이를 테면 길이가 짧은 문장들로 구성된 CTG1000-W5 코퍼스나 CTG1000-W6 코퍼스에서 외치구문(T11)이 출현하지 않고 길이가 긴 문장들로 구성된 CTG1000-W13 코퍼스나 CTG1000-W14 코퍼스에서 명령문(T3)이나 도치구문(T2)가 나타나지 않는다. 또한 9 단어 문장들로 구성된 코퍼스 CTG1000-W9에 모든 구문이 실현된다는 사실에도 주목할 필요가 있다.[3] 더 나아가 우리는 단순문 구문(T16)이 거부

---

3) 코퍼스 CTG1000-W9에 나타나는 개별 구문들의 출현백분율은 전체 코퍼스 CTG1000 의 출현백분율과 매우 유사하다. 이를 테면 이 하위 코퍼스에서 가장 선호되는 구문인

되느냐, 그렇지 않느냐를 기준으로 두 가지 코퍼스 그룹이 구분될 수 있음을 쉽게 알 수 있다. 다시 말하여 9단어로 된 문장들로 구성된 하위 코퍼스(CTG1000-W9)부터 14단어로 된 문장들로 구성된 하위 코퍼스(CTG1000-W14)까지는 구문 T16을 거부하는 반면, 5단어로 된 문장들로 구성된 하위 코퍼스(CTG1000-W5)부터 8단어로 된 문장들로 구성된 하위 코퍼스(CTG1000-W8)까지는 그렇지 않다. 우리가 전자를 장문 코퍼스 그룹으로 후자를 단문 코퍼스 그룹으로 명명한다면, 양자가 선호하는 구문들은 대체적으로 아래와 같이 정리할 수 있다.

(11) a. 단문 코퍼스 그룹이 선호하는 구문: T16, T2

b. 장문 코퍼스 그룹이 선호하는 구문: T8, T9, T5, T11

이와 같은 문장의 길이에 따른 구문의 선호도는 Voyant Tools에서 제공하는 트랜드 분석에 의해 뒷받침되는데,[4] 트랜드를 보여주는 그래프는 [그림 1]과 같다.

그래프 [그림 1]을 통해서, 구문 T2와 T16의 경우 단문 코퍼스 그룹에서 상대적으로 높은 출현빈도를 보이는 반면, 구문 T5, T8, T9, T5 및 T11은 장문 코퍼스 그룹에서 상대적으로 높은 출현빈도를 보이는 것을 확인할 수 있다. Voyant Tools에서 제공하는 또 다른 도구인 StreamGraph는 단문 코퍼스에서 선호되는 구문들 T2, T16와 장문 코퍼스에서 선호되는 구문들 T8, T9간의 차이를 명시적으로 보여준다. 이 스트림 그래프는

등위접속구문이 이 코퍼스에서 17% 출현하는데 이 구문이 전체 코퍼스에서는 13.5% 나타난다. 이러한 근접성 특성과 더불어, 앞서 논의한 바 이 하위 코퍼스에는 16가지 구문유형이 모두 등장한다는 사실로부터 우리는 이 코퍼스가 문장의 길이와 관련하여 원형적인 코퍼스라고 평가한다. 이 사실이 함의하는 바는 9단어로 구성된 문장들을 외국어로서의 독일어 교육이나 독일어 문법교육에 적극적으로 활용할 필요가 있다는 것이다.

4) 웹사이트 http://voyant-tools.org/에서 다양한 Voyant 도구들을 실행해 볼 수 있다.

[그림 2]로 제시된다.

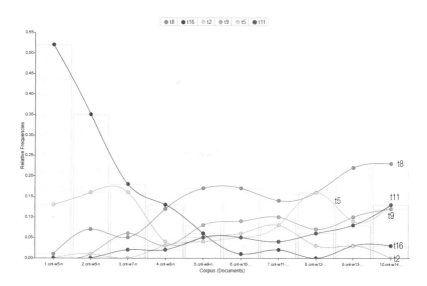

[그림 1] 문장길이와 구문의 상관관계

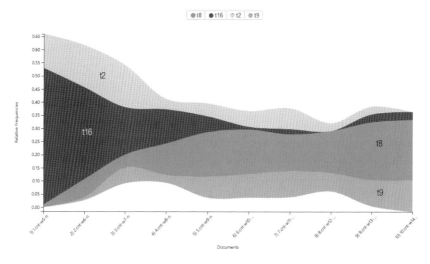

[그림 2] 구문들간의 스트림 비교

위 스트림 그래프를 살펴보면, 구문 T16과 T2의 경우 시작부분, 곧 단문 코퍼스의 영역이 넓은 반면, 뒤쪽 부분, 곧 장문 코퍼스의 영역이 좁아진 것을 확인할 수 있다. 반면 구문 T8과 T9의 경우 시작부분, 곧 단문 코퍼스의 영역이 좁은 반면, 뒤쪽 부분, 곧 장문 코퍼스의 영역이 넓어진 것을 확인할 수 있다.

7.2 문장길이와 구문분석 오류간의 상관성

〈길이의 언어학〉과 관련한 두 번째 주제는 문장의 길이와 구문분석 오류간에 상관관계가 있는가의 여부이다.

다음 [표 12]는 의존구조 코퍼스 CTG1000-DS를 분석하여 얻은 하위 코퍼스별 오류빈도의 분포를 보여준다.

[표 12] 하위 코퍼스의 의존구조 오류 분포

하위 코퍼스	DF 오류	HC 오류	합계	백분율(%)
CTG1000-DS-W5	16	0	16	5.24
CTG1000-DS-W6	18	9	27	8.85
CTG1000-DS-W7	14	14	28	9.18
CTG1000-DS-W8	17	11	28	9.18
CTG1000-DS-W9	15	15	30	9.84
CTG1000-DS-W10	15	16	31	10.16
CTG1000-DS-W11	17	14	31	10.16
CTG1000-DS-W12	16	16	32	10.49
CTG1000-DS-W13	16	22	38	12.46
CTG1000-DS-W14	23	21	44	14.43
합계	167	138	305	100
오류유형 분포(%)	54.75	45.25	100	

위 표를 살펴보면 문장의 길이가 늘어날수록 전체 오류율이 증가하는 것으로 확인할 수 있다. 그러나 의존기능(DF) 오류와 핵어선택(HC) 오류를 구분지어 살펴보았을 때는 이러한 상관관계가 성립하지 않는 것처럼 보인다. DF 오류의 경우, 14단어 문장들로 구성된 하위 코퍼스(CTG1000-DS-W14)를 제외하고는 비슷한 수준의 오류 정도를 보여준다. 반면, HC 오류의 경우, 대체적으로 코퍼스를 구성하는 개별 문장 속에 포함된 단어의 수가 많을수록 오류율도 증가하는 것으로 관찰된다.

7.3 구문유형과 구문분석 오류율간의 상관관계

이제, 〈길이의 언어학〉과 관련한 세 번째 주제를 다루어 보기로 하자. 세 번째 주제는 구문유형과 오류율간에 상관관계가 성립하는 지의 여부를 가리는 문제이다. 이 과제는 오류율을 기준으로 16가지 구문간의 순위를 정할 수 있는 지의 문제로 바꾸어 생각해 볼 수 있다.

다음 [표 13]는 개별 구문의 오류 분포를 보여준다.

[표 13] 구문들의 오류 분포

구문	오류 빈도	오류 백분율(%)	오류 누적백분율(%)	전체 코퍼스내의 구문 분포(%)	난이도(%)
T8	40	13.11	13.11	13.5	-0.39
T16	31	10.16	23.28	13.3	-3.14
T4	31	10.16	33.44	9.5	0.66
T9	26	8.52	41.97	6.5	2.02
T7	23	7.54	49.51	11	-3.46
T2	22	7.21	56.72	7.4	-0.19
T5	21	6.89	63.61	5.9	0.99
T15	20	6.56	70.16	6.4	0.16
T11	20	6.56	76.72	4.5	2.06

T10	18	5.9	82.62	5.1	0.8
T6	16	5.25	87.87	3	2.25
T1	15	4.92	92.79	5.7	-0.78
T14	8	2.62	95.41	3.3	-0.68
T12	6	1.97	97.38	2.2	-0.23
T13	4	1.31	98.69	1.4	-0.09
T3	4	1.31	100	1.3	0.01

위 표에서 '난이도'는 '전체 코퍼스내의 구문 분포'를 기준으로 하여 '오류 백분율'의 정도를 측정한 값을 나타난 것인데, 이 난이도 값은 자동 구문분석의 난이도를 의미한다. 난이도는 '오류 백분율'에서 '전체 코퍼스내의 구문 분포'를 감한 값으로서 양수일 경우에 난이도가 높은 것으로, 음수일 경우에 난이도가 낮은 것으로 평가할 수 있다. 이에 따라 상대적으로 난이도가 높은 구문들로는 T9(생략구문), T11(외치구문) 및 T6(간접의문문) 등이 추출된다. 이 세 구문은 오류 백분율이 구문 분포를 2% 이상 넘어서는 구문들이다. 다시 말하여, 이들이 구문분석 오류에 노출될 가능성이 상대적으로 높은 구문들이라고 분류할 수 있다. 정반대로, 구문 T7(부정사구문)과 T16(단순문)의 경우, '오류 백분율'이 '전체 코퍼스내의 구문 분포' 보다 3% 이상 낮다. 다시 말하여, 이들이 구문분석 오류에 노출될 가능성이 상대적으로 낮은 구문들이라고 분류할 수 있다. 곧 T7과 T16은 구분분석의 난이도가 낮은 구문들이다. 구문분석의 난이도를 기준으로 하여 위계를 세울 경우 구문들간의 난이도 위계는 대략 (12)와 같이 설정할 수 있다.

(12) 난이도 위계 I

　　T7 〈 T16 〈 T1 〈 T14 〈 T8 〈 T12 〈 T2 〈 T13 〈 T3 〈 T15 〈 T4 〈 T10
　　〈 T5 〈 T9 〈 T11 〈 T6

위의 난이도 위계에 따르면 간접의문문(T6)이 난이도가 가장 높은 반면, 부정사구문(T7)이 난이도가 가장 낮다. 여기서 부정사구문이 단순문(T16) 보다 난이도가 낮은 점은 직관적으로 이해하기 어렵다. 왜냐하면 두 구문 간의 난이도 차이는 0.32에 불과하기 때문이다. 마찬가지로 T9, T11 및 T6 상호간에도 난이도는 거의 유사하다. 때문에 난이도 위계를 각 구문간 의 서열로 설정하기 보다는 구문 그룹간의 서열로 보아 설정하는 것이 타 당할 것이다. 이에 따라 수정된 난이도 위계는 다음과 같다.

(13) 난이도 위계 Ⅱ

　　{T7, T16} 〈 {T1, T2, T8, T12, T13, T14} 〈 {T3, T4, T5, T10, T15}

　　〈 {T6, T9, T11}

위의 수정된 난이도 위계는 4가지 난이도 그룹을 상정하고 있는데 가장 낮은 그룹은 수치상으로 난이도가 -2%보다 작은 구문들을, 두 번째 그룹 은 -2%이상이면서 음수인 구문들을, 세 번째 그룹은 양수이면서 2%를 넘 지 않는 구문들을, 가장 높은 그룹은 난이도가 2%이상인 구문들을 포함시 켰다.

7.4 구문유형과 오류유형간의 상관관계

〈길이의 언어학〉과 연관되는 네 번째 과제는 두 가지 오류유형, 곧 의존 기능(DF) 오류와 핵어선택(HC) 오류와 구문유형들간에 상관관계가 성립하 는 가의 문제이다. 이 문제에 대한 해답을 구하기 위해서 빅데이터 분석기 법의 하나인 변별적 공연어휘소 분석(distinctive collexeme analysis) 방법을 이용하기로 한다. 이 분석방법을 적용하기 위해 필요한 데이터는 구문 유 형별로 두 가지 오류의 출현빈도이다. 이 빈도에 r-스크립트를 운용하여

얻는 결과는 다음 (14)와 같다.5)

(14) 오류 유형의 변별적 공연어휘소 분석
Distinctive collocate/collexeme analysis for:　　　　DF vs. HC

obs.freq.1: observed frequency of the word A-? in/with DF
obs.freq.2: observed frequency of the word A-? in/with HC
exp.freq.1: expected frequency of the word A-? in/with DF
exp.freq.2: expected frequency of the word A-? in/with HC
pref.occur: the word/construction to which the word A-? is attracted
coll.strength: index of distinctive collostructional strength:
　-log(Fisher exact, 10), the higher, the more distinctive

	words	obs.freq.1	obs.freq.2	exp.freq.1	exp.freq.2	pref.occur	coll.strength
1	T16	24	7	16.97	14.03	DF	2.2602722
2	T10	14	4	9.86	8.14	DF	1.4562519
3	T11	14	6	10.95	9.05	DF	0.9309274
4	T2	15	7	12.05	9.95	DF	0.8625996
5	T4	19	12	16.97	14.03	DF	0.5497313
6	T5	12	9	11.50	9.50	DF	0.2990929
7	T14	1	7	4.38	3.62	HC	1.7557654
8	T1	4	11	8.21	6.79	HC	1.6243990
9	T15	7	13	10.95	9.05	HC	1.2635097
10	T9	12	14	14.24	11.76	HC	0.6257654

---

5) 이 공연어휘소 분석을 위해 Fisher-exact Methods를 사용했으며, r-스크립트를 실행
　하는 과정 및 방법에 대해서는 이민행(2015) 참조.

11	T3	1	3	2.19	1.81	HC	0.6137689
12	T13	1	3	2.19	1.81	HC	0.6137689
13	T6	7	9	8.76	7.24	HC	0.5902078
14	T8	21	19	21.90	18.10	HC	0.3525310
15	T7	12	11	12.59	10.41	HC	0.3174600
16	T12	3	3	3.29	2.71	HC	0.2484707

If your collostruction strength is based on p-values, it can be interpreted as follows:

Coll.strength⟩3 =⟩ p⟨0.001; coll.strength⟩2 =⟩ p⟨0.01;
coll.strength⟩1.30103 =⟩ p⟨0.05.

Out of the 16 investigated, 16 collocates/collexemes are shared by both words/constructions; i.e. 100 %

위의 분석결과를 해석하자면, 구문에 따라 DF 오류나 HC 오류에 노출되는 정도가 다르다고 평가할 수 있다. 이를 테면, 상대적으로 의존기능(DF) 오류를 유발하기 쉬운 구문은 구문 T16, T10, T11, T2, T4와 T5인반면, 상대적으로 핵어선택(HC) 오류를 유발하기 쉬운 구문은 구문 T14, T1, T15, T9, T3, T13, T6, T8, T7와 T12이다.

⟨길이의 언어학⟩과 연관되는 다섯 번째 과제는 하위 코퍼스들간의 유사도를 살펴보는 작업이다. 이를 위해 데이터과학 분야에서 개발된 바, 문서들간의 유사도를 측정하는 계층적 군집분석(hierarchical cluster analysis)을 적용할 수 있는데 이 분석을 위해서 아래와 같은 행렬식으로 정리된 데이터가 필요하다.

[표 14]에 그 일부만이 제시된 행렬포맷은 각 구문유형이 문장길이를 기준으로 나눈 하위 코퍼스내에 얼마나 자주 출현하는지를 보여주는 데이터이다.

이를 테면 종속문(T4)이 7단어 문장들로 구성된 코퍼스(CNT-W7)내에서 7번 출현하는 반면, 이 구문이 9단어 문장들로 구성된 코퍼스(CNT-W9)내에서는 10번 나타난다.

[표 14] 하위 코퍼스와 구문 출현빈도

Term	CNT-W5	CNT-W6	CNT-W7	CNT-W8	CNT-W9
T1	1	2	10	5	4
T2	13	16	16	4	5
T3	1	3	2	0	3
T4	4	5	7	5	10
T5	0	1	0	3	4

위 표에 제시된 행렬식은 파일 'MT-ctg1000.csv'의 일부인데, 이 데이터 파일을 계층적 군집분석을 위한 r-스크립트에 불러들여 실행하면 아래 [그림 3]과 같은 그래프를 얻는다.

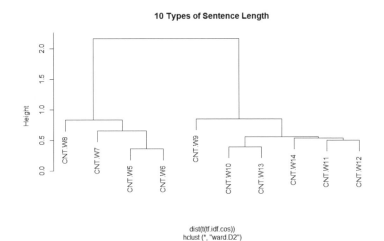

[그림 3] 하위 코퍼스간의 유사도

위 도표에 따르면, 5단어 문장들로 구성된 하위 코퍼스(CNT-W5)와 6단어 문장들로 구성된 하위 코퍼스(CNT-W6)간의 유사도가 가장 높고, 10단어 문장들로 구성된 하위 코퍼스(CNT-W10)와 13단어 문장들로 구성된 하위 코퍼스간(CNT-W13)의 유사도가 그 다음으로 높으며, 이어 11단어 문장들로 구성된 하위 코퍼스(CNT-W11)와 12단어 문장들로 구성된 하위 코퍼스간(CNT-W12)의 유사도가 세 번째로 높다. 이러한 결과가 문장의 길이를 기준으로 하위 코퍼스간에 연속성이 존재할 것이라는 우리의 직관을 전체적으로는 아니라 하더라도 부분적으로는 반영하고 있다고 보여진다. 왜냐하면 인접하는 코퍼스들간—이를테면, W5와 W6간이나 W11과 W12간—의 유사도가 상대적으로 높은 것으로 분석되었기 때문이다.

위에 그래프로 제시된 문서유사도를 구하기 위해 운용한 r-스크립트는 다음 (15)와 같다.

(15)
```
setwd("C:/MyDOC")
library("gdata")
library("tm")
data <- read.csv("MT-ctg1000.csv")
tf <- data[,2:11]
idf <- rowSums(tf >= 1)
norm_vec <- function(x) {x/sqrt(sum(x^2))}
tf.idf <- log2(10/idf) * tf
tf.idf.cos <- apply(tf.idf, 2, norm_vec)
fit <- hclust(dist(t(tf.idf.cos)), method="ward.D2")
plot(fit, main="10 Types of Sentence Length")
```

　아래의 도표는 구문분석 오류 데이터를 이용하여 하위 코퍼스간의 문서 유사도를 측정한 결과이다. 이 그래프는 위의 [그림 3]에 제시된 도표와 비교해 볼 때 공통점과 차이점을 나타낸다. 5단어 문장들로 구성된 하위 코퍼스(CNT-W5)와 6단어 문장들로 구성된 하위 코퍼스(CNT-W6)간의 유사도와 11단어 문장들로 구성된 하위 코퍼스(CNT-W11)와 12단어 문장들로 구성된 하위 코퍼스간(CNT-W12)의 유사도가 높다는 사실은 두 그래프의 공통점이다. 반면, 13단어 문장들로 구성된 하위 코퍼스(CNT-W13)와 14단어 문장들로 구성된 하위 코퍼스간(CNT-W14)의 유사도가 높다는 사실은 오류 데이터를 기초로 한 그래프만에 나타난 차이점이다. 또 다른 차이점은 이 그래프에서는 11단어 문장들로 구성된 하위 코퍼스(CNT-W11)와 12단어 문장들로 구성된 하위 코퍼스간(CNT-W12)의 유사도가 가장 높다는 사실이다.

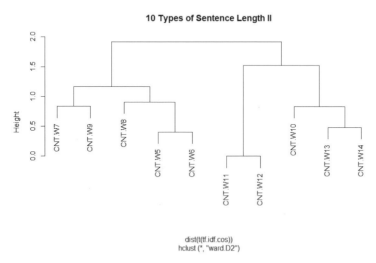

[그림 4] 오류 데이터를 기초로 한 하위 코퍼스간의 유사도

위의 그래프에 제시된 문서유사도를 구하기 위해 운용한 r-스크립트는 다음 (16)과 같다. 이 스크립트는 위 (15)에 제시된 스트립트와 거의 동일한데, 양자의 차이는 네 번째 줄의 입력 데이터의 파일명에 나타난다.

(16)
```
setwd("C:/MyDOC")
library("gdata")
library("tm")
data <- read.csv("MT-ctg1000-err.csv")
tf <- data[,2:11]
idf <- rowSums(tf >= 1)
norm_vec <- function(x) {x/sqrt(sum(x^2))}
tf.idf <- log2(10/idf) * tf
tf.idf.cos <- apply(tf.idf, 2, norm_vec)
fit <- hclust(dist(t(tf.idf.cos)), method="ward.D2")
plot(fit, main="10 Types of Sentence Length")
```

위 스크립트에서 기초데이터로 사용된 데이터 파일 "MT-ctg1000-err.csv"의 일부를 보이면 다음과 같다.

[표 15] 하위 코퍼스와 오류 구문 출현빈도

Term	CNT-W5	CNT-W6	CNT-W7	CNT-W8	CNT-W9
T1	0	1	5	1	0
T2	2	6	5	2	0
T3	0	0	1	0	0
T4	0	1	2	3	5
T5	0	1	0	1	1

위의 행렬식은 각 구문별 오류유형이 하위 코퍼스내에 얼마나 자주 출현하는지를 보여주는 데이터이다. 이를 테면 분석 오류를 보인 도치구문(T2)이 7단어 문장들로 구성된 코퍼스(CNT-W7)내에서 5번 출현하는 반면, 분석 오류를 보인 종속문(T4)이 8단어 문장들로 구성된 코퍼스(CNT-W8)내에서는 3번 나타난다.

이제까지 우리는 〈길이의 언어학〉과 관련하여 다섯 가지 과제를 다루었다. 이 과제들에 대한 연구결과는 아래와 같이 정리할 수 있다.

첫째, 문장의 길이가 늘어나면 그에 따라 표현가능한 구문유형의 숫자가 늘어난다.

둘째, 문장의 길이와 구문분석 오류간에 상관관계가 성립한다. 문장이 길어질수록 구문분석 오류, 특히 핵어선택 오류를 유발할 확률이 증가한다.

셋째, 구문유형과 오류율간에 상관관계가 성립하고 이 결과를 바탕으로 구문분석의 난이도 위계의 설정이 가능하다.

넷째, 구문 유형들과 두 가지 오류유형, 곧 의존기능(DF) 오류와 핵어선택(HC) 오류간에 상관관계가 성립한다.

다섯째, 문장길이를 기준으로 하여 분류한 하위 코퍼스들간의 유사도를 살펴본 결과 인접하는 코퍼스들간—이를테면, CNT-W5와 CNT-W6간이나 CNT-W11과 CNT-W12간— 의 유사도가 상대적으로 높다.

결론적으로 각 구문은 문장의 길이와 관련하여 자기만의 옷을 입으며, 이 사실이 독일어 교육에 있어 함의하는 바가 크다고 할 수 있다.

이 장을 마무리하면서 연구방법론상의 한계에 대해 논의하고자 한다. 본 연구에서는 코퍼스에 포함된 개별 문장에 대해, 여러 구문이 함께 나타나는 문장의 경우 대표성을 가진 구문 하나만을 할당하는 방법을 택하였다. 대표성을 정하기 위해 구문간의 위계를 설정하기도 했다. 그러나 이런 방법은 연구자의 주관이 많이 개입되고 부정확한 결과를 유발할 가능성이 높은 단점을 가진 반면 개별 문장을 분석하는 시간단축의 효과가 있다. 반면, 대안으로 생각해 볼 수 있는 방법은 개별 문장에 관여되는 구문들을 모두 할당하는 방법이다. 이 방법을 택할 경우에 연구방법이 단순해지고 분석의 정확도가 높아지는 장점을 가지나 개별 문장의 분석시간이 늘어나는 단점을 동시에 가진다.

제7장의 요약

이 장에서는 문장의 길이가 어떠한 언어학적 함의를 갖는 지에 대해 논의했다.
연구결과 문장의 길이가 늘어나면 그에 따라 표현가능한 구문유형의 숫자가 늘어난다는 사실이 검증되었다.

그리고 문장의 길이와 구문분석 오류간에 상관관계가 성립한다는 사실을 확인할 수 있었다.

뿐만 아니라 구문유형과 오류율간에도 상관관계가 성립하고 이 결과를 바탕으로 구문분석의 난이도 위계의 설정이 가능하다는 사실을 확인했다.

더 나아가, 구문 유형들과 두 가지 오류유형, 곧 의존기능(DF) 오류와 핵어선택(HC) 간에도 상관관계가 성립한다는 가설을 입증했다.

제8장

의존구조 활용도구들의 이해

8.1 의존구조 수형도 검색 방법

전산언어학, 코퍼스언어학 및 기계학습 분야에서 의존문법에 대한 관심이 높아지면서, 의존구조를 생성하는 자동 구문분석기도 다양하게 개발되어 공개되고 있다. 뿐만 아니라, 의존구조 데이터들을 토대로 언어학적인 수행하기 위해 검색시스템도 함께 개발되고 있으며 더 나아가 사용자가 수형도를 통해 의존관계를 파악할 수 있도록 데이터들을 시각화하는 노력도 많이 이루어지고 있다.

이 장에서는 여러 가지 의존구조 활용도구들을 어떻게 다루는 지에 대해 서술한다. 이와 관련하여 두 가지 과제를 연구주제로 삼는다. 첫째는, 자동 구문분석기에 의해 생성된 의존구조 수형도를 검색하는 일반적인 방법에 대해 논의한다. 둘째는, 데이터 포맷의 변환 문제에 대해 살펴본다.

먼저, 자동 구문분석기에 의해 생성된 의존구조 수형도를 검색할 수 있는 검색도구들의 기능들에 대해 살펴보기로 하자. 검색도구들에는 독일 튀빙엔대의 TÜNDRA 시스템, 슈투트가르트대의 Icarus, 중국 남경대의

DependencyViewer 및 스웨덴의 Väaxjö대에서 개발한 MaltEval 1.0 및 미국 MIT에서 만든 Brat 1.3 등이 있다.[1]

튀빙엔대의 TÜNDRA 시스템은 웹기반 검색도구로서 의존구조 코퍼스뿐만 아니라 구구조 코퍼스를 대상으로 검색을 할 수 있는 환경을 제공한다. 검색을 실행하기 위해서 우선 다음 사이트를 방문한다: https://weblicht. sfs.uni-tuebingen.de/Tundra/

이 TÜNDRA 사이트에 접속하면 다음 [그림 1]과 같은 화면을 마주하게 된다.[2]

[그림 1] TÜNDRA 시스템의 초기화면-1

이 시스템에서는 외부 코퍼스를 불러들여 검색을 할 수 있다. 이를 위한 첫 단계로서 "Drop files here to upload"라고 지침이 부여된 하단 박스안에 의존구조 파일을 마우스로 끌어서 넣으면 아래의 [그림 2]와 같은 화면

---

1) Brat의 경우 웹사이트 http://weaver.nlplab.org/~brat/demo/latest/에서 직접 시연해 볼 수 있다.
2) TÜNDRA 시스템에 접근하기 위해서 먼저 clarin.eu 웹사이트에서 사용자 등록을 해야한다. 새로운 ID를 만들 수 있는 주소는 다음과 같다: https://idm.clarin.eu/user/home. 앞서 기술한 바와 같이 제1세대 TÜNDRA 시스템에서 작업을 수행할 경우에 웹사이트 https://weblicht.sfs.uni-tuebingen.de/Tundra-v1/을 방문해야 한다.

이 나타난다.

[그림 2] TüNDRA 시스템의 초기화면-2

이 화면에서 파일 "MI7-weblicht-art.tctf" 이 업로드 대기중에 있는 것을 확인할 수 있다. 이 상태에서 하단의 "Upload" 키를 클릭하면 다음 [그림 3]과 같이 업로드 작업이 끝나 의존 트리뱅크를 불러올 수 있는 환경으로 변한다.

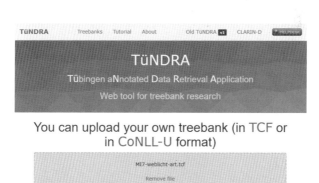

[그림 3] TüNDRA 시스템의 초기화면-3

이 화면을 마주하게 되면 하단의 지시문 [Open the dendency treebank]을 클릭하여 아래 [그림 4]와 같이 검색이 가능한 환경으로 이동한다.

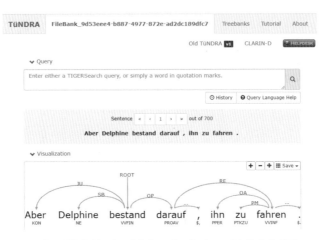

[그림 4] TÜNDRA 시스템에서 코퍼스가 업로드 된 상태의 화면

위의 화면과 같이 의존코퍼스가 업로드 된 상태에서는 검색식을 이용한 검색이 가능하다. 다음 [그림 5]은 검색식을 입력한 다음에 검색을 실행한 상태를 보여준다.

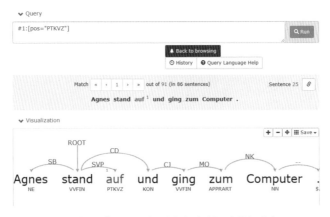

[그림 5] TÜNDRA 시스템에서 검색을 실행한 화면

화면의 검색창에 검색식 #1:[pos="PTKVZ"]을 입력한 후에 우측의 실행(Statistics) 영역으로 이동한 다음 [Add/remove columns] 버튼을 눌러서 어떤 정보에 대해 통계값을 구하는 지를 지정하면 검색결과가 바로 아래에 제시된다. 이 검색식은 분리전철이 나타나는 문장들을 검색하기 위한 용도로 작성되었다. 이를 위해 품사(pos)의 값을 분리전철(PTKVZ)로 한정하여 검색을 수행하도록 조치한다. 검색식 앞에 '#1:'을 추가한 것은 후에 통계정보를 추출하기 위한 목적이다. 통계데이터는 화면 아래쪽의 통계(Stats)을 클릭하여 확인할 수 있다. 이를 실행한 결과는 아래 [그림 6]과 같다.

❯ Statistics				
		▼ Add/remove columns	▥ Save as CSV	≣ Save as TXT
_1: lemma	Occurrences		Percentage	
auf	19		20.879	
an	14		15.385	
zurück	9		9.89	
aus	8		8.791	
um	5		5.495	
ein	4		4.396	
zu	3		3.297	

[그림 6] 통계데이터를 추출한 화면

이 화면을 통해, 의존코퍼스에 출현하는 분리전철들의 분포를 확인할수 있다. 이 코퍼스에서 분리전철은 *auf, an, zurück, aus, um, ein, zu*순으로 나타난다. *auf*의 경우, 그 비중이 20%가 넘는다는 사실에 주목할필요가 있다. 또한 위 화면에서 'Save as TXT' 버튼을 누르면 통계데이터가 txt 포맷으로 저장된다. 영역 'Statistics'의 다음에 바로 용례(Sentence in Context) 영역이 뒤따르는데, 검색식을 실행하여 추출한 첫 용례는 다음 (1)과 같다.

(1) Agnes stand auf und ging zum Computer.

이 용례에서 분리전철은 auf이다. 이 용례에 대한 의존수형도를 위 [그림 5]에서 확인할 수 있는데, 분리전철 auf는 정동사(VVFIN) stand를 핵어로 삼고 분리전철이 핵어에 대해 수행하는 의존기능은 SVC이다. 이제 앞서 논의한 검색식을 일반화하여, 핵어인 정동사에 대해 의존기능 SVC를 수행하는 의존소인 분리전철이 나타나는 예들을 추출할 수 있다. 일반화된 검색식은 아래와 같다.

(2) #1:[pos="VVFIN"] 〉SVP #2:[pos="PTKVZ"]

이 검색식을 실행하면 다음 [그림 7]에서 볼 수 있듯이 79개의 문장에서 83가지 용례가 추출된다.

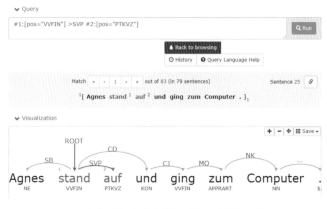

[그림 7] 정동사-분리전철 조합을 검색한 화면

이 화면에서 하단의 'Statistics' 버튼을 클릭하여 통계데이터를 추출할 수 있는데, 그 결과는 다음의 [그림 8]과 같다.

▼ Statistics

		Add/remove columns	Save as CSV	Save as TXT
_1: lemma	_2: lemma	Occurrences	Percentage	
stehen	auf	15	18.072	
sehen	aus	4	4.819	
drehen	um	4	4.819	
fangen	an	3	3.614	
gehen	zurück	2	2.41	
kommen	vorbei	2	2.41	
kommen	zurück	2	2.41	

[그림 8] 통계데이터 추출 화면

위 화면은 정동사(VVFIN)의 통계적 분포를 보여주는데, 이 의존코퍼스에서 가장 자주 분리전철과 함께 출현하는 동사는 stehen이고 gehen과 kommen이 그 뒤를 따르는 것으로 확인된다. 앞서 논의한 바대로 이 통계정보를 독립된 파일로 내려받아 필요에 따라 활용할 수도 있다. TÜNDRA 시스템을 이용하여 특정 의존코퍼스에 대해 검색을 실행하여 다양한 정보를 추출하는 방법에 대해서는 제10장에서 다루려 한다.

이제, 슈투트가르트 대학에서 개발한 도구 ICARUS의 활용방법에 대해 살펴보기로 하자.3) ICARUS는 Java 기반의 독립적인 시스템으로서 사용자가 자신의 PC나 노트북에 프로그램을 설치하여 사용할 수 있다. 이 시스템을 실행하기 위해서 먼저 Java가 설치되어 있어야 하고, 실행을 위한 명령식은 다음 (3)과 같다.

(3) java -Xms1g -Xmx2g -jar icarus.jar

---

3) 시스템 ICARUS는 다음 웹사이트에서 내려받을 수 있다: http://www.ims.uni-stuttgart.de/forschung/ressourcen/werkzeuge/icarus.en.html

이 명령식은 icarus.jar라는 파일을 수행하기 위한 것인데 최소 메모리를 1기가바이트(GB)로, 최대 메모리를 2기가바이트로 제한하고 있다. 이러한 메모리 옵션은 사용자의 컴퓨터 성능에 따라 변경하여 사용할 수 있다. 위의 명령식을 실행하면 다음 [그림 9]와 같은 화면을 마주하게 된다.

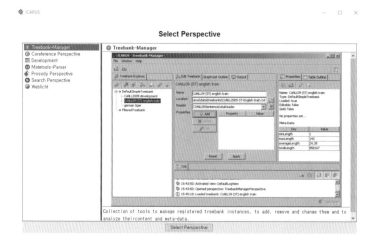

[그림 9] ICARUS 초기화면

이 화면을 마주한 상황에서 바로 중앙 하단의 'Select Perspective'를 클릭하여 트리뱅크 관리자(Treebank-Manager) 모드로 진입하거나 왼편 메뉴의 'Search Perspective'를 선택한 다음 'Select Perspective'를 클릭하여 검색 모드로 진입할 수 있다. ICARUS 시스템에서는 트리뱅크 관리나 검색외에도 공지시 모드를 택하여 공지시 관계에 대하여 살펴볼 수도 있고, Matetools을 이용하여 구문분석을 하거나 링크되어 있는 Weblicht 환경에서 구문분석을 할 수도 있다. 이처럼 ICARUS를 활용하여 여러 가지 작업을 할 수 있으나 여기서는 검색 환경에 초점을 맞추어 ICARUS 시스템의 특장점이 무엇인 지를 살펴보려고 한다.

검색환경에 접근하면 다음 [그림 10]과 같은 화면을 볼 수 있다.

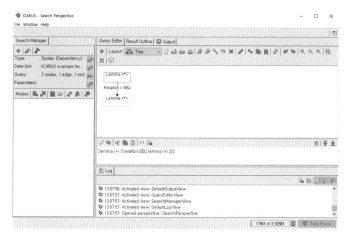

[그림 10] ICARUS의 검색화면

이 상태에서 왼편의 Data-Set를 선택하면 다음 [그림 11]과 같은 화면
이 나타난다.

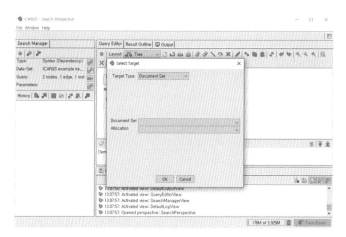

[그림 11] 검색 모드

이 화면에서 'Target Type'을 'Treebank'로 선택하면 의존코퍼스를 불
러올 수 있다. 여기서는 WeblichtMI7 코퍼스를 대상으로 검색을 실행해

보기로 한다. 이제 화면이 바뀌어, 다음 [그림 12]와 같이 새로운 코퍼스를 대상으로 한 검색이 가능한 환경이 조성된다.

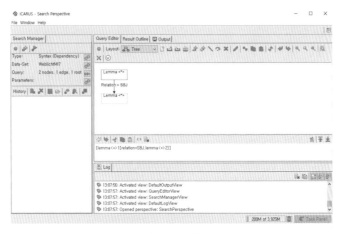

[그림 12] 검색환경

이 화면에서 우측 중간 박스에 제시된 검색식의 SBJ를 OP로 대체한 다음에 동일한 라인 우측에 있는 상향 버튼을 클릭하면, 화면이 다음 [그림 13]처럼 변경된다.

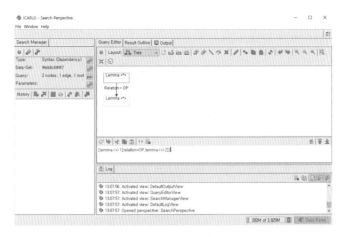

[그림 13] 검색화면-3

이제 검색결과를 얻을 수 있는 환경으로 바뀌었는데, 이때 왼쪽 박스 상단에 위치한 화살표를 누르면 다음의 [그림 14]와 같이 검색결과가 몇 개인 지에 대한 정보를 제공한다.

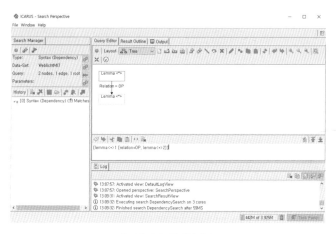

[그림 14] 검색화면-4

이 상태에서 왼쪽박스 중하단의 검색결과 표지를 선택하면 바로 위 라인에 세 가지 아이콘이 활성화되는데, 이 중에서 가장 우측의 '검색아이콘'을 클릭하면 오른쪽박스에 행렬형태의 검색결과가 제시된다. 아래의 [그림 15]를 살펴보자.

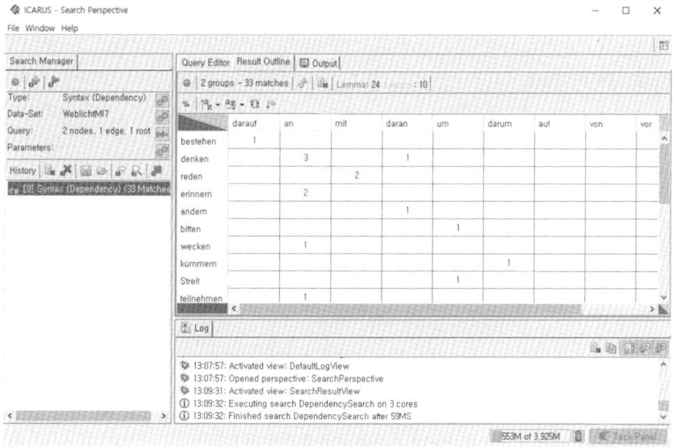

[그림 15] 검색화면-5

이 화면은 전치사격 목적어를 취하는 동사와 해당 전치사를 행렬포맷으로 보여주는데, 셀 하나를 선택하여 클릭하면 [그림 16]과 같이 연관된 의존수형도가 나타난다.

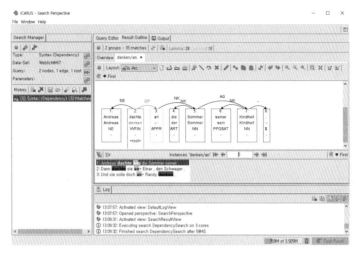

[그림 16] 아치형 의존수형도

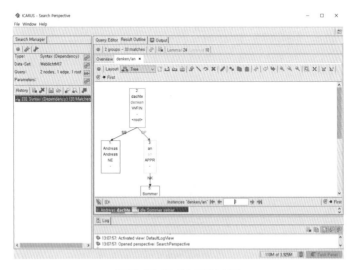

[그림 17] 트리형 의존수형도

[그림 16]에 제시된 수형도는 '아치형(Arc)'인데, 의존수형도를 구성구조 형태로 나타낼 수도 있다. 이를 위해서는 이 화면에서 수형도 위에 자리한 Layout의 값을 '트리형(Tree)'([그림 17])로 바꾸어 주면 된다.

지금까지 우리는 ICARUS 시스템이 제공하는 검색 모드에 대해 논의했다. 이제, 자동 구문분석과 관련하여 Matetools-Parser 모드를 어떻게 활용할 수 있는 지에 대해 살펴보자. ICARUS 시스템을 실행한 다음 왼쪽박스의 메뉴에서 Matetools-Parser를 선택하여 클릭하면 다음 [그림 18]과 같은 화면을 마주한다.

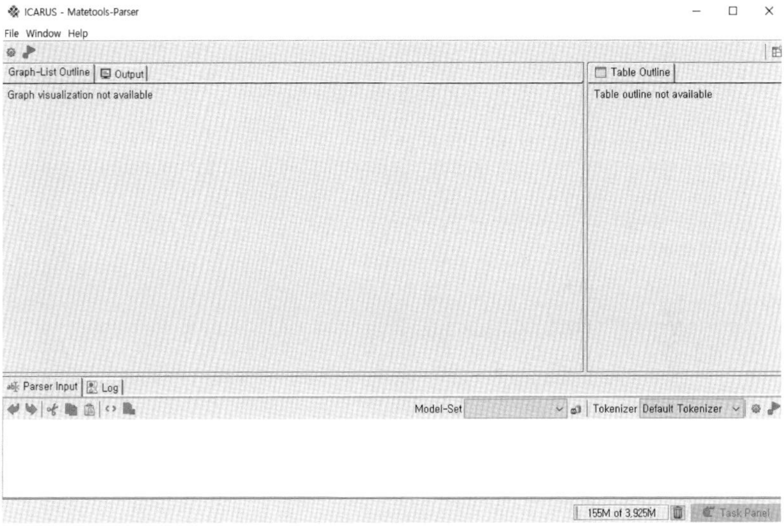

[그림 18] Matetools-Parser 모드

이 상태에서 하단박스에 위치한 'Model-Set' 우측의 아이콘을 누르면 자동 구문분석과 관련한 여러 가지 모델을 설정할 수 있는 환경으로 변한다. 그 결과가 다음의 [그림 19]이다.

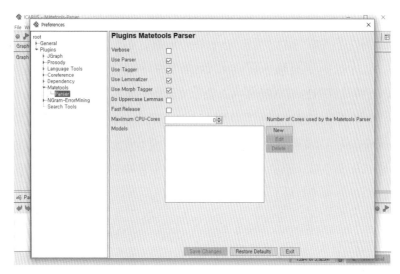

[그림 19] Matetools-Parser 모드-2

이 화면에서 중간쯤에 위치한 Models 항목의 New를 클릭하여 여러 가지 모델을 선택한다. 선택한 결과는 아래의 [그림 20]과 같다.

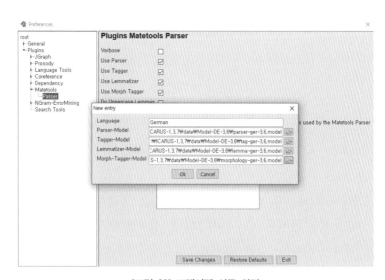

[그림 20] 모델선택 완료 화면

모델선택이 완료된 후에 마주하는 화면의 하단에 Mate-tools를 이용하여 파싱하고자 하는 문장, 곧 Ein Junge wartet auf seine Freundin.을 입력한 후에 오른쪽에 위치한 실행버튼을 클릭하면 다음 [그림 21]과 같이 의존수형도가 나타나는 화면을 얻게 된다. Mate-tools Parser 모드의 단점은 한 문장만이 분석을 위한 입력으로 허용된다는 점이다. 문장 여러 개를 입력하더라도 하나의 복합문으로 취급되어 분석이 이루어진다는 사실에 주목할 필요가 있다.

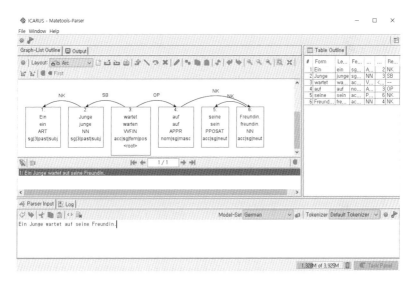

[그림 21] Mate-tools Parser 모드에서의 의존수형도

이제 중국의 남경대에서 개발한 의존구조 분석도구 DependencyViewer (이하, DepV)의 활용방법에 대해 검토해 보자. 도구 DepV는 입력 코퍼스의 포맷을 CoNLL 계열의 포맷으로 제한하는 점이 특징적이다.

DepV는 검색기능과 통계데이터를 제공하기 때문에, 코퍼스로부터 다양한 데이터를 추출할 수 있다. DepV를 실행시키면 다음과 같은 화면을 마주하게 된다.

[그림 22] DependencyViewer의 초기 화면

이 화면에서 상단 메뉴의 File을 선택해서 코퍼스를 불러들일 수 있으며, 우리의 경우 MateMI7를 업로드한 결과를 아래 [그림 23]에서 확인할 수 있다.

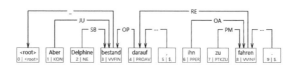

[그림 23] 코퍼스를 불러들인 화면

이처럼 분석하고자 하는 코퍼스를 불러들인 후에는 통계데이터를 추출하거나 검색기능을 사용할 수 있다. DepV를 이용하여, 코퍼스 전체를 대상으로 한 통계데이터들을 추출하기 위해서는 메뉴의 가장 오른쪽에 있는 Statistic 키를 눌러야 한다. 아래의 화면은 통계데이터를 보여준다.

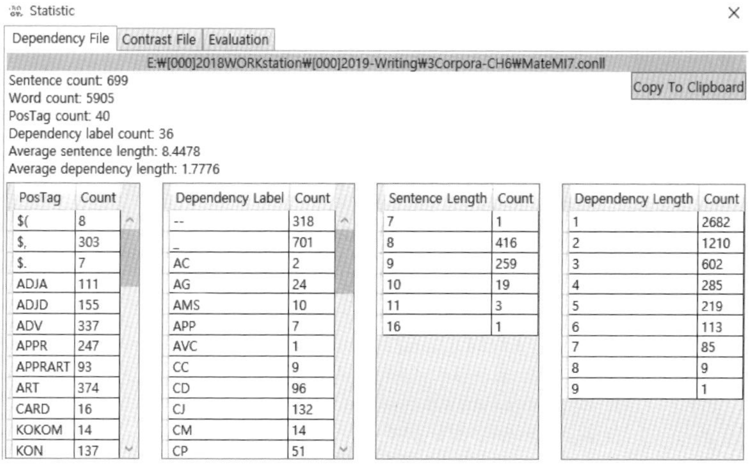

[그림 24] 통계데이터 추출화면

위 화면에서 확인할 수 있듯이 DepV를 통해 추출할 수 있는 통계데이터로는 코퍼스 전체와 관련된 문장숫자, 단어숫자, 의존기능 숫자, 문장의 평균길이 및 문장의 평균 의존거리외에 품사(pos)의 분포, 의존기능의 분포, 문장길이의 분포 및 문장 의존거리의 분포가 제공된다. 이러한 통계데이터를 독립적인 파일로 저장할 수도 있는데, 이를 위해서는 우측 상단에 위치한 Copy To Clipboard 키를 눌러 우선 클립보드에 저장한 다음에 편집기에서 빈 파일을 하나 불러내어 거기에 붙여넣기를 하고 저장하는 과정을 거치면 된다.

한편, 검색을 실행하기 위해서는 메인화면 메뉴에서 우측의 Search 키를 누른 다음 마주하게 되는 화면에서 검색창에 검색식을 입력하면 된다.

아래의 [그림 25]는 코퍼스 MateMI7를 대상으로 분리전철(PTKVZ)로 쓰이는 auf를 검색한 결과를 보여준다.

[그림 25] 분리전철 auf의 검색화면

검색을 실행하면, 조건에 맞는 용례들이 하단의 박스에 제시되는데 이 가운데 관심있는 용례를 하나 선택해서 클릭하면 의존수형도([그림 26])가 나타난다.

이 수형도([그림 26])는 문장 Er schlief ein und wachte wieder auf.를 Mate 의존파서로 자동분석한 결과를 보여주는 것으로 이 수형도를 통해 여러 가지 의존관계를 확인할 수 있다. 도구 DepV의 검색시스템은 매우 다양한 기능을 갖추고 있는데, 앞서 실행한 품사검색외에 의존기능 검색이나 핵어-의존소 간의 의존관계 검색이 가능하고 더 나아가 정규표현식 (regular expressions)을 이용한 검색도 가능하다. 다음 검색식은 정규표현식 을 토대로 하고 있으며, 이 검색식을 실행하여 un으로 시작하거나 un을 포함하고 있는 부사를 코퍼스내에서 추출할 수 있다.

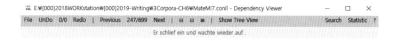

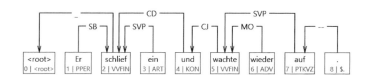

[그림 26] 의존수형도

    (4) un.+[ADV]

 검색 결과는 다음 [그림 27]과 같다.

 [그림 27]의 결과를 보면, 정규식에 의해 u<u>n</u>ten, u<u>n</u>terwegs, u<u>n</u>bedingt 및 wu<u>n</u>derschön 이 검색된 것을 확인할 수 있다. 네 단어는 품사로는 부 사(ADV)로 분류되고 철자구성상 un을 포함하고 있다는 공통점을 지닌다. DepV이 제공하는 검색시스템의 기능 하나 하나에 대해서는 제10장에서 구체적인 예들을 중심으로 상세하게 논의할 예정이다.

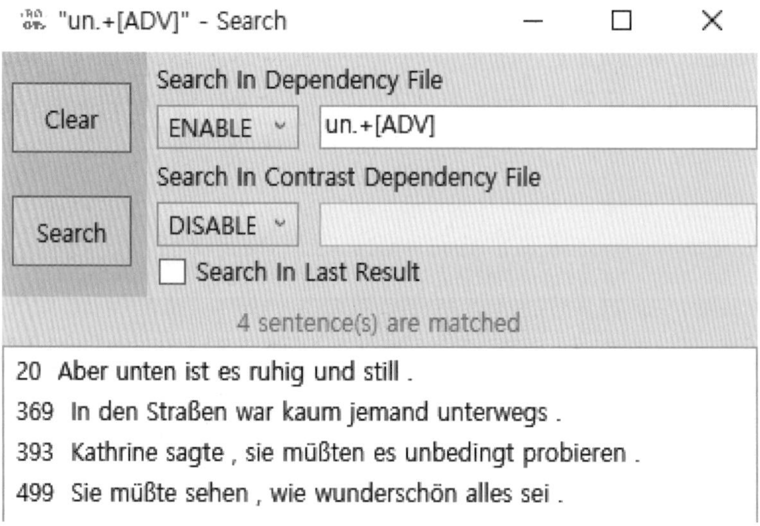

[그림 27] 정규식 검색 결과

지금까지 우리는 웹기반의 TÜNDRA 시스템과 독립적인 ICARUS 및 DependencyViewer의 활용방법에 대해 논의했다.

8.2 의존구조 데이터 포맷의 변환 방법

이제 검색시스템에 의해 수용가능한 의존코퍼스의 몇 가지 포맷과 포맷의 변환과정에 대해 살펴보자. 의존구조의 검색이나 시각화외에도, 의존구조를 표상하는 여러 가지 데이터 포맷도 잘 다룰 수 있어야 한다. 앞서 언급한 바 있는 CoNLL06/CoNLL09/CoNLL-U와 같은 CoNLL 계열의 포맷외에도 Weblicht를 위해 고안되어 사용되고 있는 TCF 포맷도 매우 중요한 포맷 가운데 하나이다. 검색시스템에 따라 수용가능한 포맷이 제한적이기 때문에 한 포맷을 다른 포맷으로 변환하는 작업이 필요한 경우가 있다. 예를 들어 DependencyViewer와 MaltEval 1.0은 CoNLL 계열의 포맷만 수용하기 때문에 이 시스템들을 이용하여 Weblicht에 의해 생성된 TCF 포맷의 의존코퍼스를 대상으로 검색작업 등을 할 경우에는 TCF 포맷을 CoNLL 계열의 포맷으로 변환하여야 한다.4) 이러한 포맷변환 작업시에 TU Darmstadt에서 개발한 WebAnno가 매우 유용하다. 앞서 제5.4절에서 CoNLL 포맷으로 되어 있는 스탠포드 코퍼스 StanfordMI7를 Tündra 시스템내에서 실행하여 검색할 수 있는 TCF 포맷으로 변환할 수 있음을 보였다. 이제 CoNLL 포맷으로부터 TCF 포맷으로의 변환절차에 대해서 단계별로 기술하고자 한다. 먼저, WebAnno 시스템을 실행한다. 실행시에 윈도우 명령창에 다음과 같은 명령식을 입력한다:

(5) java -Xmx2g -Dwebanno.home=C:\webanno -jar webanno-standalone-3.0.0.jar

시스템 WebAnno는 JAVA 기반의 시스템이기 때문에 명령식이 java로 시작하며, 이 시스템 파일 webanno-standalone-3.0.0.jar이 하드디스크 C에 위치한 webanno 폴더안에 들어 있기 때문에 위의 명령식을 실행하는 것이다. 이 명령식이 실행되면 아래의 [그림 28]와 같은 화면이 출력된다.

[그림 28] 화면의 메뉴에서 Projects를 클릭하여 새로운 프로젝트를 생성하면 다음 [그림 29]와 같은 화면을 마주하게 된다.

---

4) 역으로 CoNLL 포맷을 TCF 포맷으로 변환하기 위해서는 Potsdam 대학에서 개발한 Pepper를 이용하면 되는데, 아직은 이 변환 시스템이 불안정하여 여기서는 변환과정을 기술하지 않겠다. Pepper 시스템은 다음 사이트에서 내려받을 수 있다: https://github.com/korpling/pepper

[그림 28] WebAnno의 초기화면

StammMI7-stanford
StandfordMI7
StudioMI7
demo-anno-de

Create project

Import Project
Files 파일 선택 선택된 파일 없음
☑ Create missing users

[그림 29] WebAnno의 프로젝트 생성화면

이 화면에서 하단의 Create project를 클릭한다. 그 결과 다음 [그림 30]과 같은 화면이 출력된다.

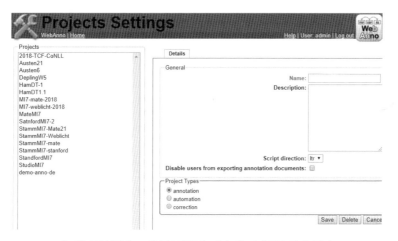

[그림 30] WebAnno의 프로젝트명 기입 및 과제유형 선택 화면

이 단계에서 우측의 Name 칸에 프로젝트명을 기입하고, 하단의 Project Types에서 correction을 선택한다. 이어 Save를 클릭하여 저장하면 다음 [그림 31]이 나타난다.

[그림 31] WebAnno의 새로 생성된 프로젝트의 Documents 선택

이 화면에서 좌측에 새로 생성된 프로젝트명을 먼저 클릭하고서 다음에
우측 상단의 메뉴가운데 Documents를 클릭하여 선택한다. 이 단계에서
출력되는 화면은 다음 [그림 32]와 같다.

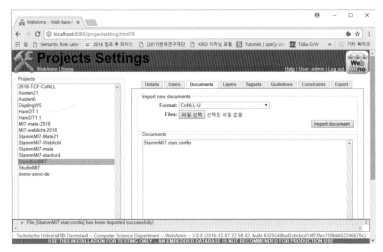

[그림 32] WebAnno 환경에서 새로운 프로젝트에 사용할 파일을 수입

위에 제시된 화면에서 새로운 프로젝트에 사용할 파일의 Format를 정
하고 파일선택을 하여 파일을 올린다. 이 단계에서 화면 우측의 Import
document를 클릭하여 파일 수입작업을 수행한다. 수입작업이 진행중이면
왼편 하단에 업로드 중(nn%)이라는 표지가 뜬다. 이 작업이 끝나면 상단의
Home 메뉴항목을 클릭하여 Home으로 복귀한다. 이 단계에서 마주하는
화면은 다음의 [그림 33]과 같다.

이 단계에서 새로운 프로젝트명을 다시 선택한 후에 상단 우측의 메뉴항
목 Export을 클릭한다. 그 결과 다음 [그림 34]와 같은 화면이 출력된다.

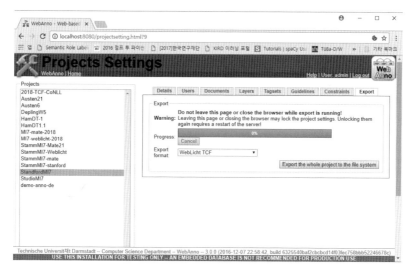

[그림 33] WebAnno 환경에서 Export의 실행을 준비하는 단계

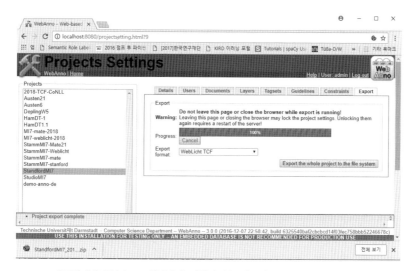

[그림 34] WebAnno 환경에서 변환파일을 사용자 PC로 내보내는 화면

위의 화면에서 변환할 포맷을 정하기 위해 우측 하단의 Export format 를 클릭하여 Weblicht TCF를 선택한다. 이어 하단 우측의 Export the whole … 박스를 클릭한다. 이 단계가 실행되면 TCF 포맷이 사용자의 PC에 저장된다.

이 장에서 우리는 TÜNDRA, ICARUS, DependencyViewer, WebAnno 의 활용방안에 대해 논의했다. 논의를 통해 의존구조 활용도구들의 특장점과 차이점에 대해 알 수 있었다.

제8장의 요약

이 장에서 우리는 의존구조 코퍼스를 구축하거나 코퍼스로부터 필요한 언어학적인 정보를 검색하여 추출하는데 쓸 수 있는 네 가지 도구, 곧 TÜNDRA, ICARUS, DependencyViewer, WebAnno 의 활용방안에 대해 논의했다.

튀빙엔대학에서 개발한 웹기반 시스템인 TÜNDRA의 경우 초기 버전에서는 TCF4.0 포맷의 의존구조만을 지원했지만, 개선된 2.0.8 버전에서는 CoNLL 포맷도 지원을 하기 때문에 그 유용성이 크게 증가했다.

제9장

교육용 의존구조 코퍼스의 구축

9.1 새로운 의존구조 코퍼스의 구축 절차

이 장에서 독일어 교육용 코퍼스(CTG, Corpus for Teaching German)의 구축 절차와 특성에 대해 논의한다. CTGunion으로 명명된 이 코퍼스는 독일어 81,843 문장의 의존구조로 구성되며 네 종류의 하위코퍼스, 곧 CTGgene, CTGtiger, CTGtueba 및 CTGhdt를 통합한 코퍼스이다. 이 코퍼스의 특성은 문장의 길이가 5단어부터 14단어인 문장들의 의존구조를 담고 있다는 점이다. 문장의 길이를 통한 학습 난이도 조정이라는 전략이 특수목적 코퍼스 CTGunion의 구축 동기인데, 이는 문장의 통사구조에 대한 정보를 지닌 코퍼스가 독일어 교육이나 독어 통사론 교육에 활용될 수 있도록 하기 위함이다.

통합코퍼스 CTGunion을 의존트리 뷰어 MaltEval로 불러들인 화면은 다음 [그림 1]과 같다.[1]

---

1) 검색기능을 가진 의존구조 뷰어 MaltEval은 웹사이트 http://www.maltparser.org/malteval.html 에서 내려받을 수 있다.

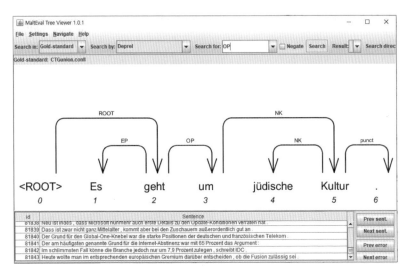

[그림 1] MaltEval로 코퍼스 CTGunion를 업로드한 화면

위 화면에 보이는 의존수형도는 코퍼스의 첫 문장에 대한 의존구조인
데, 이 뷰어의 하단에는 검색가능한 문장들이 제시된다. 이를 통해 이 통
합코퍼스의 마지막 문장이 81,843번째 문장임을 확인할 수 있다. 코퍼스
CTGunion의 어휘규모는 913,967로서 개별 문장은 구두점을 포함하여 평
균 11개 정도의 어휘로 구성되는 것으로 이해할 수 있다.

통합코퍼스 CTGunion을 구성하는 하위코퍼스들 가운데 CTGtiger,
CTGtueba와 CTGhdt는 신문기사를 원시코퍼스로 삼아 의존구조 코퍼스
를 구축한 Tiger 코퍼스, Tueba 코퍼스 및 HDT 코퍼스의 서브코퍼스들
이다. 반면, CTGgene(Corpus for Teaching German based on General Texts)는
소설이나 자서전, 교양서 등 일반적인(=general) 텍스트로부터 추출한 문
장들을 대상으로 자동분석한 의존구조들을 기초로 한다.

코퍼스 CTGtiger는 전체 규모가 19,313 문장인데, 이 코퍼스는 슈투트가
르트 대학의 언어정보연구소(IMS)에서 구축한 50,386 문장 규모의 TIGER

코퍼스로부터 문장 길이가 5에서 14에 이르는 문장들의 의존구조들을 추출하여 구축한 것이다.[2]

반면, CTGtueba는 전체 규모가 22,530 문장이며 이 코퍼스의 모체는 튀빙엔 대학의 전산언어학과에서 구축하여 배포한 TuebaDZ(v.10)이다. 이 코퍼스의 규모는 71,706 문장에 이르는데, 이 가운데서 문장 길이가 5에서 14에 이르는 문장들의 의존구조들을 추출하여 CTGtueba로 재구축한 것이다.[3]

CTGhdt도 정제된 의존구조 코퍼스이며 그 규모는 20,000 문장이다.[4] 이 코퍼스는 구축과정에서 전문가의 검증을 거친 함부르크 의존트리뱅크 (Hamburger Dependency Treebank)로부터 문장길이가 5에서 14에 이르는 의존구조만을 추출하여 재구성한 결과이다.

일반적인 텍스트를 기반으로 하는 코퍼스 CTGgene의 경우 그 규모는 20,000 의존구조이다. 이 의존구조들은 여러 소설과 자서전, 독일어 문법서 및 기존 품사부착 코퍼스들로부터 추출한 문장들을 길이를 기준으로 하여 선별한 80,000개 문장으로 구성된 원시코퍼스를 토대로 한다.

앞서 논의한 세 가지 교육용 코퍼스의 길이별 분포를 제시한 [표 1]과 같다.

---

2) TIGER 코퍼스는 사이트 http://www.ims.uni-stuttgart.de/forschung/ressourcen/ korpora/tiger.html 에서 내려받을 수 있으며, 이 코퍼스의 여러 가지 특성 및 언어학적 활용방안에 대해서는 이민행 2012 참조.

3) TUEBA 코퍼스를 배포하는 사이트는 http://www.sfs.uni-tuebingen.de/tuebadz-download 인데, 실제로 자원들을 내려받기 위해서는 id와 비밀번호가 필요하다.

4) 함부르크 의존 트리뱅크에 대해서는 https://corpora.uni-hamburg.de/hzsk/de/islandora/object/ treebank:hdt 참조. 여기에서 트리뱅크 뿐만 아니라 관련 연구논문들도 내려받을 수 있다. 코퍼스 HDT는 1996년과 2001년 사이의 독일 뉴스사이트 heise.de로부터 추출한 텍스트로 기반으로 한다.

[표 1] 교육용 코퍼스의 길이별 분포

	CTGgene	CTGtiger	CTGtueba	CTGhdt	합계
w5	2,000	1,378	1,774	2,000	7,157
w6	2,000	1,491	2,056	2,000	7,553
w7	2,000	1,733	2,137	2,000	7,877
w8	2,000	1,889	2,340	2,000	8,237
w9	2,000	1,965	2,401	2,000	8,375
w10	2,000	2,081	2,393	2,000	8,484
w11	2,000	2,203	2,416	2,000	8,630
w12	2,000	2,215	2,433	2,000	8,660
w13	2,000	2,198	2,312	2,000	8,523
w14	2,000	2,160	2,268	2,000	8,442
합계	20,000	19,313	22,530	20,000	81,843

위의 분포를 살펴보면, 길이에 따라 5개 단어로 구성된 문장부터 12개 단어로 되어 있는 문장까지는 조금씩 증가하다가 13개 단어와 14개 단어로 가면서 조금씩 감소하는 것을 확인할 수 있다. 이러한 차이는 신문기사를 토대로 한 CTGtiger와 CTGtueba의 분포적 차이에서 비롯되는 것으로 12개 단어로 된 문장이 일반적으로 신문기사에서 가장 많이 나타나는지를 검토해 볼 필요가 있다.

지금까지 우리는 네 가지의 독일어 교육용 코퍼스에 일반적인 특성 및 규모에 대해 기술했다. 이제부터 네 가지 코퍼스 각각에 대해 코퍼스의 구축 절차 및 의존구조 데이터의 속성에 대해 논의하기로 한다.

일반적인 텍스트를 원시코퍼스로 하는 CTGgene의 구축 절차가 가장 복잡하기 때문에 이 과정에 대해 정리를 해 두는 것은 후속 연구자를 위해 반드시 필요한 과제이다.

CTGgene의 구축절차는 크게 보아 원시코퍼스 구축 단계, 파싱 단계,

검증 및 구축 단계 등 3단계로 구성되며 각 단계는 다시 여러 세부절차로
구성된다.

원시코퍼스 구축 단계의 경우 다음 (1)에 정리된 바대로 세부 3단계로
나뉜다.

(1)
 ▸문장 데이터 수집 과정
 ▸수집된 문장들을 정렬 과정
 ▸문장길이(5단어-14단어)를 기준으로 선별하는 과정

이처럼 세 단계를 거쳐서 원시코퍼스가 구축되는데, 이 모든 과정에서
중요한 작업 중 하나가 교육용 의존구조 코퍼스의 토대가 되는 원시코퍼
스를 구성하는 문장들을 어디에서 어떤 방법으로 수집할 것인가 하는 것
이다.

원시코퍼스의 장르별 분포는 다음과 같다: 소설 30,000문장, 인문학 도
서 20,000문장, 자서전 10,000문장, 문법서 10,000문장, 기초독일어 서적
3,000문장, 광고슬로건 2,000문장, 기타(TED 강연스크립트 외) 5,000문장.

원시코퍼스에 포함된 문장들을 담고 있는 주요 서적을 제시하면 다음과
같다.

(2)
Austen, Jane (2011). Die großen Romane: Die Abtei von Northanger /
 Emma / Mansfield Park / Stolz und Vorurteil / Überredung /
 Verstand und Gefühl (6 Bände). Anaconda.
Bieler, Karl H. (1996). Deutsche Verben im Kontext. 1000 Verben mit
 Beispielsätzen Taschenbuch. Max Huber Verlag.

Canetti, Elias (1990). Die gerettete zunge. geschichte einer jugend; bibliothek des 20. jahrhunderts. Deutscher Bücherbund.

Clinton, Hillary (2015). Gelebte Geschichte: Autobiografie. Ullstein Taschenbuch.

Cornelsen (2010). Studio d, A1-B2.

Davies, Helen/Steiner, Stefanie (2003). Bildwörterbuch Deutsch. Arsedition.

Duden die Grammatik (2009) Herausgegeben von der Dudenredaktion. 8. überarbeitete Auflage,. Duden Band 4. Dudenverlag.

Durrell, Martin/Kohl, Katrin et al. (2002). Essential German Grammar. MaGraw-Hill.

Fehringer, Carol (2002). German Grammar in Context.Routledge.

Gaarder, Jostein (2000). Sofies Welt. Reihe Hanser.

Helbig, Gerhard/Buscha, Joachim (2010). Deutsche Grammatik: Ein Handbuch für den Ausländerunterricht. Langenscheidt.

Kehlmann, Daniel (2008). Ruhm. Die Vermessung der Welt. Rororo.

Kehlmann, Daniel (2010). Ruhm. Ein Roman in neun Geschichten Taschenbuch. Rororo.

Stamm, Peter (1998). Agnes. Roman. Arche, Zürich.

Stamm, Peter (2001). Ungefähre Landschaft. Roman. Arche, Zürich.

Stamm, Peter (2007). An einem Tag wie diesem. Roman. S. Fischer, Frankfurt am Main.

Stamm, Peter (2011). Sieben Jahre: Roman. S. Fischer, Frankfurt am Main.

Stani, Heidi et al. (2001). Englisch fürs Gespräch-Ein modernes Konversationsbuch. Langenscheidt.

Wells, Larry D./Rankin, Jamie (2003). Handbuch Zur Deutschen Grammatik. Houghton Mifflin.

Whittle, Ruth et al. (2011). Modern German Grammar-A Practical Guide, 3rd Edition. Routledge.

이들 외에도 필자가 지난 10년 동안 구축하여 연구자들을 위해 공개한 독일어 코퍼스 GB21, GLOW 및 GLOS로부터 길이를 기준으로 하여 문장들을 추출하였다.[5]

기존 품사부착 코퍼스로부터 길이기준을 충족하는 문장들을 추출한 예를 하나 보이면 다음과 같다.

(3) GLOW; T=⟨s⟩[word=".*"]{6,15}⟨s⟩; reduce T to 40000; cat T ⟩ "concL6_15-glow.txt";

이 검색식은 코퍼스 GLOW로부터 문장 길이가 6개 어휘부터 15개 어휘인 문장들을 추출하여 파일 "concL6_15-glow.txt"안에 저장하라는 의미를 담고 있다. 코퍼스상에서는 구두점도 어휘 하나로 간주되기 때문에 5개부터 14개 어휘로 제한하지 않고 하나씩을 더해서 용례를 추출하도록 한 것이다. 물론 문장에 따라서는 구두점이 2개 이상인 것도 있기 때문에 길이기준을 충족하는 문장들만을 모으려면 추출된 용례들을 꼼꼼히 살펴야 한다. 아래에는 위 검색식에 의해 추출된 용례가 몇 개 제시된다.

---

5) 코퍼스 GB21은 웹사이트 http://smart21.kr/milca/를, 그리고 코퍼스 GLOW와 GLOS는 http://smart21.kr/glow/를 통해 직접 내려받거나 저자에게 요청하는 메일을 보내 받을 수 있다.

(4)

5919: in seinen Schlaf hinein. ⟨Der Vater arbeitete als Ingenieur für eine Baufirma, die Mutter war zu Hause.⟩ Der Verfall seines Gehir

13342: mmt mir all meine Kraft. ⟨Er liebte sie über alles und manchmal hasste er sich für seine Feigheit.⟩ Er lief übers Land und

1880066: Hitze kaum zu ertragen. ⟨Anders wäre die Verfolgung zum Scheitern verurteilt gewesen.⟩ Anderswo ist Dienst Dien

이 용례들은 KWIC 방식으로 정렬된 것으로 '⟨' 과 '⟩' 사이의 문장들이 우리가 모으고자 하는 예들이다.

이처럼 여러 종류의 텍스트와 기존의 품사부착 코퍼스로부터 추출한 원시코퍼스의 문장규모는 80,000개에 이른다.

원시코퍼스가 구축되면 이 데이터를 자동 구문분석기를 이용하여 파싱을 하여 그 결과를 파일로 저장하는 단계로 넘어간다.

앞서 논의한 바와 같이 가장 좋은 평가를 받은 Weblicht 파서를 이용하여 원시코퍼스를 대상으로 자동 구문분석을 하는 작업을 이 단계에서 수행한다. 이 단계는 다시 두 가지 세부 단계로 구성되는데, 파싱 단계와 인코딩 단계이다. 인코딩 단계가 추가되는 이유는 Weblicht 파서를 이용하여 생성한 자동 구문분석 결과는 TCF4.0 포맷으로 저장되는데, 이 포맷을 읽어 개별 의존수형도를 위한 데이터 구조를 수정하는 데는 너무 많은 시간이 소요되기 때문이다. 본 연구에서는 TCF4.0 포맷과 비교하여 의존수형도와 데이터 구조의 관계가 보다 명시적인 CoNLL-2006 포맷 파일을 이용하여 의존구조 코퍼스 파일을 수정하는 방안을 취한다.

두 가지 포맷간의 복잡성 차이를 확인하기 위해 문장 7단어로 구성된 문장 "Die Sommer schienen kein Ende zu nehmen."에 대한 데이터 구조의 예를 제시하면 각각 (5), (6)과 같다.

(5) TCF4.0 데이터 구조

　a.

　　⟨tc:token ID="t_1385"⟩Die⟨/tc:token⟩

　　⟨tc:token ID="t_1386"⟩Sommer⟨/tc:token⟩

　　⟨tc:token ID="t_1387"⟩schienen⟨/tc:token⟩

　　⟨tc:token ID="t_1388"⟩kein⟨/tc:token⟩

　　⟨tc:token ID="t_1389"⟩Ende⟨/tc:token⟩

　　⟨tc:token ID="t_1390"⟩zu⟨/tc:token⟩

　　⟨tc:token ID="t_1391"⟩nehmen⟨/tc:token⟩

　　　⟨tc:token ID="t_1392"⟩.⟨/tc:token⟩

　b.

　　⟨tc:sentence tokenIDs="t_1385 t_1386 t_1387 t_1388 t_1389 t_1390
　　t_1391 t_1392"⟩⟨/tc:sentence⟩

　c.

　　⟨tc:lemma ID="l_1385" tokenIDs="t_1385"⟩der⟨/tc:lemma⟩

　　⟨tc:lemma ID="l_1386" tokenIDs="t_1386"⟩Sommer⟨/tc:lemma⟩

　　⟨tc:lemma ID="l_1387" tokenIDs="t_1387"⟩scheinen⟨/tc:lemma⟩

　　⟨tc:lemma ID="l_1388" tokenIDs="t_1388"⟩kein⟨/tc:lemma⟩

　　⟨tc:lemma ID="l_1389" tokenIDs="t_1389"⟩Ende⟨/tc:lemma⟩

　　⟨tc:lemma ID="l_1390" tokenIDs="t_1390"⟩zu⟨/tc:lemma⟩

　　⟨tc:lemma ID="l_1391" tokenIDs="t_1391"⟩nehmen⟨/tc:lemma⟩

　　⟨tc:lemma ID="l_1392" tokenIDs="t_1392"⟩—⟨/tc:lemma⟩

d.

⟨tc:tag tokenIDs="t_1385"⟩ART⟨/tc:tag⟩

⟨tc:tag tokenIDs="t_1386"⟩NN⟨/tc:tag⟩

⟨tc:tag tokenIDs="t_1387"⟩VVFIN⟨/tc:tag⟩

⟨tc:tag tokenIDs="t_1388"⟩PIAT⟨/tc:tag⟩

⟨tc:tag tokenIDs="t_1389"⟩NN⟨/tc:tag⟩

⟨tc:tag tokenIDs="t_1390"⟩PTKZU⟨/tc:tag⟩

⟨tc:tag tokenIDs="t_1391"⟩VVINF⟨/tc:tag⟩

⟨tc:tag tokenIDs="t_1392"⟩$.⟨/tc:tag⟩

e.

⟨tc:parse⟩

⟨tc:dependency func="NK" depIDs="t_1385" govIDs="t_1386"⟩⟨/tc:dependency⟩

⟨tc:dependency func="SB" depIDs="t_1386" govIDs="t_1387"⟩⟨/tc:dependency⟩

⟨tc:dependency func="ROOT" depIDs="t_1387" govIDs="t_1387"⟩⟨/tc:dependency⟩

⟨tc:dependency func="NK" depIDs="t_1388" govIDs="t_1389"⟩⟨/tc:dependency⟩

⟨tc:dependency func="MO" depIDs="t_1389" govIDs="t_1387"⟩⟨/tc:dependency⟩

⟨tc:dependency func="PM" depIDs="t_1390" govIDs="t_1391"⟩⟨/tc:dependency⟩

⟨tc:dependency func="OC" depIDs="t_1391" govIDs="t_1387"⟩⟨/tc:dependency⟩

⟨tc:dependency func="—" depIDs="t_1392" govIDs="t_1391"⟩⟨/tc:dependency⟩

⟨/tc:parse⟩

(6) CoNLL-2006 데이터 구조

1	Die	der	ART	ART	_	2	NK	_	_
2	Sommer	Sommer	NN	NN	_	3	SB	_	_
3	schienen	scheinen	VVFIN	VVFIN	_	0	ROOT	_	_
4	kein	kein	PIAT	PIAT	_	5	NK	_	_

5	Ende	Ende	NN	NN	_	3	MO	_	_
6	zu	zu	PTKZU	PTKZU	_	7	PM	_	_
7	nehmen	nehmen	VVINF	VVINF	_	3	OC	_	_
8	.	.	$.	$.	_	7	punct	_	_

위의 (5)와 (6)에 제시된 데이터 구조는 모두 아래 [그림 2]와 같은 의 존수형도를 생성하는데 사용된다.

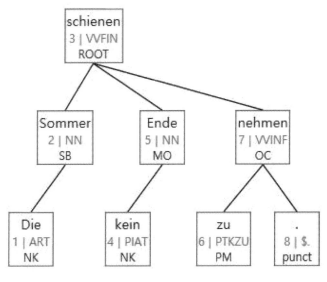

[그림 2] 의존수형도

위에 제시된 의존수형도와 (6)에 제시된 데이터 구조간의 관계는 매우 직관적이기 때문에 CoNLL 포맷의 데이터 구조는 수정이 용이한 반면, (5a)-(5e)에서 확인할 수 있듯이 구문분석 정보가 다섯 영역으로 분산되 어 저장된 데이터 구조를 수정하기는 매우 복잡하고 시간이 많이 소요된 다. 예를 들어 위 수형도에는 명사 'Ende'의 동사 'nehmen'에 대한 의존기능이 'MO'(수식어)로 되어 있는데 바른 분석은 'OA'(직접목적어)이다. 이 경우 TCF4.0 포맷의 데이터 구조를 수정하려면, (5a)에서 먼저 명사 'Ende'의 토큰아이디를 확인한 후에 (5e) 영역으로 건너가 해당 아이디를 가진 어휘의 의존기능 정보, 곧 func="MO"를 func="OA"로 수정해야 한다. 반면, (6)과 같은 CoNLL-2006 포맷의 데이터 구조의 경우 해당 어휘의 정보가 한 줄로 표상되어 있어 바로 수정이 가능하다. 바로 이러한 차이로 인해 수정작업을 할 경우에 TCF4.0 포맷으로 인코딩된 파일을 CoNLL-2006 포맷으로 변환할 필요가 있다. 이 작업은 앞서 제7장에서 논의한 바와 같이 다름슈타드(Darmstadt) 대학에서 개발한 프로그램 WebAnno를 이용하여 수행할 수 있다.

의존코퍼스 구축의 제3단계는 검증 및 구축 단계인데, 이 단계에서는 각 문장의 의존기능을 표상한 의존수형도를 살펴보고서 수정이 가능하고 그 작업이 가치가 있다고 판단되는 문장의 경우에 해당 데이터 구조를 수정한 후 수정된 파일을 저장한다. 데이터 구조에 따라서는 수정작업이 너무 복잡해서 그 데이터 구조를 버리는 편이 바람직할 경우, 데이터를 삭제한 후에 수정된 파일을 저장하는 작업도 이 단계에서 이루어진다. 위의 [그림 2]에 제시된 의존수형도를 자세히 살펴보면, 두 가지 오류를 발견할 수 있다. 하나는 명사 'Ende'의 핵어선택 오류이고 다른 하나는 이 명사의 의존기능 오류이다. 두 가지 오류를 바로잡기 위해서 (6)의 CoNLL 데이터를 수정하는데, 다섯째 행의 일곱째 열 정보를 '3'에서 '7'로, 여덟째 열 정보를 'MO'에서 'OA'로 수정한 후에 저장해야 한다. 그 결과 다음 [그림 3]과 같은 의존수형도를 얻게 된다.

이 단계([그림 3])에서 수행하는 작업은 이처럼 개별 오류가 포함된 데이터 구조를 수정한 후에 저장하는 작업이다. 오류 수정의 유형은 매우 다양한데 경우에 따라서는 데이터 구조 두 개를 하나로 합하기도 한다. 뿐만 아니라, 각 행의 셋째 열에 제시되어 있는 기본형(Lemma) 정보와 넷째 열 및 다섯째 열의 품사(Pos) 정보를 수정하는 사례들도 있다.

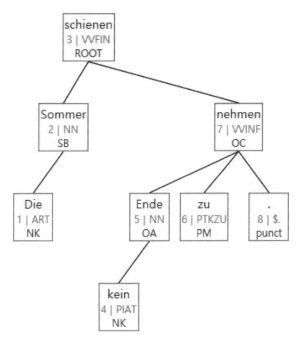

[그림 3] 수정 의존수형도

지금까지 서술한 바와 같이 세 단계를 거쳐 의존구조 코퍼스가 생성이 되면 의존구조의 검색이 가능한 검색엔진에 코퍼스를 업로드해서 검색작업을 수행할 수 있다. 검색엔진에 따라서는 특정한 포맷만을 지원하는 경우가 있어 CoNLL-2006 포맷으로 되어 있는 코퍼스의 포맷을 변환해야 할 수도 있다. 예컨대, 검색엔진 TÜNDRA-v.1은 TCF4.0 포맷을 가진 코퍼스에 대해서만 검색이 가능했는데 그 사이에 시스템이 업그레이드되어 TÜNDRA-v2.0.7 버전의 경우 CoNLL-2006 포맷도 지원한다.

이와 같이 여러 단계를 거쳐 구축한 코퍼스가 20,000문장 규모의 CTGgene 이다.

9.2 기존 코퍼스를 활용한 의존구조 코퍼스의 구축 절차

다른 한편, 기존의 코퍼스로부터 문장 길이가 5부터 14사이인 문장들의 데이터 구조를 추출하여 새로운 교육용 코퍼스로 구축하는 작업은 상대적으로 수월하다. 이 작업은 다음 (7)과 같이 네 단계의 절차로 이루어진다.

(7)
- 기존 코퍼스로부터 전체 문장을 추출하는 단계
- 길이를 기준으로 삼아 문장들을 정렬하는 단계
- 정렬된 문장들로부터 길이가 5부터 14인 문장들을 선별하는 단계
- 선별된 문장들의 데이터 구조를 코퍼스로 추출하는 단계

첫 단계는 간단한 Perl 스크립트를 이용하여 수행되는데 코드의 핵심적인 라인들만 보이면 다음 (8)과 같다.

(8)
```
my($id,$word,$lemma,$unipos,$pos,$feats,$head,$deprel,$deps,$topos
) = split /\s*\t+\s*/;
print "$word ";
```

이 코드의 핵심라인이 하는 기능은 모두 10개의 열로 되어 있는 CoNLL-2006 포맷의 데이터 구조 가운데 두 번째 열에 해당하는 정보만을 반복적으로 추출하는 것이다. 아래 (9)는 이 Perl 스크립트를 이용하여 Tiger 코퍼스로부터 추출한 문장들의 일부를 보여준다.

(9)

a. Sie scheidet Ammoniumnitrate aus, die das Algenwachstum fördern.

b. Zusätzlich bauen die auf den Muschelbänken siedelnden Bakterien die "Abwässer" unter Sauerstoffverbrauch ab.

c. "Gegen die Fischerei von ein paar Küstendörfern ist nichts einzuwenden, aber hier werden die Muschelbänke regelrecht abgeräumt", sagt Asmus.

이 문장들 중 (9a)에 대한 CoNLL-2006 포맷의 데이터 구조는 다음 (10)과 같다.

(10)

1	Sie	sie	_	PPER	_	2	SB	_	_
2	scheidet	scheiden	_	VVFIN	_	0	PUNCT	_	_
3	Ammoniumnitrate	Ammoniumnitrat	_	NN	_	2	OA	_	_
4	aus	aus	_	PTKVZ	_	2	SVP	_	_
5	,	PUNCT	_	$,	_	2	PUNCT	_	_
6	die	der	_	PRELS	_	9	SB	_	_
7	das	der	_	ART	_	8	NK	_	_
8	Algenwachstum	Algenwachstum	_	NN	_	9	OA	_	_
9	fördern	fördern	_	VVFIN	_	3	RC	_	_
10	.	PUNCT	_	$.	_	2	PUNCT	_	_

두 번째 단계는 위 (9)에 제시되어 있는 것과 같은 유형의 문장들을 길이를 기준으로 정렬한 후에 길이가 5인 문장들부터 길이가 14인 문장들만을 선별하는 절차이다. 문장들을 문장길이를 기준으로 정렬하기 위해서 문장정렬에 특화된 Perl 스크립트를 이용한다. 이 스크립트를 써서 문장들을

정렬한 다음에 수작업을 통해 길이가 5인 문장들부터 길이가 14인 문장들만을 선별하여 별도의 파일로 저장한다. 다음 단계에서는 이 문장들을 포함한 데이터 구조들을 기존 의존코퍼스로부터 추출하는 작업을 수행하는데 이때도 별도의 Perl 스크립트를 작성한 후에 이를 운용하여 서브코퍼스를 구축한다. 아래 (11)에는 이러한 과정을 거쳐 구축된 CTGtueba에 포함되어 있는 데이터 구조가 제시되어 있다.

(11)

1	Eine	eine	–	ART	–	2	DET	–	–
2	Frau	Frau	–	NN	–	3	SUBJ	–	–
3	fing	an#fangen	–		VVFIN	0	ROOT	–	–
4	zu	zu	PTKZU	PTKZU	–	5	PART	–	–
5	weinen	weinen	–	VVINF	–	3	OBJI	–	–
6	an	–	PTKVZ	PTKVZ	–	3	AVZ	–	–
7	:	:	–	$.	–	6	punct	–	–

이 데이터 구조를 통해 우리는 문장내의 각 어휘에 대한 여러 가지 정보를 담고 있는 행들이 각각 10개의 열로 구성되어 있는 것을 확인할 수 있다. 이 중에서 셋째 열에 기본형(Lemma)에 정보가 있는데, 이 예에서는 어휘 'fing'의 기본형이 'an#fangen'으로 되어 있다. 다시 말하여 분리동사의 경우, 전철을 제외한 어근부분이 전체 기본형을 자신의 기본형으로 간주된다는 점이 이 Tueba 코퍼스의 특성들 중의 하나이다. 곧, 분리전철의 분포나 연어관계를 관찰할 목적으로 어떤 연구를 수행할 경우 Tueba 코퍼스를 활용하면 좋을 것이다. 더 나아가 이 데이터 구조에서 각 행의 여덟째 열이 의존기능에 대한 정보를 담고 있는데 이 예에서는 DET, SUBJ, ROOT, PART, OBJI, AVZ 및 punct가 의존기능을 지칭한다. 그런데 이 명칭들은 TIGER 코퍼스에서 정의되고 있는 의존기능 목록들과 다르다는 사실에

주의할 필요가 있다.

위 구조를 기저에 둔 의존수형도는 다음 [그림 4]와 같다.

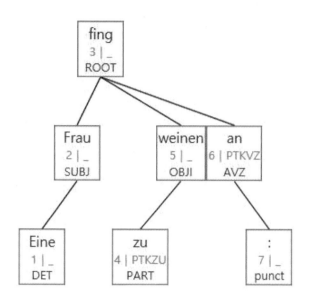

[그림 4] CTGtueba 수형도-1

다음 (12)에 제시된 데이터 구조와 의존수형도 [그림 5]도 코퍼스 CTGtueba 의 특성을 엿볼 수 있게 한다.

(12)

1	Ohne	ohne	-		APPR	_	3	PP	-	-
2	Erklärung	Erklärung		-	NN	-	1	PN	-	-
3	wurden	werden%passiv	-		VAFIN	-	0	ROOT	-	-
4	sie	sie	-		PPER	-	3	SUBJ	-	-
5	abgelehnt	ab#lehnen		-	VVPP	-	3	AUX	-	-
6	.	.	$.	$.	-		5	punct	-	-

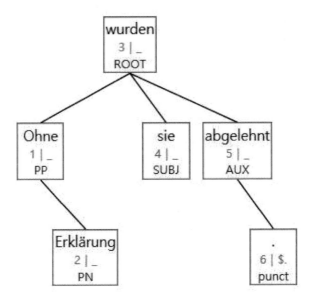

[그림 5] CTGtueba 수형도-2

위의 데이터 구조 (12)의 셋째 행, 둘째 열에는 동사 werden의 기본형 정보로서 'werden%passiv'가 기재되어 있다. 이러한 정보를 통해 우리는 이 데이터 구조의 토대가 된 문장이 수동구문이라는 사실을 확인할 수 있다. 따라서 이런 유형의 정보를 활용할 경우, 독일어 werden-수동 구문의 특성을 연구하거나 교육할 때 CTGtueba가 매우 유용하게 쓰인다. 왜냐하면, 세분화된 레마정보는 그 레마가 포함된 문장의 구문유형을 파악하는 데에 활용될 수 있기 때문이다.

앞서 논의한 바와 같이 교육용 코퍼스 CTGtiger, CTGtueba 및 CTGhdt를 각각 네 단계를 거쳐 기존 의존코퍼스 TIGER, Tueba-10 및 HDT를 기초로 하여 구축했으며 코퍼스의 규모는 각각 19,313 문장, 22,530 문장 및 20,000 문장이다. 이 코퍼스들도 CoNLL-2006 포맷으로 되어 있기 때문에 필요에 따라서는 프로그램 WebAnno을 이용하여 TCF4.0 포맷으로 변환하여 사용할 수 있다.

네 가지 독일어 교육용 가운데 코퍼스 CTGgene는 WebAnno, Dependency Viewer와 MaltEval에서 검색이 가능하나 ICARUS나 TÜNDRA에서 불러올 수가 없어 검색이 불가능하다. 반면, CTGtiger와 CTGtueba는 TÜNDRA에서 검색이 가능하여 활용도가 높지만, 둘 다 ICARUS에는 업로드가 되지 않는다. 그리고 CTGhdt는 WebAnno 프로그램을 써서 TCF4.0 포맷으로 변환하여 ICARUS에서 검색할 수 있을 뿐만 아니라 MaltEval에서도 검색이 가능하다.

다음 [표 2]는 Icarus에서 TCF4.0 포맷의 CTGhdt 코퍼스를 불러 들여 의존기능에 대해 검색한 결과의 일부를 보여준다.

[표 2] ICARUS에서의 의존기능 검색

	Pos			ADV	PROAV	NE
NN	7355	^	ADV	547		
VVFIN	3570		PP		334	
APPR	2346		SUBJ			1030
VAFIN	2130		EXPL			
VMFIN	1078		OBJD			12
NE	1043		ETH			
APPRART	662		KON			
KON	369		PRED	3		1
FM	220		OBJA			10
ADJD	177		OBJP		22	

이 표는 핵어와 의존소간의 의존관계 유형을 전체적으로 조망하기 위해 검색식을 수행시킨 결과의 일부이다. 이 행렬로부터 추출할 수 있는 정보가 여러 가지 인데 그 중 하나에 대해 설명을 하자면 이러하다. 핵어가 VVFIN(완전정동사)일 경우에 품사 PROAV(대용부사)를 가진 어휘는 22번 OBJP이라는

의존기능을 수행한다. dafür, damit, davon, dazu, hierzu 등이 대용부사
에 속한 어휘들이다. 이 조건을 충족시키는 문장은 다음 (13)과 같고 이러한
유형의 데이터를 추출하기 위해 사용한 검색식은 아래 (14)와 같다.

(13) Hierzu gehört eine möglichst weite Verbreitung ihrer Angebote.
(14) [pos⟨*⟩1 [relation⟨*⟩2, pos⟨*⟩3]]

이 장을 마무리하면서 독일어 교육용 코퍼스 CTGunion과 네 종류의
하위코퍼스, 곧 CTGgene, CTGtiger, CTGtueba 및 CTGhdt의 관계를
도식화하자면 아래의 [그림 6]과 같다.

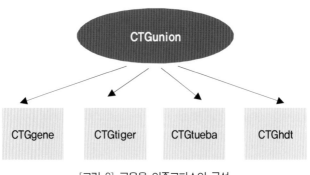

[그림 6] 교육용 의존코퍼스의 구성

이어 네 가지 하위코퍼스의 특성을 정리하면 [표 3]과 같다.
이 표에서 확인할 수 있듯이 하위코퍼스에 따라 의존기능 세트, 확장가
능성이나 지원받을 수 있는 검색엔진에 차이가 있다. 코퍼스 CTGtueba는
함부르크 의존 트리뱅크(HDT, Hamburg Dependency Treenbank)에서 설정한
의존기능 세트를 채택하고 있다.6)

---

6) HDT 의존기능 세트에 대해서는 Foth, K. A. (2006) 참조.

[표 3] 하위코퍼스들의 특성

명칭	의존구조 규모	의존기능 세트	확장가능성	지원 검색엔진
CTGgene	20,000	Tiger Set	O	WeAnno MALTeval
CTGtiger	19,313	Tiger Set	X	Tuendra WebAnno MALTeval
CTGtueba	22,530	HDT Set	O	Tuendra WebAnno MALTeval
CTGhdt	20,000	HDT Set	O	WeAnno MALTeval

지금까지 우리는 독일어 교육에 활용할 수 있는 특수목적 코퍼스 CTGunion을 구성하는 네 가지 하위 코퍼스의 구축과정 및 규모와 특성에 대해 논의했다.

제9장의 요약

이 장에서 네 가지 독일어 교육용 코퍼스, 곧 CTGgene, CTGtiger, CTGtueba 및 CTGhdt의 구축과정에 대해 상세히 논의했다.

먼저 새로운 코퍼스 CTGgene를 구축하여 활용하는 방법에 대해 살펴보았다.

이어, 기존의 코퍼스들로부터 문장길이 정보가 부착된 교육용 코퍼스를 생성하는 절차와 이들 코퍼스의 규모 및 특성에 대해서도 기술했다.

제10장

의존구조 검색식의 이해

10.1 TÜNDRA 시스템의 검색문법

이 장에서는 의존코퍼스로부터 의존구조를 검색하는 방법, 특히 여러 가지 검색식의 유형에 대해 논의한다. 소위 검색문법은 시스템마다 다르기 때문에 여기서는 TÜNDRA, ICARUS 및 DependencyViewer에서 채택하고 있는 검색문법에 차례로 살펴보기로 한다.

먼저 TÜNDRA 시스템의 검색문법에 대해 논의한다. 어떤 의존코퍼스을 대상으로 검색식을 이용할 수 있는 가장 단순한 작업은 특정 어휘의 용례에 대한 검색이다.

(1) [word="stand"];

위의 검색식에는 어휘형태를 가리키는 'word'라는 속성(attribute)이 나타나고, 이 속성에 대한 값이 "stand"이다. TÜNDRA의 검색언어에서 기호 '[ ]'는 토큰단위를 가리킨다. 이 검색식을 통해 stehen 동사의 과거형 stand

가 포함된 의존수형도를 추출할 수 있다. 아래에는 코퍼스 WeblichtMI7으로부터 추출된 용례 몇 개가 제시되어 있다.

(2)

a. Am nächsten Tag stand Andreas früh auf.

b. Sie stand am Fenster und schaute hinaus.

c. Vor Fabiennes Haus stand ein weißer Kombi.

검색식에 사용할 수 있는 속성으로는 word외에도 lemma와 pos가 있다. lemma는 기본형을 기준으로, pos는 품사를 기준으로 검색할 때 사용한다. 다음 검색식은 기본형(lemma)가 stehen인 의존수형도를 추출할 때 사용한다.

(3) [lemma="stehen"];

마찬가지로 코퍼스 WeblichtMI7으로부터 추출된 용례 몇 개가 아래의 (4)에 제시되어 있다.

(4)

a. Das lange Stehen hatte sie müde gemacht.

b. In den Fenstern der Häuser standen Lichter.

c. In der vierten Etage blieb er stehen.

위의 (4a)에는 일반명사 Stehen이 나타나는데, 이 명사의 기본형(lemma)도 stehen이기 때문에 이 문장이 검색결과에 포함된 것이다.

위 (4c)와 같이 품사(pos)가 동사의 부정형(VVINF)인 어휘가 포함된 의존 수형도를 추출하기 위해서는 다음 (5)에 제시된 검색식을 실행하면 된다.

(5) [pos="VVINF"]

이 검색식에 의해 추출한 용례 몇 가지가 아래에 제시된다.

(6)

a. Aber das ließ sich wohl nicht vermeiden.

b. Andreas konnte ihr Gesicht nur undeutlich sehen.

c. Sie versuchte, sich an ihn zu schmiegen.

위의 예들을 보면, 동사의 부정사형이 어떤 문맥에 출현하는 지를 알 수 있게 한다. 동사의 부정형은 일반적으로 동사 lassen의 보충어나 화법조 동사의 보충어 혹은 zu-부정사 구문에 나타난다.

시스템 TÜNDRA는 검색식에 정규표현식을 허용함으로써 검색의 성능 과 효율을 높이기도 한다. 아래의 예는 앞서 논의한 검색식 (5)을 정규표 현식을 이용하여 검색의 범위를 동사 전체로 확대한 것이다.

(7) [pos=/VV.*/]

이 검색식은 정규표현식을 포함하고 있는데 속성 pos에 대한 값(value) 으로 설정된 VV.* 의 문자 '.'이 임의의 문자(character)를 대표하고 그 뒤의 부호 '*'는 '0부터 무한대까지'를 의미한다. 그리고 정규표현식을 어떤 속성 에 대한 값으로 설정할 때는 그 값이 상수로 정해진 경우와 달리 부호 / / 안에 그 값을 넣는다. 위 (7)에 제시된 검색식은 다음 (8)에 열거된 다섯 가지 검색식을 일반화한 것으로 이해할 수 있다.

(8)
a. [pos="VVFIN"]
b. [pos="VVPP"]
c. [pos="VVINF"]
d. [pos="VVIZU"]
e. [pos="VVIMP"]

위 (8d)의 검색식에 의해 코퍼스 WeblcihtMI7로부터 추출된 용례는 다음 (9)에 제시된 문장 하나뿐이다.

(9) Delphine sagte, das sei ja nicht auszuhalten.

이 문장에서 auszuhalten은 분리전철 동사가 zu-부정사구문에 나타나는 경우로서 VVIZU라는 품사태그가 부여된다.

앞서 소개한 부호 '*'은 정규표현식내에서 문자의 반복을 의미하는데, 이와 유사한 반복부호로 '+'가 있다. 이 부호는 '1번 이상 무한대 반복'을 뜻한다. 이를 테면, 다음 검색을 살펴보자.

(10) [lemma=/aus.+/]

이 검색식을 실행하면 위의 문장 (9)외에도 아래 문장 (11)을 추출할 수 있다.

(11) Er wolle sich nur ein wenig ausruhen.

문장 (9)와 문장 (11)의 공통점은 분리전철 aus로 시작하는 분리동사를 포함한다는 점이다. 반면, 검색식 (10)에 의해 다음과 같은 문장은 추출되지 않는다.

(12) Dann war er weggezogen aus dem Dorf.

이 문장에서 aus는 전치사로서 이것의 lemma도 aus인데, 위 (10)의 정규표현식 'aus.+'와는 패턴매칭이 이루어지지 않는다. 왜냐하면 부호 '.+'가 추가 문자를 최소한 하나 요구하기 때문이다. 우리가 이제까지 검색식에 고려할 수 있는 속성들로서 word, lemma 및 pos에 대해 논의했는데, 검색식을 세울 때에 이 속성들을 조합하여 사용할 수도 있다. 아래 예를 살펴보자.

(13) [pos="VVPP" & lemma=/ab.+/]

이 검색식은 품사가 과거분사(VVPP)이면서 기본형이 ab-으로 시작하는 어휘를 검색할 때 사용된다. 이 검색식을 실행하면 다음 (14)와 같은 용례를 추출할 수 있다.

(14) Große Unternehmungen, Veränderungen hatten ihn immer
    abgeschreckt.

이 문장에서 abgeschreckt가 검색식 (13)과 매칭된다. 왜냐하면 이 과거분사의 기본형이 abschrecken이고 바로 ab-으로 시작하기 때문이다.
다음 (15)를 통해 확인할 수 있듯이, 검색식에 변수를 도입하면 검색가능한 대상이 확대가 될 수 있다.

(15) [lemma=#1:/be.+/ & word=#1]

이 검색식에서 #1이 변수 표기인데 이 변수가 속성 lemma의 값 앞에 부착되어 있고 동시에 속성 word의 값자리에 위치해 있다. 따라서 이 검색식의 의미는 lemma와 word의 값이 동일하며 그 값은 be-으로 시작하는 문자열을 찾아내는 것이다. 이 검색식을 이용하여 추출한 용례들 중의 하나는 다음 (16)이다.

(16) Lange bevor man es experimentell bestätigen konnte.

이 문장에서 동사 bestätigen의 lemma와 word가 동일하고 그 문자열이 be-로 시작한다. 검색식에 변수를 도입할 때 얻는 추가적인 장점은 그 변수에 대한 빈도통계를 추출할 수 있다는 점이다. 위 (15)의 검색식에 대해 토큰 전체에 변수를 하나 추가하면 다음과 같은 검색식을 얻는다.

(17) #0:[lemma=#1:/be.+/ & word=#1]

이 검색식을 실행할 경우에 검색결과는 (15)의 경우와 동일하다. 다만, (17)에 제시된 검색식의 경우 토큰 전체에 변수 #0가 부착되어 있기 때문에 이에 대한 통계데이터를 추출할 수 있다. 아래의 [그림 1]이 TÜNDRA로부터 lemma 빈도통계를 추출한 결과를 보여준다.

아래의 [그림 1]을 통해 전치사 bei가 가장 빈번하게 출현하고 동사 bestrahlen은 단 한번 나타나는 것을 확인할 수 있다.

▼ Add/remove columns	▦ Save as CSV	☰ Save as TXT
_0: lemma	**Occurrences**	**Percentage**
bei	6	26.087
beide	3	13.043
bekommen	2	8.696
betrunken	2	8.696
besuchen	1	4.348
bestrahlen	1	4.348

▼ Statistics

[그림 1] lemma의 빈도통계

TÜNDRA에서는 토큰 층위를 넘어 의존수형상의 상하관계나 선후관계를 기반으로 검색식을 세울 수 있다. 먼저 상하관계를 고려한 예를 하나 살펴보자.

(18) [pos="VVFIN"] 〉[pos="PTKVZ"]

위의 검색식은 의존수형도상에서 상위에 품사 VVFIN을 가진 토큰이 위치하고 하위에 품사 PTKVZ를 가진 토큰이 위치하는 그러한 수형도를 추출하는데 사용된다. 이 검색식에서 토큰간의 상하위관계는 연산자(operator) '〉'에 의해 표상된다. 검색식을 실행하면 다음 [그림 2]와 같은 의존수형도를 얻게 된다.

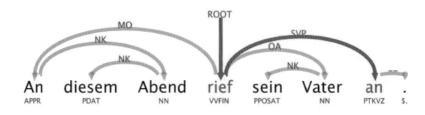

[그림 2] 의존수형도의 검색결과

이 수형도에서 정동사(VVFIN)인 rief가 의존관계를 표지하는 아크의 기점으로, 분리전철(PTKVZ)인 an이 아크의 착점으로 그려져 있다. 이런 유형의 의존수형도에서 의존관계를 나타내는 아크의 기점에 핵어를, 착점에 의존소를 표기하기 때문에 정동사 rief는 핵어로서 an을 의존소로 취하고, 이때 an의 의존기능은 SVP이다. 한편, 토큰들간의 선후관계를 기초로 하여 검색식을 세울 수도 있는데, 다음에 제시된 검색식이 그러한 예이다.

(19) [pos="NN"]. [pos="PTKNEG"]

이 검색식은 부정첨사(PTKNEG) nicht가 일반명사(NN)의 바로 뒤에 나타나는 용례를 추출하는데 사용된다. 이 검색식에서 토큰간의 선후관계는 연산자(operator) ' . '에 의해 표상된다. 검색식을 실행하면 다음 [그림 3]과 같은 의존수형도를 얻게 된다.

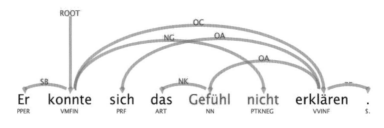

[그림 3] 선후관계

문장 "Er konnte sich das Gefühl nicht erklären."에 대한 의존구조를 보여주는 수형도 [그림 3]에서 확인할 수 있듯이 일반명사 Gefühl과 부정첨사 nicht가 인접하여 앞뒤로 나타난다. 그런데 검색식 (19)에 의해서는 일반명사가 부정첨사에 선행하지만 인접하지는 않는 다음 (20)과 같은 문장은 검색되지 않는다.

(20) Er mochte den Klang seiner Stimme nicht.

이러한 용례를 추출하기 위해서는 다음 (21)과 같은 검색식을 실행시켜야 한다.

(21) [pos="NN"] .* [pos="PTKNEG"]

이 검색식에는 선후연산자 '.'의 뒤에 반복을 표시하는 부호 '*'이 추가되어 있다. 여기서 반복표지 '*'의 의미는 선후관계의 반복을 뜻한다. 때문에 이 검색식에서 인접성 조건이 제약의 기능을 잃게 된다. 부정첨사가 인칭대명사를 바로 뒤따르는 용례들을 추출하고자 하면 앞서 다룬 검색식 (19)를 변형한 검색식을 실행하면 된다.

(22) [pos="PPER"] . [pos="PTKNEG"]

이 검색식에 의해 추출된 예를 하나 들면 다음 (23)과 같다.

(23) Die Mutter weckte sie nicht am Morgen.

더 나아가 TÜNDRA 시스템에서는 의존기능도 검색식에 고려할 수 있다. 다음 예를 보기로 하자.

(24) #1:[pos="VVFIN"] 〉OP #2:[pos="APPR"]

위 검색식에서 상하연산자 '〉' 뒤에 의존기능 OP가 부착되어 있다. 이처럼 상하관계를 표상하는 검색식에 의존기능이 추가되면 원래 검색식을 제약하는 효과를 낸다. 검색식 (24)는 정동사(VVFIN)가 의존기능으로서 전치사격 목적어(OP)를 수행하는 전치사(APPR)의 직접상위 교점에 위치하는 의존수형도를 추출하는데 사용된다. 다음 [그림 4]가 이 검색식에 의해 추출된 여러 수형도 가운데 하나이다.

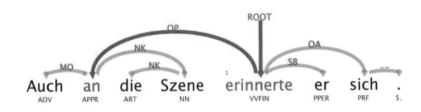

[그림 4] 의존기능이 부착된 상하관계

이 수형도는 문장 "Auch an die Szene erinnerte er sich."의 여러 가지 의존관계를 보여준다. 여기에서 전치사 an이 핵어인 정동사 erinnerte에 대해 의존기능 OP를 수행한다. 검색식 (24)에서 정동사와 전치사앞에 각각 변수가 부착되어 있기 때문에 각 토큰에 대한 빈도통계도 추출할 수 있다. 다음의 [그림 5]는 정동사의 lemma에 대한 빈도통계를 보여준다.

✔ Statistics

_1: lemma	Occurrences	Percentage
denken	3	15.789
gehen	2	10.526
sprechen	2	10.526
erinnern	2	10.526
passen	1	5.263
schlang	1	5.263
stehen	1	5.263

[그림 5] 정동사에 대한 빈도통계

이 통계를 살펴보면 동사 denken이 가장 많이 출현하는 동사임을 확인할 수 있다. 한편, 검색식 (24)를 실행할 경우 전치사의 lemma에 대한 빈도통계도 추출할 수 있는데 아래의 [그림 6]이 추출 결과를 보여준다.

_2: lemma	Occurrences	Percentage
an	6	31.579
um	5	26.316
mit	3	15.789
von	2	10.526
zu	1	5.263
über	1	5.263
vor	1	5.263

[그림 6] 전치사에 대한 빈도통계

전치사 an이 가장 빈번하게 출현한다는 사실을 위 통계에서 확인할 수 있다. 검색결과 빈도통계의 추출과 관련하여 제1세대 TÜNDRA 시스템의 한계는 둘 이상의 변수에 대한 통계를 동시에 추출할 수 없다는 점이다.[1)] 이 점에서 TIGERSearch와 TÜNDRA 간에 차이가 나타난다. 우리가 전치가 an이 어떤 동사와 함께 출현하는 지를 검색하고자 하면 (24)에 제시된 검색식을 다음과 같이 수정하여 실행하면 된다.

(25) #1:[pos="VVFIN"] >OP [pos="APPR" & lemma="an"]

아래의 [그림 7]은 전치사 an의 핵어기능을 하는 동사들의 빈도통계를 보여준다.

❤ Statistics

	▼ Add/remove columns	⊞ Save as CSV	☰ Save as TXT
_1: lemma	Occurrences	Percentage	
denken	3	50	
erinnern	2	33.333	
glaubst	1	16.667	

[그림 7] 전치사 an의 핵어기능을 하는 동사

이 빈도통계에서 확인할 수 있듯이 의존기능 OP를 수행하는 전치사 an을 의존소로 취하는 핵어동사들은 denken, erinnern 및 glaubt이다. 한편, 재귀대명사(PRF)를 직접목적어(OA)로 취하는 동사들의 목록과 빈도통계를 얻으려면 다음과 같은 검색식을 실행해야 한다.

(26) #1:[pos="VVFIN"] >OA #2:[pos="PRF"]

---

1) 최신 TÜNDRA 시스템에서는 다중 변수에 대한 통계빈도의 추출이 가능하다.

이 검색식을 실행하면 36개 문장이 추출되는데 그 중 몇 문장만 제시하
면 다음과 같다.

(27)

a. Andreas fragte sich, was sie hier suchte.

b. Auch an die Szene erinnerte er sich.

c. Er drehte sich um und schaute zurück.

더 나아가 정동사의 빈도통계를 추출한 결과를 일부만 보이면 다음 (28)
과 같다.

(28)

_1: lemma	occurrences	percentage
setzen	5	13.514
drehen	4	10.811
bewegen	3	8.108
erinnern	2	5.405
umarmen	2	5.405
fühlen	2	5.405
freuen	2	5.405

위 통계를 살펴보면 동사 setzen이 재귀대명사와 같이 빈번하게 출현하
며 동사 drehen이 바로 그 뒤를 따르는 것을 확인할 수 있는데, drehen
의 경우 사실은 위 (27c)에서와 같이 분리동사 umdrehen이 재귀동사로
서 쓰인다는 사실을 유념할 필요가 있다.

지금까지 우리는 검색과 관련하여 시스템 TÜNDRA의 다양한 활용가능

성에 대해 논의를 했다. 이 시스템이 정규표현식을 지원한다는 사실을 확인하였고, 교점들간의 상하관계, 선후관계 및 의존기능에 기반한 검색이 가능하다는 점을 또한 확인할 수 있었다.

10.2 ICARUS 시스템의 검색문법

이제 ICARUS 시스템의 검색기능에 대해 살펴보자.[2)]

앞서 제8장에서 논의한 바 있듯이 ICARUS 시스템은 여러 가지 모듈로 구성되어 있는데 그 가운데 검색모듈(Search-Perspective)을 이용하여 특정 의존코퍼스를 대상으로 검색을 할 수 있다.

다음의 [그림 8]은 ICARUS의 검색모듈을 실행한 화면을 보여준다.

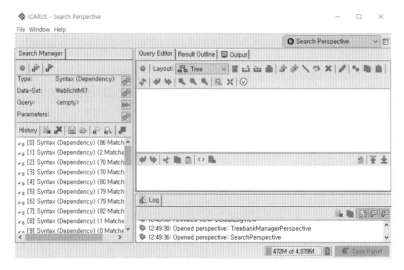

[그림 8] ICARUS의 검색모듈-1

---

2) ICARUS의 검색언에 대해서는 https://wiki.ims.uni-stuttgart.de/extern/ICARUS-Search-Perspective#tutorials 참조.

이 화면의 우측 하단 박스에 검색식을 하나 써 넣은 후에 박스 위쪽의
상향 아이콘을 클릭하면 아래 [그림 9]와 같이 화면이 바뀐다.

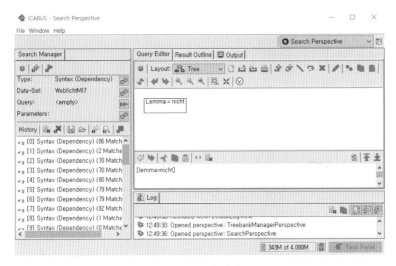

[그림 9] ICARUS의 검색모듈-2

검색식 [lemma=nicht]은 이미 로딩된 의존코퍼스 WeblcihtMI7으로
부터 부정첨사 nicht가 포함된 문장들을 검색하기 위한 것으로, 검색실행
을 위해서는 왼편 상단의 화살표 아이콘을 클릭하면 된다. 그 결과 85개의
용례가 추출된다. 아래의 문장이 그렇게 추출된 용례 가운데 하나이고, 이
문장의 의존수형도는 [그림 10]과 같다.

(29) Aber es klang nicht wie eine Einladung.

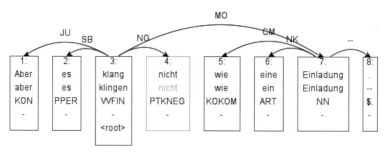

[그림 10] 의존수형도

이 의존수형도는 수평형인데, ICARUS에서는 수평형외에 수직형도 제공한다. 이처럼 속성 기본형(lemma)을 기준으로 검색을 실행할 수도 있고 다음 검색식에서 확인 가능하듯이 속성 품사(pos)를 기준으로 검색을 할 수도 있다.

(30) [pos=PTKVZ]

이 검색식을 이용하여 분리전철(PTKVZ)을 의존코퍼스로부터 추출할 수 있는데, 이 검색식의 형식을 살펴보면 부호 [ ]안에 '속성=값'의 형태로 검색하고자 하는 내용이 정리되어 있는 것을 확인할 수 있다. 부호 [ ]는 TÜNDRA 시스템에서처럼 토큰 단위를 나타내는 반면, 속성에 대한 값이 따옴표 (" ") 없이 표기되는 것은 TÜNDRA 시스템과 다른 점이다. 검색식 (30)을 실행하여 추출한 용례들 중의 하나가 아래 (31)에 제시되어 있다.

(31) Andreas fing an, Marthes Haar zu streicheln.

이 문장에서 an이 분리전철(PTKVZ)이다. ICARUS 시스템에서 사용되는 속성으로는 lemma와 pos외에 form과 relation이 있다. 속성 form은

TÜNDRA 시스템의 속성 word와 동일한 것으로 어휘형태(word form)을 가리키고, 속성 relation은 의존기능을 나타낸다. 다음 검색식은 의존기능을 기준으로 검색을 실행하기 위한 것이다.

(32) [pos=VVFIN [relation=OA, pos=NN]]

이 검색식은 일반명사(NN)가 의존기능으로서 직접목적어(OA) 기능을 수행하면서 정동사(VVFIN)를 핵어로 삼고 있는 용례들을 추출하기 위해 사용된다. 이러한 형태의 검색식에서 첫 번째 여는 괄호 다음부터 두 번째 여는 괄호의 앞까지의 속성-값 행렬(attribute-value matrix, 이하 AVM)이 핵어의 속성을 나타내고, 두 번째 괄호안에 있는 AVM들 가운데 속성이 pos인 AVM이 의존소의 속성을 나타내며, 속성이 relation인 AVM은 의존소가 핵어에 대해 수행하는 의존기능을 나타낸다. 검색식 (32)를 이용한 검색결과, 95개의 용례가 추출되고 그 중의 하나는 다음 (33)에 제시되어 있다.

(33) Aber er machte ihr keine Angst mehr.

위 문장에서 일반명사 Angst가 핵어인 정동사 machte의 직접목적어 기능을 수행한다. 검색식 (32)는 pos와 relation 등 속성 두 개를 포함하고 있는데, 아래의 예는 속성 pos와 속성 lemma가 하나의 검색식에 쓰인 경우이다.

(34) [lemma=auf, pos=APPR]

이 검색식을 실행하여 추출한 용례들 가운데 하나가 아래 (35)에 제시되어 있다.

(35) Auf der anderen Straßenseite war ein Gartenrestaurant.

이 문장에서 전치사 auf가 검색식에 제시된 조건을 정확하게 충족한다. 다음 (36)에 제시된 검색식은 세 가지 속성, 곧 pos, lemma 및 relation 을 조합한 형태를 보인다.

(36) [pos=VVFIN, lemma⟨*⟩1 [relation=SVP, pos=PTKVZ]]

이 검색식을 이용하여 분리전철(PTKVZ)을 의존소로 취하는 정동사(VVFIN) 들의 기본형(lemma)에 대한 빈도통계를 추출할 수 있다. 위 검색식에 새로운 AVM, 곧 lemma⟨*⟩1이 나타나 있는데, 이 형식은 정규표현식 lemma=/.*/ 과 동일한 의미를 가진다. 다시 말하여 속성 lemma에 대한 값은 제한을 두지 않는다는 의미를 담고 있으며 숫자 1은 일종의 변수로 간주된다. 이 검색식을 실행하면 79개의 문장이 추출되는데, 그 가운데 두 개를 보이면 다음 (37a)-(37b)와 같다.

(37)
a. Agnes stand auf und ging zum Computer.
b. Dann zog Agnes das blaue Kleid an.

검색식 (36)을 실행하여 추출한 정동사의 빈도통계의 일부는 다음과 같다.

(38) stehen(15), gehen(6), kommen(6), ziehen(4), drehen(4), sehen(4), fangen(3)

위 (38)에서 괄호안의 숫자가 해당 동사의 출현빈도를 나타낸다. 검색식 (36)을 일반화하여 다음 (39)와 같이 표현할 경우 의존소 기능을 수행하는 분리전철의 빈도통계도 추출할 수 있다.

(39) [pos=VVFIN, lemma⟨*⟩1 [relation=SVP, pos=PTKVZ, lemma⟨*⟩2]]

이 검색식이 (36)에 제시된 검색식과 다른 점은 분리전철(PTKVZ)에 기본형에 대한 AVM, 곧 lemma⟨*⟩2을 추가한 것이다. 이 검색식을 실행하여 얻은 동사와 분리전철의 출현빈도를 보여주는 행렬의 일부는 다음 [그림 11]과 같다.

	auf	an	aus	zurück	um
stehen	15				
rufen		2			
fangen		3			
schauen					1
schlagen					
schalten			1		
ziehen		2	1	1	
finden					
gehen		2	1	2	

[그림 11] 동사-분리전철 출현빈도 행렬

이 행렬식을 통해 우리는 동사 stehen이 분리전철 auf와 한 문장안에 출현하는 빈도가 15회이고 동사 rufen이 분리전철 an과 한 문장안에 출현하는 빈도가 2회라는 사실을, 그리고 동사 fangen이 분리전철 an과 동일한 문장안에 출현하는 빈도가 3회라는 사실을 확인할 수 있다. 동사 fangen과 분리전철 an이 함께 나타나는 문장과 의존수형도를 검색하고자 하면, fangen 행과 an 열이 교차하는 셀을 클릭하면 된다. 다음 문장이 그러한 용례중의 하나이다.

(40) Andreas fing an, Marthes Haar zu streicheln.

이 문장의 의존수형도는 다음 [그림 12]와 같다.

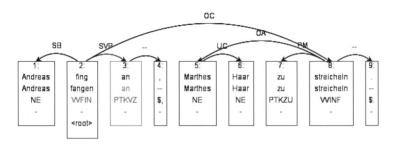

[그림 12] 의존수형도

이 아치형의 수형도를 살펴보면, 정동사 fing이 핵어로서 분리전철 an 을 의존소로 취하고 있고 이때 분리전철은 의존기능으로 SVP를 수행하고 있음을 알 수 있다. 또한 zu-부정사 구문의 핵어인 streicheln은 주문장의 정동사 fing의 목적절(OC) 기능을 하고 있다는 사실도 확인된다.

위의 검색식 (36)과 동일한 패턴을 가진 아래 검색식을 이용하면 재귀 동사 목록을 추출할 수 있다.

(41) [pos=VVFIN, lemma⟨*⟩1 [relation=OA, pos=PRF]]

재귀동사는 직접목적어(OA) 기능을 수행하는 재귀대명사(PRF)를 의존소 로 취하는 동사로 정의할 수 있는데, 위 검색식은 이러한 정의를 반영하고 있다. 이 검색식에 의해 36개 용례와 해당 의존수형도가 검색되는데 다음 문장이 그 중의 하나이다.

(42) Dennoch setzte ich mich an den Computer.

동사 setzen은 위 검색식에 의해 추출된 동사들 가운데 출현빈도가 가장 높은 동사이고, 그 뒤를 이어 drehen, bewegen, erinnern, umarmen, fühlen, freuen, fragen 등이 재귀동사로 추출된다. 동사 drehen의 경우 아래 용례를 통해 확인할 수 있듯이 분리동사 umdrehen의 어근동사이다.

(43) Er drehte sich um und küßte sie.

다음 검색식들도 위 (36), (41)에 제시된 검색식과 동일한 패턴을 가지고 있다.

(44)

a. [lemma=haben [relation=OC, lemma⟨*⟩1, pos=VVPP]]

b. [lemma=sein [relation=OC, lemma⟨*⟩1, pos=VVPP]]

검색식 (44a)는 조동사 haben이 핵어인 완료구문들을 추출하는데 사용된다. 추출된 용례 두 개를 제시하면 다음 (45)와 같다.

(45)

a. Aber dafür hätte ich zweihundertsiebzig Punkte gebraucht.

b. Aber sie hatte ihm keine Antwort gegeben.

(45a)와 (45b)에는 동사 brauchen과 geben이 과거분사형(VVPP)으로 쓰이고 있다. 이 동사들처럼 조동사 haben과 함께 완료구문을 형성하는 동사들로 자주 쓰이는 동사들은 다음 (46)에 제시된다.

(46) machen, sagen, sehen, mitbringen, lachenm finden, setzen,
   schalfen, glauben, denken, verändern

한편, 검색식 (44b)는 조동사 sein이 핵어인 완료구문들을 추출하는데 사용된다. 추출된 용례 두 개를 제시하면 다음 (47)과 같다.

(47)

a. Eine Woche war Kathrine im Fischerheim geblieben.

b. In Paris bin ich nie richtig angekommen.

(47a)와 (47b)에는 동사 bleiben과 ankommen이 과거분사형(VVPP)으로 쓰이고 있다. 이 동사들처럼 조동사 sein과 함께 완료구문을 형성하는 동사들로 자주 쓰이는 동사들은 다음 (48)에 제시된다.

(48) zusammenkommen, erscheinen, zurückgehen, kommen, gehen

이제까지 동일한 패턴을 가진 검색식들 (36), (41), (44a) 및 (44b)의 쓰임에 대해 논의했는데, 이 패턴의 검색식에 순환성(recursion)을 부여하면 좀 더 복잡한 구문을 추출하는 데에 활용할 수 있다. 다음 검색식 (49)을 살펴보자.

(49) [lemma=haben [relation=OC, lemma⟨*⟩1, pos=VMINF [relation= OC, lemma⟨*⟩2, pos=VVINF]]]

이 검색식을 검색식 (44a)와 비교하면 동사 haben의 의존소 기능을 하는 두 번째 동사, 곧 품사가 VMINF인 동사가 세번째 동사, 곧 품사가

VVINF인 동사를 의존소로 취하는 점에서 두 검색식에 차이가 있음을 확인할 수 있다. 다시 말하여 핵어-의존소 관계가 두 번째 동사에 순환적으로 확장한 것으로 볼 수 있다. 이 검색식을 실행하면 다음 (50)에 제시된 것처럼 용례가 둘 추출된다.

(50)

a. Fabienne hatte ihm den Weg erklären müssen.

b. Sie sagte, sie habe nicht schlafen können.

위 (50a)를 예로 들어 기술하면, 정동사 hatte가 핵어로서 müssen을 의존소로 취하고, 화법조동사(VMINF) müssen이 다시 핵어가 되어 완전동사(VVINF) erklären을 의존소로 취한다. (50b)의 구조도 동일한 방식으로 설명할 수 있다. 아래의 의존수형도는 문장 (50b)의 의존관계를 보여준다.

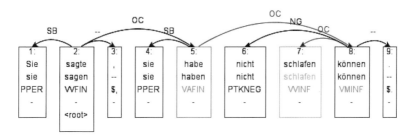

[그림 13] 순환성 의존수형도

이 수형도를 살펴보면, 정동사 habe가 핵어로서 können을 의존소로 취하고, 화법조동사(VMINF) können이 다시 핵어가 되어 완전동사(VVINF) schlafen을 의존소로 취한다는 사실을 확인할 수 있다.

위 검색식 (49)와 동일한 패턴을 가진 다음 검색식 (51)은 종속절을 추출하는데 사용된다.

(51) [pos=VVFIN, lemma⟨*⟩1 [relation=OC, pos=VVFIN [relation=
CP, lemma⟨*⟩2, pos=KOUS]]]

이 검색식을 실행하면 6개 용례가 추출되는데, 그 중 하나만 제시하면
다음과 같다.

(52) Ich fragte sie, ob sie Feuer brauche.

이 문장의 의존수형도는 [그림 14]와 같다.

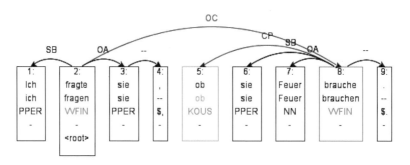

[그림 14] 의존수형도

이 수형도를 살펴보면, 정동사 fragte가 핵어로서 종속절의 정동사
brauche를 의존소로 취하고, 정동사(VVFIN) brauche가 다시 핵어가 되어
종속접속사(KOUS) ob를 의존소로 취한다는 사실을 확인할 수 있다. 이 구
문의 주절에 자주 출현하는 동사들은 fragen외에 glauben과 wissen이 있
다. 그리고 종속접속사로는 ob외에 dass가 쓰인다. 위 검색식 (51)과 동
일한 패턴을 가진 검색식이 하나 아래에 제시된다.

(53) [pos=VVFIN, lemma⟨*⟩1 [relation=OC, pos=VVFIN [relation=

MO, lemma⟨*⟩2, pos=PWAV]]]

이 검색식을 실행하면 4개의 용례와 의존수형도를 얻게 되는데, 용례를 하나 살펴보면 다음 (54)와 같다.

(54) "Und wie geht es dir", fragte Andreas.

이 문장에서 주절의 정동사 fragte가 핵어로서 종속절의 정동사 geht를 의존소로 취하고, 정동사(VVFIN) geht가 다시 핵어가 되어 의문부사(PWAV) wie를 의존소로 취한다.3) 이 구문에서 주절의 정동사로 나타나는 동사는 fragen외에 sagen이 있다.

이제 추가적으로 몇 가지 검색식을 더 살펴봄으로써 ICARUS 시스템의 활용가능성을 검증해 보이고자 한다. 먼저 다음 검색식을 보자.

(55) [pos⟨*⟩1 [relation=MNR, pos⟨*⟩2]]

이 검색식은 다음 용례들을 통해 확인할 수 있듯이 복합명사구의 추출을 위해 사용된다.

(56)

a. Sie machte eine Bemerkung über das Wetter.

b. Die Tür zur Wohnung war nicht abgeschlossen.

---

3) 의문부사(PWAV)로는 wie 외에 warum, wohin, woran, wo이 있으며, 코퍼스 전체에서 의문부사의 출현빈도를 추출하고자 할 경우에 검색식 [pos=PWAV, lemma⟨*⟩1]을 실행하면 된다.

한편, 아래의 검색식은 상관구문의 추출을 위해 사용된다.

(57) [pos⟨*⟩1 [relation=RE, pos⟨*⟩2]]

이 검색식을 실행하여 추출한 용례들 몇 개를 제시하면 다음과 같다.

(58)

a. Aber Delphine bestand darauf, ihn zu fahren.

b. Einen Moment lang dachte er daran, hinzufahren.

위 (58a)의 경우, 주절의 darauf가 핵어로서 zu-부정사구의 동사 fahren을 의존소로 취하고 이 동사의 의존기능은 상관요소(RE)이다. 마찬가지로, (58b)의 경우, 주절의 daran이 핵어로서 zu-부정사구의 분리동사 hinzufahren을 의존소로 취하고 이 동사가 수행하는 의존기능은 상관요소(RE)이다.

다른 한편, 아래 검색식은 비교구문을 추출할 때 유용하다.

(59) [pos⟨*⟩1 [relation=CC, pos⟨*⟩2]]

이 검색식을 실행하여 추출한 용례들 중 하나는 다음과 같다.

(60) Ihre Pläne waren wirklicher als ihr Leben.

다음 쪽의 [그림 15]는 이 문장의 의존수형도이다.

이 수형도를 살펴보면, 주절의 비교급 서술형용사(ADJD) wirklicher가 핵어로서 비교구의 핵어인 Leben을 의존소로 취하고, 일반명사(NN) Leben이 다시 핵어가 되어 비교접속사(KOKOM) als를 의존소로 취한다는 사실을 확인할 수 있다. 비교구문에 자주 등장하는 비교 표현으로 lieber als 와 mehr als가 의존코퍼스에서 발견된다.

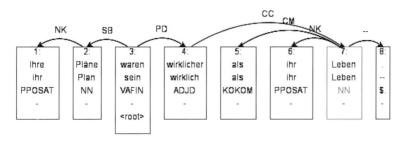

[그림 15] 비교구문 의존수형도

다음 검색식도 비교구문의 추출에 사용될 수 있는데, 이 경우 비교에 사용되는 접속사가 wie로 제한된 형태를 가진다.

(61) [pos⟨*⟩1 [relation=⟨*⟩2, lemma=wie, pos=KOKOM]]

이 검색식을 실행하여 추출한 용례 몇 가지는 다음과 같다.

(62)

a. Aber es klang nicht wie eine Einladung.

b. Ich kam mir vor wie ein Betrüger.

아래의 의존수형도에서 확인할 수 있듯이, 문장 (62a)에서 비교접속사 wie의 핵어는 일반명사(NN)인 Einladung이고 이때 wie의 의존기능은 비교표지(CM)이다.

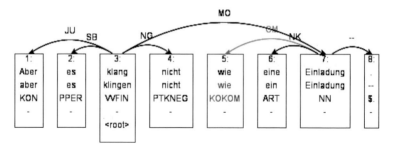

[그림 16] 동등 비교구문의 의존수형도

마지막으로 다음 검색식은 명사의 결합가로 기능하는 전치사격 목적어 (OP)의 추출에 사용된다.

(63) [pos=NN [relation=OP, pos=APPR]]

이 검색식을 실행하여 추출한 용례를 보이면 다음과 같다.

(64) Einmal gab es Streit um einen Gewinn.

이 문장에서 일반명사(NN) Streit가 핵어로서 전치사구의 핵어인 um을 의존소로 취하며 이때 전치사(APPR) um은 전치사격 목적어(OP) 기능을 수행한다. 이 사실은 아래 의존수형도에서도 확인이 된다.

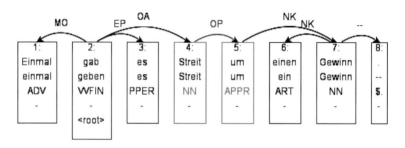

[그림 17] 전치사격 목적어의 의존수형도

지금까지 우리는 여러 가지 패턴을 가진 검색식들을 활용하여 의존코퍼스로부터 아주 다양한 어떤 언어자원을 추출할 수 있다는 사실을 확인하였다. 이제, 검색시스템으로서의 ICARUS의 한계에 대해 논의하고자 한다. 첫 번째 한계는 검색문법에 있어 일반적인 의미에서 정규표현식(regular expressions)을 지원하지 않는다는 사실이다. 이를테면, 정규표현식이 허용되지 않기 때문에 분석대상이 된 의존코퍼스에 나타나는 완전동사나 일반명사의 빈도통계를 추출할 수가 없다. 앞서 논의한 바 있듯이 정규표현식에 대한 대안으로 특정 속성에 대한 그룹화(grouping)를 허용하긴 하지만, 이런 대안적 접근은 한계를 가진다. 두 번째 한계는 수형도상에서 상하관계는 검색식을 통해 추출이 가능하나 선후관계는 포착이 되지 않는다는 점이다. 이를 테면, 정동사가 선행하고 전치사가 그 뒤를 따르는 용례들을 추출하고자 할 경우 (65)와 같은 검색식을 쓸 수 있다.

(65) [pos=VVFIN] [pos=APPR]

그런데, 이 검색식을 실행할 경우에 다음 (66c)와 같은 용례도 함께 추출된다.

(66)
a. Andreas zeigte auf einen Hügel am Horizont.
b. Am Abend ging ich in die Bibliothek.
c. An der Kasse saß eine junge Frau.

다시 말하여 ICARUS의 검색시스템은 선후관계가 아닌 공기(coocurrence) 관계를 지원한다고 할 수 있다.

이러한 두 가지 한계점에도 불구하고 ICARUS 시스템은 웹기반 검색시스템이 아니고 독립적으로 실행가능한 도구이기 때문에 활용가능성이 매우 높고 검색도 효율성을 지닐 뿐만 아니라 의존기능에 대한 통계빈도를 추출하기에 편리할 뿐만 아니라 트리뱅크 모듈이나 의존파서 모듈과 연동되어 있다는 큰 장점을 지닌다.

10.3 코퍼스 도구 DependencyViewer의 검색문법

이제 DependencyViewer(이하 DepV)의 검색문법에 대해 논의를 시작하자. DepV는 정규표현식을 지원하기 때문에 일정수준 이상의 검색성능을 기대할 수 있다. 다음 검색식을 살펴보자.

(67) ge.+t

이 어휘형태 층위의 검색식을 실행할 경우에 gebraucht, gesagt 및 Morgenmantel 등이 출현하는 용례들이 추출된다. 이 단어들은 모두 문자열 ge와 t 사이에 하나이상의 문자를 포함하고 있기 때문이다. DepV에서 어휘형태를 나타낼 때는 따옴표와 같은 부호를 사용하지 않고 바로 문자열로 표기를 한다. 우리가 검색하고자 하는 어휘형태에 품사상의 제약을 부여하고자 하면 아래의 검색식과 같이 어휘형태 오른쪽에 품사정보를 부착하면 된다.

(68) ge.+t[VVPP]

이 검색식을 실행하면 다음과 같은 어휘형태들이 추출된다: gebraucht, gesagt, mitgebracht, gebracht, gestrichen, gemacht, gelacht, ...
검색식 (67)와 달리 검색식 (68)은 Morgenmantel과 같은 일반명사(NN)

는 추출하지 않는 반면, gestrichen과 같은 어휘형태는 추출한다. 이 어휘도 품사가 과거분사(VVPP)이고 문자열 ge와 t 사이에 하나 이상의 문자를 포함하고 있기 때문이다. 검색식 (68)에서 확인할 수 있듯이 품사정보는 대괄호, 곧 [ ]안에 넣어 표기한다. DepV에서는 의존기능도 독립적으로 혹은 어휘형태에 붙여 검색할 수 있는데, 의존기능은 꺾쇠괄호, 곧 〈 〉안에 넣어 표기한다. 다음 예를 살펴보자.

(69) 〈OA〉

아래의 [그림 18]은 의존기능 직접목적어(OA)을 검색한 결과화면을 보여 준다.

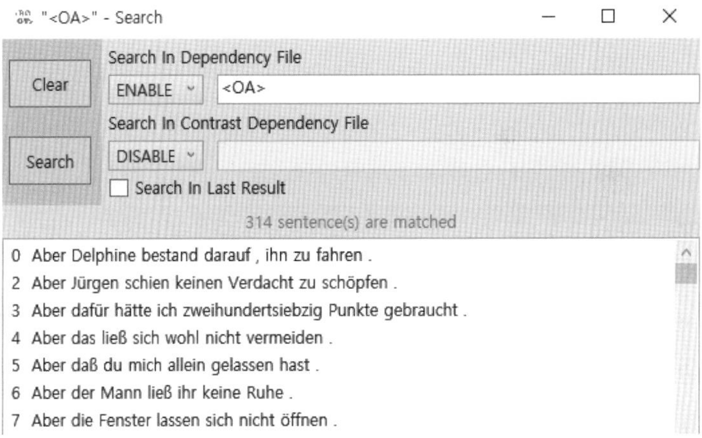

[그림 18] 의존기능 검색결과

이 화면에서 검색된 용례 하나를 선택해 클릭하면 다음 [그림 19]와 같은 의존수형도를 마주하게 된다.

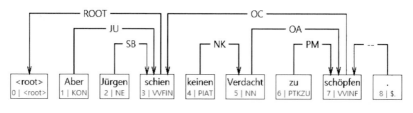

[그림 19] 의존수형도

위 수형도를 통해 zu-부정사구의 핵어인 schöpfen이 직접목적어 기능을 수행하는 일반명사(NN) Verdacht를 의존소로 삼고 있음을 확인할 수 있다. 의존기능은 어휘형태와 함께 검색식을 구성할 수 있는데 다음 예를 보자.

(70) vor[PTKVZ]⟨SVP⟩

이 검색식은 품사상으로 분리전철(PTKVZ)이면서 의존기능은 SVP를 수행하는 vor를 찾아내고자 하는 의도로 작성한 것이다. 다음 문장들이 이 검색식에 의해 추출된 용례들의 일부이다.

(71)
a. Da schlug Beatrice vor, Verstecken zu spielen.
b. Gegen Mittag kam er an Bordeaux vorbei.

(71b)와 같은 검색결과를 보면 어휘형태가 vor를 포함하고 있고 의존기능은 SVP를 수행하는 예들도 함께 추출되는 것을 확인할 수 있다.

DepV에서는 핵어와 의존소간의 의존관계도 검색할 수 있는데, 의존관계 검색을 위한 검색식을 세울 때 어휘형태, 품사 및 의존기능을 조합하여 사용할 수 있다. 다음 검색식을 검토해 보자.

(72) [VVFIN] → [PTKVZ]

이 검색식은 품사 정보를 토대로 의존관계를 검색할 수 있는 형식인데, 의존관계는 화살표, 곧 → 로 표기되며 화살표 왼쪽에 핵어에 대한 정보가 화살표 오른쪽에 의존소에 대한 정보가 제시된다. 다시 말하여 이 검색식은 정동사(VVFIN)인 핵어가 분리전철(PTKVZ)인 의존소로 취하고 있는 의존수형도들을 추출하는데 사용된다. 다음의 [그림 20]은 그러한 의존관계를 보여주는 수형도이다.

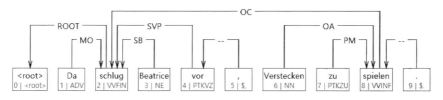

[그림 20] 의존관계 검색에 의해 추출된 의존수형도

이 수형도를 살펴보면 정동사 schlug와 분리전철 vor간에 의존관계가 성립하며, 이때 분리전철 vor가 수행하는 의존기능은 SVP인 것을 확인할 수 있다. 위 검색식 (72)에 의존기능 정보를 추가하여 검색식을 세울 수도 있다. 다음 예를 보자.

(73) [VVFIN] → [PTKVZ]⟨SVP⟩

이 검색식은 분리전철이 SVP라는 의존기능을 수행하는 용례들만을 추출하는 데에 쓰인다. 때문에 다음 의존수형도에서 확인가능 하듯이 분리전철이 SVP가 아닌 다른 의존기능을 수행하는 경우는 검색에서 배제된다.

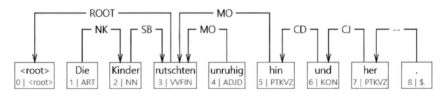

[그림 21] 의존수형도

위에 제시된 의존수형도는 검색식 (72)에 의해서만 추출된 것으로 검색식 (73)에 의해서는 추출되지 않는다. 왜냐하면 분리전철 hin이 정동사 rutschten에 대해 수식어(MO) 의존기능을 수행하기 때문이다. 아래의 검색식은 어휘형태와 품사 및 의존기능이 조합된 형식을 취하고 있다.

(74) [VVFIN] → sich⟨OA⟩

이 검색식은 정동사(VVFIN)인 핵어에 대해 의존기능으로서 직접목적어 (OA)를 수행하는 어휘형태 sich가 출현하는 용례들을 추출하는데 사용된다. 검색결과 다음과 같은 문장들이 추출된 것을 확인할 수 있다.

(75)

a. Auch an die Szene erinnerte er sich.

b. Dann umarmten sie sich, und Katrine ging.

위 용례들에 나타난 동사들은 소위 재귀동사들이다. 한편, 다음 검색식에 의해서 3격지배 동사들을 추출할 수 있다.

(76) [VVFIN] → ⟨DA⟩

이 검색식은 정동사(VVFIN)인 핵어에 대해 간접목적어(OA) 기능을 수행하는 어휘형태가 출현하는 용례들을 추출하는데 사용된다. 검색결과 다음과 같은 문장들이 추출된 것을 확인할 수 있다.

(77)

a. Aber warum erzähle ich dir das alles?

b. Dann fiel sie ihm um den Hals.

위 용례들에 나타난 동사들은 3격 목적어를 취하는 동사들이다. 다음 검색식은 zu-부정사구 혹은 원형부정사를 추출하는데 사용된다.

(78) [VVFIN] → [VVINF]⟨OC⟩

이 검색식을 살펴보면 정동사(VVFIN)인 핵어에 대해 완전동사의 부정형(VVINF)이 목적어절(OC) 기능을 수행하는 것을 알 수 있다. 검색식을 실행한 결과 다음과 같은 문장들이 추출되었다.

(79)

a. Ich dankte ihr und versprach zu kommen.

b. In der vierten Etage blieb er stehen.

문장 (79a)의 의존수형도는 다음 [그림 22]이다.

이 수형도([그림 22])에서 정동사 versprach와 zu-부정사구의 핵어인 kommen사이에 의존관계가 성립하는 것을, 그리고 이 관계에서 kommen은 주절의 정동사 versprach에 대해 목적절(OC) 기능을 수행한다는 사실을 함께 확인할 수 있다.

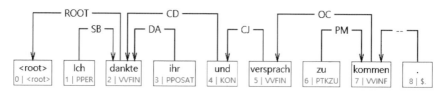

[그림 22] 의존수형도

DepV의 검색문법에서는 검색식을 둘 이상 조합하여 사용할 수 있도록 한다. 이를 통해 복잡한 통사적 관계에 있는 용례들을 추출할 수 있다.

(80) [VVFIN] → [VVFIN]⟨OC⟩ || [VVFIN] → [KOUS]⟨CP⟩

위 검색식은 검색식 둘을 합하여 복합검색식으로 생성한 것인데, 검색식 가운데에 위치한 연산자 '||'은 선접연산자로서 선택을 의미한다. 이 복합검색식을 실행하여 추출한 용례 몇 개를 보이면 다음과 같다.

(81)

a. Er fragte, ob sie morgen Zeit habe.

b. Er froh, obwohl es nicht kalt war.

c. Er sah, dass sie feuchte Augen hatte.

위 용례들을 살펴보면, 주문장의 정동사와 부문장의 정동사간에 의존관계가 성립하고 또한 부문장의 정동사와 종속접속사간에 의존관계가 성립하는 것을 확인할 수 있다. 이러한 사실들은 다음에 제시된 문장 (81a)의 의존수형도를 통해 명료하게 드러난다.

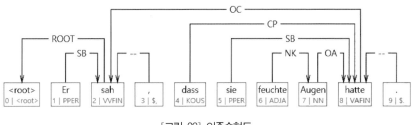

[그림 23] 의존수형도

이 수형도에서 주문장의 정동사 sah와 부문장의 핵어인 hatte사이에 의
존관계가 성립하는 것을, 그리고 이 관계에서 hatte는 주문장의 정동사 sah
에 대해 목적절(OC) 기능을 수행한다는 사실을 함께 확인할 수 있다. 또한
이 수형도에서 부문장의 정동사 hatte와 종속접속사 dass 사이에 의존관계
가 성립하는 것을, 그리고 이 관계에서 dass는 부문장의 정동사 hatte에 대
해 접속어(CP) 기능을 수행한다는 사실도 더불어 확인할 수 있다.

지금까지 우리는 DepV의 검색문법에 대해 논의했다. 논의의 결과, DepV
가 제한적으로나마 정규표현식을 지원하고, DepV에서는 어휘형태, 품사
나 의존기능을 중심으로 한 검색이 가능하며 이들 속성들을 조합한 검색
식을 사용하여 검색할 수도 있다는 사실을 확인할 수 있었다. 검색시스템
으로서의 DepV의 장점은 ICARUS와 마찬가지로 웹기반이 아니고 독립적
으로 운용되는 시스템이라는 데서 찾을 수 있다.

이 장에서 논의한 검색언어들을 충분히 익힌다면, 교육자나 연구자가
언어학적인 연구나 언어교육에 필요한 자료를 검색하는데 있어 의존구조
코퍼스를 충분히 활용할 수 있을 것이다.

제10장의 요약

이 장에서는 TÜNDRA의 검색언어와 ICARUS의 검색문법 및 다양한 검색식과 Dependcy Viewer의 검색문법 및 검색식들에 대해 논의했다.

이들 검색시스템에 내장된 검색언어의 구조와 특성 및 활용방법에 대해 상세하게 다루었다.

뿐만 아니라 이들 검색언어들간의 공통점과 차이점에 대해서도 살펴보았다.

제11장

어휘층위의 분석

11.1 품사의 분포와 Zipf의 법칙

이 장에서는 독일어 교육용 코퍼스 CTGunion을 활용하여 어휘층위의 분석을 여러 가지로 시도한다.

먼저 이 코퍼스에 나타난 품사의 출현빈도를 중심으로 Zipf의 법칙이 타당한 지를 검토해 보기로 하자.

다음 [표 1]은 품사의 출현 빈도를 보여준다.

[표 1] CTGunion의 품사 출현빈도

품사	빈도	누적빈도	누적백분율(%)
NN	170939	170939	21.66
ART	84313	255252	32.34
APPR	61891	317143	40.18
ADV	54943	372086	47.15
VVFIN	50706	422792	53.57
ADJA	41684	464476	58.85

NE	41311	505787	64.09
PPER	35717	541504	68.61
VAFIN	34746	576250	73.01
ADJD	24025	600275	76.06
KON	19049	619324	78.47
……	……	……	……
INT	1	789237	100.00

위 표에 일부만이 제시되어 있는 57개의 상세 품사(POS) 가운데 대략 상위 10%인 1위 일반명사(NN)부터 6위 수식 형용사(ADJA) 까지가 전체의 58.85%를 점유하고 있다. 더 나아가 1위 NN으로부터 11위에 랭크된 등위접속사(KON) 까지가 대략 상위 20%에 해당하는데 이들은 모두 누적백분율이 무려 78.47%에 이른다. 이 사실은 언어학적인 파레토법칙(Paretos Gesetz)로 널리 알려진 Zipf의 법칙이 코퍼스 CTGunion에도 타당함을 입증한다. Zipf(1949)에 따르면 일반 언어사용자들은 어휘사용과 관련하여 빈번히 사용하는 어휘를 더 빈번히 사용한다. 일반인들의 언어사용에 대한 관찰로부터 Zipf는 최소노력의 법칙(The Principles of Least Effort)을 세웠다.

11.2 의존기능의 출현빈도와 Zipf의 법칙

Zipf의 법칙은 어휘차원을 넘어 의존기능의 분포에도 적용된다는 사실을 다음 [표 2]를 통해 확인할 수 있다.

[표 2] 의존기능의 출현빈도

의존기능	빈도	누적빈도	누적백분율(%)
NK	106207	106207	14.65
MO	61254	167461	23.10

DET	54618	222079	30.64
SB	45881	267960	36.97
SUBJ	44436	312396	43.10
PN	40627	353023	48.70
ADV	39263	392286	54.12
PP	39019	431305	59.50
ATTR	28789	460094	63.47
OA	23587	483681	66.72
OC	23028	506709	69.90
CJ	22160	528869	72.96
S	21290	550159	75.89
OBJA	20666	570825	78.75
AUX	17442	588267	81.15
APP	13357	601624	82.99
……	……	……	……
PNK	1	724898	100.00

이 코퍼스에서 의존기능은 모두 83개 유형이 나타나는데, 10%에 해당하는 1위(NK, 명사수식어)부터 8위(PP, 전치사구)까지가 차지하는 누적백분율이 59.50%이다. 또한 1위부터 16위(APP)까지가 의존기능의 출현빈도 순위로 보아 대략 전체 의존기능의 상위 20%에 해당하는데, 이들 의존기능들이 점유하는 누적백분율은 82.99%이다. 이 사실도 Zipf의 법칙이 의존기능의 분포에도 적용될 수 있음을 확인하게 한다. 이들 분포뿐만 아니라 Zipf의 법칙은 개별 품사별 기본형(Lemma)의 분포에도 적용될 수 있다. 아래의 [표 3]은 동사 기본형의 분포 가운데 1위부터 10위 까지를 보여주는데, 출현빈도가 상위 10위안에 드는 동사는 전체 동사 기본형 7,607개 가운데 0.13%에 해당한다. 그런데 이 동사 10개가 차지하는 누적백분율은 15.83%에 무려 이른다.

[표 3] 동사 기본형의 분포

동사	빈도	누적빈도	누적백분율(%)
sagen	2147	2147	2.44
geben	2037	4184	4.75
kommen	1616	5800	6.59
gehen	1585	7385	8.39
machen	1475	8860	10.07
sehen	1336	10196	11.58
stehen	1097	11293	12.83
lassen	1061	12354	14.04
bleiben	881	13235	15.04
liegen	698	13933	15.83

위 표에 나타난 어휘사용의 집중도는 Zipf가 제안한 언어경제성 원리에 지극히 부합하는 많은 사례들 가운데 하나이다.

11.3 동사어근과 분리전철간의 연어관계

독일어에서 어휘층위에 속하는 흥미로운 주제가운데 하나는 분리동사의 분리전철과 어근동사간의 연어관계이다. 개별 분리전철의 경우 다의성을 지니긴 하지만 비분리전철과 달리 자신만의 고유한 의미를 지니는 것으로 간주되기 때문에 의미상 서로 어울리는 동사어근과 결합하는 경향을 확인할 수 있다. 예를 들어 분리전철 ein-는 stellen이나 setzen과는 잘 어울리지만, 동사 kommen이나 machen과는 결합하지 않는다.

앞서 언급한 바와 같이 CTGunion의 하위코퍼스 CTGtueba는 분리동사에 대한 정보를 매우 특별히 관리한다. 이를 테면 아래의 예 (1)에서 처럼 분리동사가 문장에 나타날 때 전철과 어근동사가 분리되어 있다 하더라도 의존구조 표상을 위한 데이터 구조안의 어근동사의 기본형으로 분리동사를 기재한다. 아래 (2)에 문장 (1)의 데이터 구조가 제시된다.

(1) Ein Gespräch fand nicht statt.

(2)

```
1 Ein      ein       ART     ART     nsn    2  DET  -    -
2 Gespräch Gespräch          N       NN nsn 3  SUBJ - -
3 fand     statt#finden V    VVFIN 3sit 0  ROOT -    -
4 nicht    nicht PTKNEG PTKNEG-      3  ADV  -    -
5 statt    -     PTKVZ  PTKVZ  -     3  AVZ  -    -
6 .        .     $.     $.     -     5  punct -   -
```


이 데이터 구조를 살펴보면, 셋째 행에 정동사 fand와 연관된 정보들이 기재되어 있는데 그 가운데 셋째 열의 정보가 기본형 정보이고 여기에 statt#finden이라고 되어 있다. 이처럼 하위코퍼스 CTGtueba에서 분리 동사에 대한 정보가 매우 정확하게 다루어지고 있기 때문에 이 코퍼스를 활용하여 분리동사들의 분리전철과 어근동사간의 연어관계를 분석하는 것은 의미있는 작업이다.

보다 체계적으로 분리동사의 연어관계를 파악하기 위해서 먼저 코퍼스 CTGtueba에 출현하는 분리동사의 빈도정보를 추출해야 한다. 이 과정은 다음 (3)과 같은 검색식을 Tuendra 시스템에서 실행함으로써 완수된다.

(3) #1:[xpos=/VV.+/ & lemma=/.+#.+/]

이 검색식은 상세 품사의 명칭이 'VV'로 시작하고 그 기본형안에 '#'기호가 포함되어 있는 어휘들을 검색하기 위한 것이다. 이 검색식을 실행하면 모두 4,983개 동사가 추출된다. 추출된 결과의 일부를 보이면 다음 [표 4]와 같다.

[표 4] CTGtueba의 분리동사 분포

분리동사	빈도	백분율(%)
aus#sehen	62	1.244
vor#stellen	53	1.064
auf#nehmen	51	1.023
statt#finden	50	1.003
ab#lehnen	50	1.003
an#bieten	45	0.903
ein#setzen	41	0.823
aus#gehen	37	0.743
an#kündigen	37	0.743
vor#werfen	35	0.702
……	…	……

이 표를 살펴보면 분리전철과 어근동사 '#'를 기준으로 앞뒤로 배열되어 있는 것을 확인할 수 있다. 이 빈도데이터에서 분리전철의 빈도와 어근동사의 빈도를 나누어서 추출하면 각각 분리전철의 출현빈도와 어근동사의 출현빈도를 얻을 수 있다.

먼저 분리전철의 출현빈도 1위부터 20위까지를 정리하면 다음 [표 5]와 같다.

[표 5] 분리전철 출현빈도 (상위 1-20위)

전철	빈도	전철	빈도
aus	604	nach	97
an	553	weiter	91
ein	460	fest	87
auf	459	um	86
ab	438	durch	70
vor	322	hin	65

zu	202	heraus	57
zurück	185	statt	51
mit	103	weg	36
zusammen	98	bei	35

이 표를 통해 코퍼스내에서 분리전철 aus가 가장 많이 출현하고, an과 ein이 그 뒤를 따른다는 사실을 알 수 있다. 다음 (4)의 용례들은 전철 aus와 an이 나타나는 용례를 CTGtueba로부터 추출한 것이다.

(4)

a. Davon geht auch Wesemann aus.

b. Was soll ich bloß anziehen?

한편, 아래의 [표 6]은 어근동사의 출현빈도 1위부터 20위까지를 정리한 것이다.

[표 6] 동사의 출현빈도 (상위 1위-20위)

동사	빈도	동사	빈도
gehen	256	machen	85
nehmen	214	halten	77
stellen	198	finden	75
kommen	186	weisen	71
setzen	157	führen	69
sehen	145	schließen	67
geben	139	treten	64
legen	96	lassen	63
ziehen	91	fallen	63
stehen	89	bringen	61

코퍼스내에서 어근동사로서 gehen이 가장 많이 출현하고, nehmen과 stellen이 그 뒤를 따른다는 사실을 위 표를 통해 알 수 있다. 다음 (5)의 용례들은 상위 10위안에 포함된 어근동사 gehen과 nehmen이 나타나는 용례를 CTGtueba로부터 추출한 것이다.

(5)

a. Hier gehen Wunschdenken und Wirklichkeit auseinander.

b. Es sollte diese Chance wahrnehmen.

지금까지는 분리동사의 형태로 코퍼스에 출현한 분리전철들과 어근동사들 가운데 출현빈도가 높은 어휘들에 어떤 것들이 있는 지를 논의했다. 이제는 어떤 전철이 어떤 동사들과, 반대로 어떤 동사가 어떤 전철들과 잘 어울리는 지에 검토해 보자.

아래의 [표 7]은 빈도를 기준으로 상위 1-2위를 차지한 분리전철이 어근 동사들과 함께 출현하는 빈도를 보여준다.

[표 7] 분리전철 aus와 ein와 공기하는 어근동사

전철	geben	gehen	kommen	legen	machen
auf	27	8	10	3	9
ein	1	11	0	10	0
전철	nehmen	setzen	stehen	stellen	ziehen
auf	51	3	8	10	2
ein	13	41	0	32	12

위 표를 살펴보면 전철 auf는 동사 nehmen과 가장 빈번히 결합하는 반면, 전철 ein은 동사 stellen과 가장 많이 출현하는 것을 확인할 수 있다.

다시 말하여, 두 전철은 어근동사의 선택과 관련하여 상이한 태도를 보인다고 할 수 있다.

한편, 아래의 [표 8]은 빈도를 기준으로 상위 1-2위를 차지한 어근동사가 분리전철들과 함께 출현하는 빈도를 보여준다.

[표 8] 동사 gehen과 nehmen과 공기하는 전철

동사	ab	an	auf	aus	ein
gehen	1	15	8	37	11
geben	21	9	27	10	1

동사	mit	vor	zu	zurück	zusammen
gehen	1	7	11	17	1
geben	1	5	17	4	0

동사 gehen이 분리전철 aus와 가장 빈번히 결합하는 반면, 동사 geben은 분리전철 auf와 가장 많이 출현하는 것을 위의 표를 통해 확인할 수 있다. 곧, 두 어근동사는 전철의 선택과 관련하여 상이한 태도를 갖는 것으로 판단된다.

분리전철과 어근동사간의 공기관계를 종합적으로 검토하기 위해, 각각 출현빈도 1위-10위에 포함된 어휘들을 동사를 기준으로 한 행렬형식으로 정리하면 아래 [표 9]와 같다.

[표 9] 분리전철과 어근동사간의 공기관계

*	ab	an	auf	aus	ein	mit	vor	zu	zurück	zusammen
geben	21	9	27	10	1	1	5	17	4	0
gehen	1	15	8	37	11	1	7	11	17	1
kommen	2	22	10	6	0	2	12	9	13	5

legen	4	13	3	5	10	0	19	3	1	1
nehmen	18	24	51	7	13	5	9	12	5	1
sehen	9	24	0	62	3	0	31	3	0	0
setzen	2	11	3	5	41	0	0	0	2	3
stehen	1	8	8	3	0	0	0	3	2	0
stellen	4	2	10	12	32	0	53	1	0	2
ziehen	6	11	2	7	12	3	9	3	17	2

위의 표는 분리전철을 기준으로 삼아 전철과 동사간의 공기가 개별 전철이나 동사마다 다른 출현빈도를 보인다는 사실을 명시적으로 보여준다.

이 행렬을 데이터로 활용하여 계층적 군집분석(Hierarchical Cluster Analysis)을 수행하면 분리전철 10개 사이의 친소관계를 측정할 수 있다. 그 결과가 다음 [그림 1]에 문서유사도를 표상하는 수형도의 형태로 제시되어 있다.

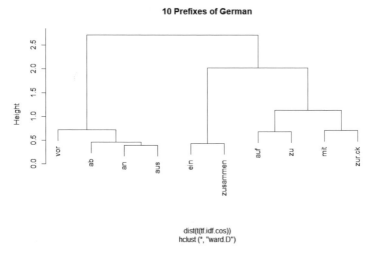

[그림 1] 분리전철들간의 유사도

위 도식에서 전철 an-aus 쌍과 ein-zusammen 쌍이 유사도가 가장 높은 것으로 분석되어 있다. an-aus 쌍의 경우, 전철 an과 aus 둘 다 어근동사 gehen 및 sehen과 공기하는 비중이 높은 점이 확인되고, ein-zusammen 쌍의 경우, 전철 ein과 zusammen 둘 다 어근동사 setzen 및 stellen과 공기하는 비중이 높은 점이 이러한 유사도를 생성하는데 기여한 것으로 이해된다.

위 [그림 1]에 제시된 그래프는 통계 프로그램 R을 이용하여 생성한 것이며, 이때 사용된 R 스크립트는 다음 (6)과 같다.

```
(6)
setwd("D:/MyDoc")
library(gdata)
docs <- read.csv("vv-pref-CTGtueba.csv")
tf <- docs[,2:11]
idf <- rowSums(tf >= 1)
norm_vec <- function(x) {x/sqrt(sum(x^2))}
tf.idf <- log2(10/idf) * tf
tf.idf.cos <- apply(tf.idf, 2, norm_vec)
fit <- hclust(dist(t(tf.idf.cos)), method="ward")
plot(fit, main="10 Prefixes of German")
```

스크립트의 첫 행은 엑셀의 csv 형식으로 저장된 데이터파일 'vv-pref-CTGtueba.csv'을 읽어 들여서 'data'라는 이름을 붙이라는 명령이다.[1] 둘째 행은 이 'data' 파일의 제2열부터 제11열-이는 첫째 분리전철부터 열 번째 분리전철-에 정리된 빈도정보를 추출해서 'tf(term frequency, 개별 용어

---

1) R-스크립트의 해석에 관해서는 이민행(2015:169) 참조.

빈도)라는 속성의 값으로 저장하라는 내용이다. 셋째 행은 어휘들의 상대빈도를 구하기 위한 함수식을 나타낸 것으로 각 행별로 기록된 모두 빈도를 합하여 'idf'(inverse document frequency, 역 문서빈도)로 삼으라는 명령이다. 이어 넷째 행은 일반적으로 비교대상 문서의 전체 규모를 고려하여 개별 어휘빈도 데이터의 가중치를 산출하는 표준화공식을 정의한다. 다섯째 줄은 문서의 숫자와 '개별 용어빈도'와 '역 문서빈도'를 이용하여 'tf.idf' 값을 산출하라는 명령이다. 이렇게 얻어진 'tf.idf'의 값을 넷째 줄에서 정의한 표준화공식을 적용하여 코사인값을 구하는 과정이 여섯째 줄에 기술되어 있다. 코사인값은 문서들간의 거리를 나타내는 직선들간의 각도를 의미하므로 그 각도가 작으면 작을수록 문서들간의 유사도가 높아지는 속성이 있다. 일곱째 줄이 이 스크립트의 핵심이 되는데, 여기에서 최종적으로 군집(clustering)의 정도를 계산하는 작업이 수행된다. 이 스크립트에서는 'ward'라는 계층적 군집분석의 한 방법론으로 계층적 군집도(함수 'hclust')를 산출하여 'fit'라는 속성에 할당한다. 마지막 줄은 앞 줄에서 얻은 군집도 'fit'를 그래프로 나타내는 과정을 보여주는데, 속성 'main'의 값으로 제시된 "10 Prefixes of German"는 그래프의 제목을 가리킨다.

다른 각도에서 분리전철과 어근동사간의 공기관계를 종합적으로 검토하기 위해, 각각 출현빈도 1위-10위에 포함된 어휘들을 전철을 기준으로 한 행렬형식으로 정리하면 아래 [표 10]과 같다.

[표 10] 전철과 어근동사의 공기빈도

Term	geben	gehen	kommen	legen	nehmen
ab	21	1	2	4	18
an	9	15	22	13	24
auf	27	8	10	3	51
aus	10	37	6	5	7
ein	1	11	0	10	13

Term				
mit	1	1	2	0	5
vor	5	7	12	0	9
zu	17	11	9	3	12
zurück	4	17	13	1	5
zusammen	0	1	5	1	1

Term	sehen	setzen	stehen	stellen	ziehen
ab	9	2	1	4	6
an	24	11	8	2	11
auf	0	3	8	10	2
aus	62	5	3	12	7
ein	3	41	0	32	12
mit	0	0	0	0	3
vor	31	0	0	53	9
zu	3	0	3	1	3
zurück	0	2	2	0	17
zusammen	0	3	0	2	2

위의 표는 어근동사를 기준으로 삼아 동사와 분리전철간의 공기가 개별 동사나 전철마다 다른 출현빈도를 보인다는 사실을 명시적으로 보여준다.

이 행렬을 데이터로 활용하여 계층적 군집분석(Hierarchical Cluster Analysis)을 수행하면 어근동사 10개 사이의 친소관계를 측정할 수 있다. 그 결과가 다음 [그림 2]에 문서유사도를 표상하는 수형도의 형태로 제시되어 있다.

도식 [그림 2]에서 동사 legen-setzen 쌍이 가장 높은 유사도를 나타내고 있다. 두 동사 모두 전철로서 an과 ein을 선호한 점이 이러한 유사도를 생성하게 한 원인으로 파악된다.

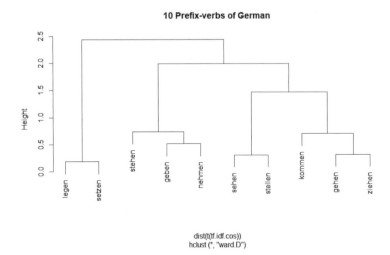

[그림 2] 어근동사들간의 유사도

위 [그림 2]에 제시된 그래프는 통계 프로그램 R을 이용하여 생성한 것이며, 이때 사용된 R 스크립트는 다음 (7)과 같다.

```
(7)
setwd("D:/MyDoc")
library(gdata)
docs <- read.csv("pref-vv-CTGtueba.csv")
tf <- docs[,2:11]
idf <- rowSums(tf >= 1)
norm_vec <- function(x) {x/sqrt(sum(x^2))}
tf.idf <- log2(10/idf) * tf
tf.idf.cos <- apply(tf.idf, 2, norm_vec)
fit <- hclust(dist(t(tf.idf.cos)), method="ward")
```

```
plot(fit, main="10 Prefix-verbs of German")
```

위 (7)에 제시된 R-스크립트는 앞서 (6)의 스크립트와 셋째 행에서만 차이를 보이는데, 이 행은 계층적 군집분석을 위한 입력파일을 지정하는 기능을 수행하는데 두 스크립트에서 파일명이 다르게 부여되어 있다. 두 입력파일의 내용은 동일하되 기준이 되는 요소가 어근동사인가 분리전철인가에 따라 차이를 보인다.

11.4 품사분포와 문장길이의 상관성

교육용 의존 코퍼스 CTGunion의 활용과 관련하여 어휘층위에서 수행할 수 있는 세 번째 연구과제는 길이에 따른 몇 가지 상세 품사의 분포이다. 그 분포가 문장의 길이와 연관성이 높을 것으로 예상되는 품사로는 PTKZU, KON, KOUS 및 KOKOM이다. PTKZU는 부정사구를 이끄는 'zu'에 부여되는 품사이고, KON은 등위접속구문을 이끄는 'und', 'aber', 'oder' 등에 할당되는 품사이다. 또한 품사 KOUS는 종속접속문이나 부사절 구문을 이끄는 'dass', 'weil', 'wenn' 등에 부여되고, 품사 KOKOM은 비교구문을 이끄는 'wie'나 'als'에 할당되는 품사이다. 다음 (8)에는 네 품사가 출현하는 용례들이 제시되어 있다.

(8)
747292: Der Neue Markt ist besser ⟨als⟩ sein Ruf :　　　[KOKOM]
749439: Die Fehler seien trivial gewesen ⟨und⟩ behoben worden.[KON]
723199: "⟨Wenn⟩ du nicht träumst, gewinnst du nicht.　　　[KOUS]
740565: Sie reisten ab, ohne einen Sitzstreik ⟨zu⟩ riskieren. [PTKZU]

이 장에서는 길이별로 문장수가 동일한 하위코퍼스 CTGhdt를 분석대
상으로 삼아 이들 품사들의 분포양상을 살펴보려고 한다.

아래의 [표 11]은 문장의 길이에 따른 네 품사의 출현빈도를 보여준다.

[표 11] 길이에 따른 품사의 빈도

pos	length5	length6	length7	length8	length9
KOKOM	32	54	60	81	120
KON	149	209	204	239	269
KOUS	5	9	17	29	46
PTKZU	6	15	25	29	62
pos	length10	length11	length12	length13	length14
KOKOM	124	131	181	187	187
KON	323	397	446	544	612
KOUS	48	82	126	143	185
PTKZU	89	91	115	121	155

이 표를 보면, 문장길이가 늘어남에 따라 네 품사 모두 출현빈도가 증가
하는 것을 확인할 수 있다. 문장길이가 하나 증가함에 따라 네 품사를 포
함한 품사전체는 산술적으로 평균 20%씩 증가할 것으로 기대되는데, 네
품사는 모두 평균이상의 증가율을 보이고 있다. 이 사실은 이 품사들의 출
현이 문장의 길이와 밀접한 연관이 있다는 사실을 명시적으로 보여주는
좋은 증거이다. 출현빈도 대신 측정기준을 기본값(문장길이가 5일 때 출현빈
도) 대비 각 문장길이별 증가율을 산출하여 비교하면 네 품사 중 어떤 품
사가 문장길이와 가장 높은 상관관계를 갖는 지를 밝혀낼 수 있을 것이다.
이를 위해 [표 11]을 토대로 품사별, 길이별 증가율을 산출하면 다음 [표
12]와 같이 정리된다.

[표 12] 길이에 따른 품사의 출현빈도 증가율

pos	length5	length6	length7	length8	length9
KOKOM	100%	169%	188%	253%	375%
KON	100%	140%	137%	160%	181%
KOUS	100%	180%	340%	580%	920%
PTKZU	100%	250%	417%	483%	1,033%
pos	length10	length11	length12	length13	length14
KOKOM	388%	409%	566%	584%	584%
KON	217%	266%	299%	365%	411%
KOUS	960%	1,640%	2,520%	2,860%	3,700%
PTKZU	1,483%	1,517%	1,917%	2,017%	2,583%

위의 표를 살펴보면, 품사 KOUS(종속접속사/부사절접속사)와 PTKZU(부정사구 첨사)의 증가율이 문장길이가 5일 때와 비교하여 문장길이가 14가 될 때 각각 3,700%(37배)과 2,583%(26배)에 이른 것을 확인할 수 있다. 곧 문장길이와 가장 상관성이 높은 품사는 KOUS이고 품사 PTKZU가 그 뒤를 따라 2위인 것을 목격한다. 품사들간의 차이를 명시적으로 보이기 위해 문장길이에 따른 네 품사의 빈도 증가율을 그래프로 나타내면 다음 [그림 3]과 같다.[2]

그래프 [그림 3]을 살펴보면, 품사 KOUS의 증가율이 문장길이 10을 넘어 12에 이르면서 급격히 상승하는 것을 확인할 수 있다. 또한, 품사 PTKZU의 증가율은 문장길이 8을 넘어 10에 도달할 때까지 급격히 상승하는 것을 알 수 있다. 이 품사들과 달리 품사 KOKOM과 KON은 증가율에 있어 완만한 상승세를 보인다. 네 품사간의 문장길이에 따른 증가율 분포의 차이가 하위코퍼스 CTGhdt에 국한된 특수한 현상인 지, 다른 코퍼스들에서도 발견할 수 있는 일반적인 원리인 지를 밝혀내기 위해서는 연구대상 코퍼스를 확장한 심층적인 연구가 필요하다.

---

2) 이 도표의 가로축상에서 문장길이 5가 '1'로 표시되고, 문장길이 6이 '2'로 표시되며, 마지막으로 문장길이 14가 '10'으로 표시되어 있다.

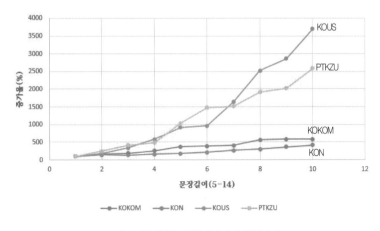

[그림 3] 품사분포와 문장길이의 상관관계

제11장의 요약

　이 장에서 우리는 교육용 코퍼스를 대상으로 어휘층위에서 다룰 수 있는 세 가지 세부주제에 대해 논의를 했다.

　첫 번째 세부주제는 품사와 의존기능 그리고 기본형의 분포 등과 관련하여 Zipf의 법칙이 타당한 지 여부를 검증하는 것이었다.

　두 번째 세부주제는 하위코퍼스 CTGtueba를 대상으로 하여 분리동사의 분리전철과 어근동사들간의 연어관계에 대한 분석이었다.

　세 번째 세부주제는 문장길이와 연관성이 높을 것으로 예상되는 네 개의 품사, 곧 KOKOM, KON, KOUS 및 PTKZU의 출현빈도 데이터를 기초로 하여 품사분포와 문장길이간의 상관관계를 검토했다. 분석결과, 품사 KOUS와 PTKZU가 문장길이와 상관성이 매우 높다는 사실을 확인할 수 있었다.

제12장

문장층위의 분석

12.1 재귀동사와 전치사격 목적어간의 연어관계

이 장에서는 독일어 교육용 코퍼스 CTGunion과 하위 코퍼스들을 활용하여 문장층위의 분석을 여러 가지로 시도한다. 문장층위에서 의존 코퍼스를 활용하는 방법은 매우 다양하다.

먼저, 재귀동사와 전치사격 목적어간의 연어관계에 대해 논의한다. 이 연어관계를 Tündra를 이용하여 하위 코퍼스 CTGgene로부터 추출하기 위해서 다음 (1)에 제시된 검색식을 사용한다.

(1)
#1:[pos=/VV.*/] >OA #2:[pos=/PRF.*/] &
#1 >OP #3:[pos=/APPR.*/] &
#1 .* #3 & #2.*#3

이 검색식의 첫 행은 완전동사(VV)가 재귀대명사(PRF)를 의존소로 취하

며, 이때 대명사가 동사에 대해 직접목적어(OA)라는 의존기능을 수행함을
뜻한다. 둘째 행은 #1로 표기된 완전동사가 전치사격 목적어(OP)라는 의
존기능을 수행하는 전치사(APPR)를 의존소로 취함을 의미한다. 셋째 행은
요소들간의 선형관계를, 곧 완전동사(#1)가 전치사(#3)에 선행하고 동시에
이 완전동사가 재귀대명사(#2)에도 선행함을 규정한다.

검색식 (1)을 실행시키면 194개의 의존수형도가 검색된다. 그 가운데
하나가 아래의 수형도이다.

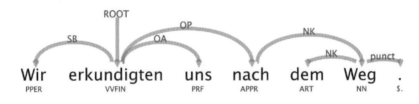

[그림 1] 의존수형도

이 수형도는 문장 Wir erkundigten uns nach dem Weg.에 나타나는
여러 가지 유형의 의존기능들을 보여주고 있다.

검색플랫폼 Tündra에서는 검색결과를 토대로 통계를 추출할 수 있는데
우리는 동사와 전치사의 연어관계를 파악하기 위한 빈도정보를 산출했다.
그 결과의 일부가 [표 1]에 제시되어 있다.

[표 1] 재귀동사와 전치사의 연어관계

동사	전치사	빈도	백분율(%)	동사	전치사	빈도	백분율(%)
handeln	um	9	4.639	sehnen	nach	3	1.546
kümmern	um	9	4.639	unterhalten	mit	3	1.546
erinnern	an	8	4.124	wenden	an	3	1.546
interessieren	für	6	3.093	wenden	von	2	1.031
setzen	auf	4	2.062	setzen	neben	2	1.031

erkundigen	nach	4	2.062	schmiegen	an	2	1.031
fürchten	vor	4	2.062	setzen	in	2	1.031
bemühen	um	4	2.062	ärgern	über	2	1.031
freuen	über	4	2.062	beteiligen	an	2	1.031
freuen	auf	3	1.546	entscheiden	für	2	1.031

위 표에 정리된 재귀동사 목록은 독일어 교육에 있어 활용도가 매우 높다. 왜냐하면 단순한 재귀동사 목록을 넘어 전치사와의 공기관계를 이 표를 통해 학습자가 파악할 수 있기 때문이다. 다음 (2a)-(2c)와 같은 문장들이 위의 표와 연관된 용례들이다.

(2)

a. Ich sehnte mich nach dem einfachen Studentenleben.

b. Rüdiger beteiligte sich kaum an der Diskussion.

c. Sie versuchte, sich an ihn zu schmiegen.

위 (2c)의 재귀동사 sich schmiegen은 전치사 an과 함께 쓰일 경우에 '기대다, 바짝 붙다'는 의미를 갖는 반면, 전치사 in이나 vor와 함께 쓰일 경우 '순응하다'는 의미를 나타낸다. 이처럼 결합하는 전치사에 따라 달라지는 재귀동사의 의미차이를 독일어 교육에서 설명하는데 있어 의존 코퍼스의 활용도가 높다고 할 수 있다.

12.2 부사들간의 의미적 유사성

문장층위에서 의존 코퍼스를 활용할 수 있는 두 번째 과제는 부사들간의 의미적 유사성을 살펴보는 작업이다. 이 연구는 기계학습 분야의 '문서유사도 측정' 기법을 활용하여 수행되는데, 이 연구를 수행하기 위해 먼저 분석하고자 하는 부사들의 목록을 정해야 한다. 독일어 부사들은 통사적, 의미적인 관점에서 여러 가지 유형으로 나눌 수가 있는데, 여기서는 동사 가까이에 위치하면서 동사의 의미를 명세화하는 '방법의 부사(Adverbien der Art und Weise)'들만을 대상으로 의미적인 유사성을 분석하기로 한다. 동사 들과 밀접히 연관되는 부사들을 의존 코퍼스에서 추출하기 위해 우리는 제15장에서 논의하게 될 품사부착 코퍼스 CTG21를 이용한다. 이 코퍼스 는 검색엔진 CQP에 의해 검색이 가능하여 효율성이 높고 코퍼스의 규모 도 크기 때문이다. 부사목록을 작성하기 위해 일차적으로 코퍼스 CTG21 로부터 완전동사(VV)에 선행하면서 동시에 세 단어 이하의 거리에 위치한 부사들의 목록을 추출한다. 이 과정에 사용된 검색식은 다음 (3)과 같다.

(3)

T=[pos="ADJD"][]{0,3}[pos="VV.*"];

group T match lemma 〉 "freqADV-ctg21.txt";

이 검색식을 실행하여 추출한 결과의 일부를 보이면 [표 2]와 같다.

[표 2] 부사 목록

부사	빈도	부사	빈도
gut	323	möglich	77
schnell	129	leicht	71
lang	110	plötzlich	58
spät	109	künftig	57
schwer	91	kurz	56
weit	86	genau	55
wirklich	85	früh	54
stark	85	völlig	54

| deutlich | 84 | später | 54 |
| neu | 77 | richtig | 51 |

이 표에 제시된 20개의 부사들 가운데 빈도 순위 1위-16위를 선별하여 우선 동사들과의 연어관계를 살펴보았다. 이를 위해 다시 아래 (4)와 같은 복합검색식을 실행했다.

(4)

T=[lemma="gut.*"];

set T target nearest [pos="VV.*"] within right 3 word from match;

group T target lemma 〉 "freqVV-gut.txt";

set context 1 s;

cat T 〉 "concVadv-gut.txt";

위의 검색식 (4)는 5개의 단순검색식을 조합한 복합검색식이다. 이 가운데 두 번째 검색식이 부사 gut과 3단어 이하의 거리에 위치한 동사를 찾아내기 위한 것이다. 이어 셋째 검색식과 다섯째 검색식은 검색결과를 빈도정보와 용례정보로 구분하여 각각 별도의 파일로 저장하기 위한 것이다. 검색식 (4)를 실행하여 추출한 빈도정보의 일부를 다음 [표 3]으로 정리했다.

[표 3] 부사 gut과 공기하는 동사 목록

동사	빈도	동사	빈도
gehen	20	tun	4
machen	17	laufen	4
sagen	12	kennen	4

meinen	9	sprechen	4
verstehen	7	fahren	3
sehen	6	behandeln	3
unterhalten	6	danken	3
lassen	6	nennen	3
geben	6	erwarten	3
leben	6	vorbereiten	3

또한 아래의 (5)에는 검색결과 추출한 용례들이 제시되어 있다.

(5)

101655: Wie oft haben wir es ⟨besser⟩ verstehen wollen als er!

105705: Aber durch diesen Brief lernte ich mich selbst ⟨besser⟩ kennen.

115913: Ich dachte, es hätte dir in Schwer in so ⟨gut⟩ gefallen.

상대적으로 출현빈도가 높은 동사들과 한 문장내에서 공기하는 부사 12개를 선별하고 이들 상호간의 유사성을 분석했다. 최종적으로 유사성 분석의 대상이 된 부사들은 다음 (6)과 같다.

(6)

deutlich   genau   gut   künftig   kurz   lang   leicht
plötzlich schnell   schwer   stark   weit

이처럼 선정된 12개 부사들간의 유사성을 분석하기 위해 먼저 부사와 동사간의 공기관계를 나타내는 행렬식을 생성했다. 이 행렬식의 일부가 다음 [표 4]에 제시되어 있다.

[표 4] 부사와 동사간의 공기관계

Term	deutlich	genau	gut	künftig	kurz	lang
machen	6	2	17	0	2	4
gehen	0	3	20	1	3	8
kommen	0	2	2	1	2	4
geben	2	1	6	2	0	4
sagen	2	3	12	0	0	3
bleiben	0	0	3	1	2	14
sehen	1	0	6	0	2	7
stehen	0	1	2	1	1	5
arbeiten	2	0	2	1	3	7
finden	0	0	3	0	1	1
verletzen	0	0	0	0	0	0
Term	leicht	plötzlich	schnell	schwer	stark	weit
machen	3	1	5	3	2	6
gehen	0	0	4	1	3	10
kommen	1	7	2	1	2	3
geben	1	2	0	1	0	12
sagen	3	0	1	4	1	7
bleiben	0	0	0	0	0	10
sehen	1	0	0	0	0	7
stehen	0	1	0	1	0	6
arbeiten	0	0	4	0	0	5
finden	2	0	1	2	0	6
verletzen	4	0	0	17	0	2

부사 12개와 동사들간의 공기관계에 대한 빈도정보를 담고 있는 파일은 "12ADVvv-ctg.csv"인데, 이 파일은 위 [표 4]를 확장한 파일이다. 이 파일을 데이터로 하여 부사들간의 의미유사성을 측정하기 위해 아래 (7)에 제시된 R-스크립트를 실행했다.

(7)

```
setwd("D:/MyDOC")
library(tm)
library(gdata)
library(amap)
data <- read.csv("12ADVvv-ctg.csv")
tf <- data[,2:13]
idf <- rowSums(tf >= 1)
norm_vec <- function(x) {x/sqrt(sum(x^2))}
tf.idf <- log2(12/idf) * tf
tf.idf.cos <- apply(tf.idf, 2, norm_vec)
fit <- hclust(dist(t(tf.idf.cos)), method="ward.D2")
plot(fit, main="12 German Adverbs")
```

이 스크립트를 운용한 결과 생성한 문서유사도 그래프는 다음 [그림 2]
와 같다.

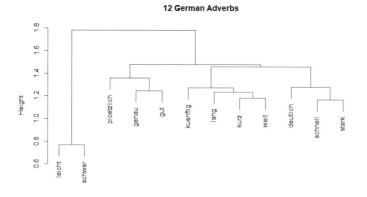

[그림 2] 부사들간의 문서유사도 그래프

이 그래프는 '계층적 군집분석' 기법을 활용하여 생성한 것인데, 이 그래프를 보면 부사 leicht와 부사 schwer가 유사도가 가장 높은 것으로 나타나며, 이 결과는 무게와 연관되는 의미를 공유하는 두 부사에 대한 모국어 화자의 언어직관과 일치한다. 마찬가지로 부사 genau와 부사 gut이 유사한 것으로 포착된 것도 언어직관에 부합한다. 왜냐하면 두 부사 모두 verstehen, kennen 등과 같은 인지동사 부류와 잘 어울리기 때문이다.

12.3 werden-수동 구문과 재귀구문간의 경쟁관계

의존 코퍼스를 활용하여 문장층위에서 다루어 볼 수 있는 세 번째 주제는 구문간의 경쟁관계이다. 독일어의 경우, werden-수동 구문과 재귀구문이 경쟁하는 것으로 알려져 있다.[1]

이 주제연구와 연관해서는 교육용 코퍼스 CTGunion의 하위코퍼스 CTGtueba의 활용도가 매우 높다. 왜냐하면 CTGtueba에는 werden-수동 구문과 재귀구문의 표지가 각각 조동사 werden과 재귀대명사에 달려 있기 때문이다. 따라서 이 코퍼스를 활용하면 이 주제의 연구에 필요한 데이터를 정확하게 추출할 수 있다.

먼저, werde-수동 구문의 추출을 위해 (8)에 제시된 검색식을 실행하면 된다.

  (8) #1:[lemma="werden%passiv"] 〉 #2:[xpos="VVPP"]

이 검색식을 실행하면 다음 (9a)-(9c)와 같은 용례들을 추출할 수 있다.

---

1) 이민행(2012:220)에서는 TIGER 코퍼스에서 추출한 데이터를 바탕으로 두 구문간이 경쟁한다고 주장한다.

(9)

a. Er darf nicht zurückgewiesen <u>werden</u>.

b. Darauf <u>wurden</u> große Gebäude errichtet.

c. Ich bin damit gefilmt <u>worden</u>.

용례 (9a)의 의존구조를 CoNLL 포맷의 데이터 구조로 표현하면 (10)과 같다.

(10)

```
1 Er        er              -       PPER    -       2       SUBJ -      -
2 darf      dürfen%aux      -       VMFIN   -       0       ROOT -      -
3 nicht     nicht           -       PTKNEG  -       4       ADV  -      -
4 zurückgewiesen zurück#weisen V     VVPP    -       5       AUX  -      -
5 werden    werden%passiv   -       VAINF   -       2       AUX  -      -
6 .         .               $.      $.      _       5       punct -     -
```


이 의존구조에서 수동조동사 werden의 lemma가 'werden%passiv'로 기재되어 있고 과거분사 zurückgewiesen가 이 조동사를 핵어로 삼고 있는 것을 확인할 수 있다. 때문에 이러한 의존구조가 검색식 (8)을 통해 추출되는 것이다. 검색식 (8)을 실행하여 #2 표지를 달고 있는 과거분사의 빈도정보도 추출할 수 있는데, 그 중 일부만 보이면 다음 [표 5]와 같다.

[표 5] werden-수동 구문의 과거분사 빈도

동사	빈도	동사	빈도
machen	24	stellen	10
verletzen	17	bringen	9
einsetzen	14	diskutieren	9

bauen	13	entdecken	9
festnehmen	12	schaffen	8
wählen	12	freilassen	8
töten	12	entlassen	8
verurteilen	10	verbieten	8
erreichen	10	finanzieren	8
klären	10	zerstören	8

한편, 재귀구문에 출현하는 완전동사들의 출현빈도를 추출하기 위해서 다음 (11)에 제시된 검색식을 사용한다.

(11) #1:[xpos=/VV.*/] 〉OBJA #2:[lemma="#refl"]

검색결과 추출된 용례들 가운데 몇 개를 제시하면 다음 (12)와 같다.

(12)

a. Sie befinden sich in Untersuchungshaft.

b. Das könnte sich bald ändern.

c. Helena begab sich zu Gericht.

용례 (12b)의 의존구조를 CoNLL 포맷의 데이터 구조로 표현하면 (13) 과 같다.

(13)

```
1  Das     das        -     PDS   -    2   SUBJ -    -
2  könnte  können%aux  -     VMFIN -    0   ROOT -  -
3  sich    #refl      -     PRF   -    5   OBJA -    -
```

```
4   bald    bald    ADV  ADV   -    5   ADV   -   -
5   ändern  ändern  -    VVINF -    2   AUX   -   -
6   .       .       $.   $.    -    5   punct -   -
```

의존구조 (13)에서 재귀대명사 sich의 lemma가 '#refl'로 기재되어 있고 완전동사 ändern이 이 대명사의 핵어라는 사실을 확인할 수 있다. 때문에 이러한 의존구조가 검색식 (11)의 실행으로 추출되는 것이다. 검색식 (11)을 실행하여 #2 표지를 달고 있는 완전동사의 빈도정보도 추출할 수 있는데, 다음 [표 6]은 그 중 일부만을 보여준다.

[표 6] 재귀구문의 완전동사 빈도

동사	빈도	동사	빈도
ändern	19	herausstellen	8
fühlen	15	befinden	7
machen	15	wehren	7
verändern	13	finden	7
aussprechen	12	handeln	7
erinnern	11	lohnen	7
wissen	10	halten	6
stellen	10	beteiligen	6
lassen	9	erklären	6
durchsetzen	8	freuen	6

이제까지 논의한 werden-수동 구문에 출현하는 과거분사의 빈도데이터와 재귀구문에 출현하는 완전동사의 빈도데이터를 통합한 빈도데이터를 생성하여 Stefanowitch/Gries(2003)에서 제안된 변별적 공연어휘소 분석을 시도할 수 있다. 이 분석을 통해 얻게 되는 언어학적인 통찰은 어떤 동사가 어떤 구문을 선호하는 지를 파악할 수 있다는 점이다.

아래의 [표 7]은 통합 빈도데이터의 일부를 보여준다.

[표 7] 통합 빈도데이터

lemma	PASScnt	REFLcnt	lemma	PASScnt	REFLcnt
ändern	0	19	herausstellen	0	8
machen	24	15	befinden	0	7
fühlen	0	15	wehren	0	7
verändern	0	13	finden	0	7
aussprechen	0	12	handeln	0	7
erinnern	0	11	lohnen	0	7
stellen	10	10	halten	0	6
wissen	0	10	beteiligen	0	6
lassen	0	9	erklären	0	6
durchsetzen	0	8	freuen	0	6

변별적 공연어휘소 분석을 위해서는 통합 빈도데이터외에 비교하고자 하
는 경쟁구문들의 출현빈도에 대한 정보도 필요하다. 코퍼스 CTGtueba에
출현하는 werden-수동 구문과 재귀구문의 출현빈도는 다음 (14)와 같다.

(14)

재귀구문   921
werden-수동 구문   1696

이러한 데이터들을 토대로 하여 R-스크립트를 이용해 변별적 공연어휘
소 분석을 수행한 결과는 다음 (15)와 같은 동사별 구문의 선호도이다.

(15)

Distinctive collocate/collexeme analysis for: PASScnt vs. REFLcnt obs.freq.1: observed frequency of the word A-? in/with PASScnt

obs.freq.2: observed frequency of the word A-? in/with REFLcnt

exp.freq.1: expected frequency of the word A-? in/with PASScnt

exp.freq.2: expected frequency of the word A-? in/with REFLcnt

pref.occur: the word/construction to which the word A-? is attracted

coll.strength: index of distinctive collostructional strength: log-likelihood, the higher, the more distinctive

	words	obs.freq.1	obs.freq.2	exp.freq.1	exp.freq.2	pref.occur	coll.strength
1	verletzen	17	0	11.02	5.98	PASScnt	14.808008394
2	einsetzen	14	0	9.07	4.93	PASScnt	12.186026928
3	bauen	13	0	8.42	4.58	PASScnt	11.312875089
4	festnehmen	12	0	7.78	4.22	PASScnt	10.440143555
5	wählen	12	0	7.78	4.22	PASScnt	10.440143555
6	töten	12	0	7.78	4.22	PASScnt	10.440143555
7	verurteilen	10	0	6.48	3.52	PASScnt	8.695939758
8	erreichen	10	0	6.48	3.52	PASScnt	8.695939758
9	klären	10	0	6.48	3.52	PASScnt	8.695939758
10	bringen	9	0	5.83	3.17	PASScnt	7.824466677
11	diskutieren	9	0	5.83	3.17	PASScnt	7.824466677
12	entdecken	9	0	5.83	3.17	PASScnt	7.824466677
13	schaffen	8	0	5.18	2.82	PASScnt	6.953412260
14	freilassen	8	0	5.18	2.82	PASScnt	6.953412260
15	entlassen	8	0	5.18	2.82	PASScnt	6.953412260

......

......

31 ändern	0	19	12.31	6.69	REFLcnt39.940716444
32 fühlen	0	15	9.72	5.28	REFLcnt 31.489211797
33 verändern	0	13	8.42	4.58	REFLcnt 27.272101266
34 aussprechen	0	12	7.78	4.22	REFLcnt 25.165698958
35 erinnern	0	11	7.13	3.87	REFLcnt 23.060729117
36 wissen	0	10	6.48	3.52	REFLcnt 20.957189619
37 lassen	0	9	5.83	3.17	REFLcnt 18.855078345
38 durchsetzen	0	8	5.18	2.82	REFLcnt 16.754393183
39 herausstellen	0	8	5.18	2.82	REFLcnt 16.754393183
40 befinden	0	7	4.54	2.46	REFLcnt 14.655132025
41 wehren	0	7	4.54	2.46	REFLcnt 14.655132025
42 finden	0	7	4.54	2.46	REFLcnt 14.655132025
43 handeln	0	7	4.54	2.46	REFLcnt 14.655132025
44 lohnen	0	7	4.54	2.46	REFLcnt 14.655132025
45 halten	0	6	3.89	2.11	REFLcnt 12.557292768

......

......

If your collostruction strength is based on p-values, it can be interpreted as follows:

Coll.strength>3 => p<0.001; coll.strength>2 => p<0.01; coll.strength>1.30103 => p<0.05.

Out of the 60 investigated, 3 collocates/collexemes are shared by both words/constructions; i.e. 5 %

위 분석결과를 살펴보면 werden-수동 구문을 선호하는 동사군에는 verletzen, einsetzen, bauen, festnehmen, wählen 등이 속하고 재귀구문을 선호하는 동사군에는 ändern, fühlen, verändern, aussprechen, erinnern 등이 속한다는 사실을 알 수 있다. 이들 동사가 어떠한 의미부류에 속하는 지, 그리고 이들간에 군집성이 나타나는 지의 여부를 파악하기 위해서는 후속연구가 필요할 것으로 보인다.

제12장의 요약

이 장에서 우리는 교육용 코퍼스들을 활용하여 문장층위에서 다룰 수 있는 세 가지 세부주제에 대해 논의를 했다.

첫 번째 세부주제는 CTGunion의 하위코퍼스 CTGtueba를 대상으로 하여 재귀동사와 전치사구의 연어관계를 분석한 것으로, 연구결과 전치사구와 공기하는 재귀동사들의 목록을 추출할 수 있었다.

두 번째 세부주제는 품사부착 코퍼스 CTG21을 대상으로 하여 부사 12개간의 의미적인 유사성을 분석하는 것이었으며 이를 위해 기계학습 분야에서 사용되는 계층적 군집분석을 시도하여 부사들간의 유사도를 밝혀냈다.

세 번째 세부주제는 werden-수동 구문과 재귀구문간의 경쟁관계에 대해 살펴보았다. 변별적 공연어휘소 분석 방법을 이용한 이 연구를 통해 어떤 동사들이 어떤 구문을 선호하는 지를 확인할 수 있었다.

제13장

의존문법 주제연구

13.1 의존거리의 특성

이 장에서는 의존구조 코퍼스를 활용한 연구들에서 빈번하게 논의되는 의존거리의 특성에 대해 살펴보려고 한다. 의존거리는 의존소로부터 핵어 (지배소)에 이르는 거리를 가리킨다. 이러한 의존거리의 개념은 의존수형도 를 통해 설명할 수 있다.

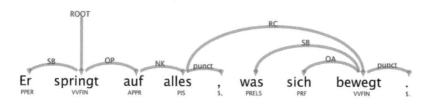

[그림 1] 의존수형도

이 수형도는 문장 "Er springt auf alles, was sich bewegt."의 의존관 계를 나타낸다. 수형도상에서 er, auf는 공동 핵어인 springt에 이르는 의존거리가 1이며, alles와 sich도 각각 핵어인 auf와 bewegt에 이르는 의존거리가 1이다. 반면, was는 핵어인 bewegt에 이르는 의존거리가 2이고 bewegt는 핵어인 alles에 이르는 의존거리가 4이다. 따라서 이 의존수형도는 평균 의존거리가 10/6, 곧 1.67이다. 개별 의존수형도의 의존거리를 해당 데이터 구조로 직접 산출할 수가 있고, 더 나아가 자동계산도 가능하다. 수형도 [그림 1]의 데이터 구조는 다음 (1)과 같다.

(1)

1	Er	er	PPER	PPER	_	2	SB	_	_
2	springt	springen		VVFIN	VVFIN	_	0	ROOT	_	_
3	auf	auf	APPR	APPR	_	2	OP	_	_
4	alles	alle	PIS	PIS	_	3	NK	_	_
5	,	,	$.	$.	_	4	punct	_	_
6	was	was	PRELS	PRELS	_	8	SB	_	_
7	sich	sich	PRF	PRF	PRF	8	OA	_	_
8	bewegt	bewegen		VVFIN	VVFIN	_		RC	_	_
9	.	.	$.	$.	_	8	punct	_	_

이 데이터에서 er의 의존거리 1은 이 단어의 문장내 위치를 나타내는 제1열의 값, 곧 1과 이 단어의 핵어(지배소)인 springt의 문장내 위치를 나타내는 제1열의 값, 곧 2의 차이로서 계산된다. auf의 의존거리가 1이 되는 것도 마찬가지 방법으로 설명할 수 있다. 핵어에 이르는 의존거리가 가장 큰 bewegt는 자신의 위치가 8이고 핵어인 alles의 문장내 위치가 4이기 때문에 두 위치간의 차이, 곧 4가 bewegt의 의존거리로 여겨진다. 또한 was의 경우, 자신의 위치가 6인 반면 핵어인 bewegt의 문장내 위치가 8이기 때문에 두 위치의 차이, 곧 2가 이 단어의 의존거리가 된다.

의존거리에 영향을 미치는 요소는 크게 두 가지로 분석될 수 있는데, 하나는 의존기능이고 다른 하나는 문장길이이다. 따라서 이 장에서는 두 가지 차원을 구분하여 의존거리에 대해 논의하려고 한다.

먼저, 의존기능이 의존거리와 어떠한 상관성을 갖는 지에 대해 검토해 보자.

앞서 논의한 의존구조 데이터 (1)에서 각 단어의 의존기능은 8번째 열에 나타나는데, 의존거리가 1인 단어들의 의존기능은 각각 SB, OP 및 OA이고 의존거리가 2인 단어의 의존기능은 SB이며 의존거리가 4인 단어의 의존기능은 RC이다. 의존기능 SB는 두 가지 의존거리를 갖는데, 주문장에 나타난 SB는 의존거리가 1인 반면, 관계절에 나타나는 SB는 의존거리는 2이다. 다시 말하여 동일한 의존기능이라 하더라도 어떤 환경에 나타나느냐에 따라 의존거리가 달라진다고 할 수 있다. 다른 예를 통해 의존기능과 의존거리의 상관성에 대해 더 논의해 보자.

(2) Er war überrascht, wie belanglos sie waren.

다음 [그림 2]는 문장 (2)의 의존수형도이다.

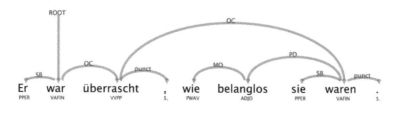

[그림 2] 의존수형도

우리는 [그림 2]의 수형도를 통해 의존기능 OC의 의존거리가 두 가지, 곧 1과 5임을 그리고 의존기능 MO의 의존거리와 PD의 의존거리가 각각 1과 2임을 확인할 수 있다. 이러한 사실은 앞서 논의한 바와 같이 문장

(2)의 의존 데이터 구조인 (3)을 이용해서 계산함으로써 재확인이 가능하다.

(3)

1	Er	er	PPER	PPER	_	2	SB	_	_
2	war	sein	VAFIN	VAFIN	_	0	ROOT	_	_
3	überrascht	überraschen	VVPP	VVPP	_	2	OC	_	
4	,	,	$,	$,	_	3	punct	_	_
5	wie	wie	PWAV	PWAV	_	6	MO	_	_
6	belanglos	belanglos	ADJD	ADJD	_	8	PD	_	_
7	sie	sie	PPER	PPER	_	8	SB	_	_
8	waren	sein	VAFIN	VAFIN	_	3	OC	_	_
9	.	.	$.	$.	_	8	punct	_	_

예를 들어 의존거리가 5인 두 번째 OC의 경우, 자신의 문장내 위치가 8이고 핵어의 문장내 위치가 3이기 때문에 두 위치의 차이, 곧 5가 이 의존기능의 의존거리가 된다.

다음 문장 (4)와 데이터 구조 (5)를 통해 우리는 다른 의존기능들의 의존거리도 산출할 수 있다.

(4) Es hatte geklopft und klopfte noch einmal.

(5)

1	Es	es	PPER	PPER	_	2	EP	_	_
2	hatte	haben	VAFIN	VAFIN	_	0	ROOT	_	_
3	geklopft	klopfen	VVPP	VVPP	_	2	OC	_	_
4	und	und	KON	KON	_	2	CD	_	_
5	klopfte	klopfen	VVFIN	VVFIN	_	4	CJ	_	_
6	noch	noch	ADV	ADV	_	5	MO	_	_

| 7 | einmal | einmal | ADV | ADV | _ | 6 | MO | _ | _ |
| 8 | . | . | $. | $. | _ | 7 | punct | _ | _ |

위의 (5)에서 의존기능 CD의 의존거리가 2인 반면, 의존기능 CJ의 의존거리는 1이라는 것을 확인할 수 있다.

13.2 의존기능과 의존거리의 상관관계

앞 절에서 살펴본 몇 가지 예들은 의존기능마다 의존거리가 다를 수 있다는 결론을 잠정적으로 내릴 수 있게 한다. 하지만 개개의 문장에 출현하는 의존기능의 의존거리를 넘어 코퍼스 전체를 대상으로 의존기능과 의존거리간의 상관관계를 검토한 후에 의존거리를 기준으로 한 의존기능간의 위계관계를 설정할 수 있다면 보다 의미있는 성과가 될 것이다.

다음 [표 1]은 코퍼스 CTGunion를 대상으로 하여 의존기능별로 의존거리를 산출한 결과를 보여준다.

[표 1] 의존기능의 의존거리

의존기능	빈도	의존거리
RC	3197	6.959024085
OBJI	1529	5.848266841
CP	6625	5.259622642
OC	40470	4.661378799
SVP	7797	4.620238553
JU	1989	3.308697838
OP	8020	2.962094763
DA	7470	2.842570281
PD	16581	2.828538689
OA	44252	2.823194432
MO	105536	2.772172529

CD	18336	2.370091623
NG	6599	2.233368692
AG	14717	2.173404906
ADV	33528	2.156704844
CJ	22160	2.134205776
SB	90317	2.043159095
APP	12745	1.500588466
MNR	6587	1.458327008
NK	219297	1.363347424

위 표를 살펴보면 의존기능 '관계절(RC)'의 의존거리가 가장 크고, 의존기능 '명사핵어(NK)'의 의존거리가 가장 작은 것으로 확인할 수 있다. 두 의존거리를 비교하면 관계절의 의존거리는 명사핵어의 의존거리의 5배를 넘는다. 'NK'에 이어 두 번째 의존거리가 작은 의존기능은 '명사후치 수식어(MNR)'인데 이 의존기능은 'das Mädchen mit dem Eimer'와 같은 명사구에서 핵어로 기능하는 Mädchen의 의존소인 전치사 mit에 부여된 의존문법적인 기능을 가리킨다.

개별 의존기능의 의존거리를 계산하는 절차는 다음 (6)과 같이 몇 단계로 정리될 수 있다.

(6)

제1단계: Perl 스크립트를 작성하여 각 문장의 데이터 구조로부터 의존기능별 의존거리를 추출하고 그 결과를 테이블 포맷으로 저장한다.

예를 들어 아래의 [표 2]는 앞서 논의한 데이터 구조 (5)로부터 의존거리를 추출하여 정리한 결과이다.

[표 2] 의존기능의 의존거리

의존기능	의존거리
EP	1
OC	1
CD	2
CJ	1
MO	1
MO	1

제2단계: 제1단계를 첫 문장의 데이터 구조로부터 마지막 문장의 데이터 구조까지 반복적으로 실행하여 모든 데이터 구조로부터 의존기능별 의존거리를 추출한다.

제3단계: 제2단계를 실행하여 산출한 의존기능별 의존거리 통계를 Perl 스크립트를 이용하여 다음 [표 3]과 같은 포맷을 가진 의존기능-의존거리 쌍의 빈도를 구한다.

[표 3] 의존기능-의존거리 쌍의 빈도

의존기능	의존거리	빈도
ADV	1	18413
CJ	1	11244
MO	1	44337
MO	2	19211
MO	3	15139
NK	1	157929
NK	2	48980
OA	1	15837
SB	1	53376
SB	2	13837

제4단계: 제3단계를 실행한 결과 얻은 데이터를 토대로 의존기능별로 의존거리의 평균값을 산출한다.

이와 같이 4단계를 거쳐서 산출한 의존기능별 의존거리의 평균값이 위의 [표 1]이다.

위 [표 1]에 정리된 의존기능별 평균 의존거리 통계를 바탕으로 의존기능과 의존거리의 상관관계를 그래프로 나타내면 [그림 3]과 같다.

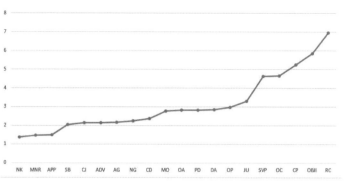

[그림 3] 의존기능과 의존거리의 상관관계

이 도표를 토대로 의존기능간의 위계를 다음 (7)과 같이 설정할 수 있다.

(7) 의존기능 위계

RC 〉 OBJI 〉 CP 〉 OC 〉 SVP 〉 JU 〉 OP 〉 DA 〉 PD 〉 OA 〉 MO 〉 CD 〉 NG 〉 AG 〉 ADV 〉 CJ 〉 SB 〉 APP 〉 MNR 〉 NK

13.3 문장길이와 의존거리의 상관관계

이제 의존거리와 관련한 두 번째 차원, 곧 문장길이와 의존거리의 상관관계에 대해 논의하기로 한다.

먼저, 몇 가지 사례를 검토해 보자.

아래의 (8)은 문장길이가 5인 문장 'Sie berührte leicht seinen Arm.' 의 데이터 구조이다.

(8)

1	Sie	ich	PPER	PPER	_	2	SB	_ _
2	berührte	berühren		VVFIN	VVFIN _	0	ROOT	_ _
3	leicht	leicht	ADJD	ADJD	_	2	MO	_ _
4	seinen	seinen	PPOSAT	PPOSAT _		5	NK	_ _
5	Arm	Arm	NN	NN	_	2	OA	_ _
6	.	.	$.	$.	_	5	punct	_ _

이 문장의 평균 의존거리는 (1+1+1+3)/4=1.25이다.[1]

이어서 문장길이가 7인 문장 'Er wusste, was sie von ihm erwartete.' 의 데이터 구조가 다음 (9)에 제시되어 있다.

(9)

1	Er	er	PPER	PPER	_	2	SB	_ _
2	wusste	wissen	VVFIN	VVFIN	_	0	ROOT	_ _
3	,	,	$.	$.	_	2	punct	_ _
4	was	was	PWS	PWS	_	8	OA	_ _
5	sie	sie	PPER	PPER	_	8	SB	_ _
6	von	von	APPR	APPR	_	8	OP	_ _
7	ihm	ihm	PPER	PPER	_	6	NK	_ _
8	erwartete	erwarten		VVFIN	VVFIN _	2	OC	_ _
9	.	.	$.	$.	_	8	punct	_ _

---

[1] 의존기능이 ROOT나 punct인 단어의 의존거리는 데이터 구조별 평균 의존거리의 산출에서 고려하지 않기로 한다.

이 데이터 구조의 평균 의존거리는 $(1+4+3+2+1+6)/6=2.67$이다. 문장길이가 7인 구조의 평균 의존거리는 문장길이가 5인 구조의 평균 의존거리보다 큰 것으로 관찰된다.

다음으로 길이가 9인 데이터 구조에 대해 검토하는데 구조 (10)은 문장 'Er versuchte, eine Hand in ihre Jeans zu schieben.'의 의존관계를 보여준다.

(10)

1	Er	er	PPER	PPER	_	2	SB	_	_
2	versuchte	versuchen	VVFIN	VVFIN	_	0	ROOT	_	_
3	,	,	$,	$,	_	2	punct	_	_
4	eine	ein	ART	ART	_	5	NK	_	_
5	Hand	Hand	NN	NN	_	10	OA	_	_
6	in	in	APPR	APPR	_	10	MO	_	_
7	ihre	ihr	PPOSAT	PPOSAT	_	8	NK	_	_
8	Jeans	Jean	NN	NN	_	6	NK	_	_
9	zu	zu	PTKZU	PTKZU	_	10	PM	_	_
10	schieben	schieben	VVINF	VVINF	_	2	_	_
11	.	.	$.	$.	_	10	punct	_	_

이 데이터 구조의 평균 의존구조는 $(1+1+5+4+1+2+1+8)/8=2.875$로서 문장길이가 7인 데이터 구조의 평균 의존구조보다 큰 숫자이다.

또한 길이가 11인 데이터 구조에 대해서도 검토하는데, 아래의 (11)은 문장 'Aber du sollst wissen, dass ich immer für dich da bin.'의 데이터 구조이다.

(11)

1	Aber	aber	KON	KON	_	3	JU	_	_

2	du	du	PPER	PPER	_	3	SB	_	_
3	sollst	sollen	VMFIN	VMFIN	_	0	ROOT	_	_
4	wissen	wissen	VVINF	VVINF	_	3	OC	_	_
5	,	,	$,	$,	_	4	punct	_	_
6	dass	dass	KOUS	KOUS	_	12	CP	_	_
7	ich	ich	PPER	PPER	_	12	SB	_	_
8	immer	immer	ADV	ADV	_	12	MO	_	_
9	für	für	APPR	APPR	_	12	MO	_	_
10	dich	dich	PPER	PPER	_	9	NK	_	_
11	da	da	ADV	ADV	_	12	MO	_	_
12	bin	sein	VAFIN	VAFIN	_	4	OC	_	_
13	.	.	$.	$.	_	12	punct	_	_

이 구조의 평균 의존거리는 (2+1+1+6+5+4+3+1+1+8)/10=3.2 이며 이 값은 길이가 9인 문장의 평균 의존거리보다 크다.

이어서, 이어서 문장길이가 13인 문장 'Sie versuchte, sich ihm sanft zu entwinden, aber er ließ sie nicht los.'의 데이터 구조가 다음 (12) 에 제시되어 있다.

(12)

1	Sie	sie	PPER	PPER	_	2	SB	_	_
2	versuchte	versuchen	VVFIN	VVFIN	_	0	ROOT	_	_
3	,	,	$,	$,	_	2	punct	_	_
4	sich	sich	PRF	PRF	_	8	OA	_	_
5	ihm	ihm	PPER	PPER	_	8	DA	_	_
6	sanft	sanft	ADJD	ADJD	_	8	MO	_	_
7	zu	zu	PTKZU	PTKZU	_	8	PM	_	_
8	entwinden	entwinden	VVINF	VVINF	_	2	OC	_	_
9	,	,	$,	$,	_	8	punct	_	_

10	aber	aber	KON	KON	_	2	CD	_	_
11	er	er	PPER	PPER	_	12	SB	_	_
12	ließ	lassen	VVFIN	VVFIN	_	10	CJ	_	_
13	sie	sie	PPER	PPER	_	12	OA	_	_
14	nicht	nicht	PTKNEG	PTKNEG	_	12	NG	_	_
15	los	los	PTKVZ	PTKVZ	_	12	SVP	_	_
16	.	.	$.	$.	_	15	punct	_	_

이 데이터 구조의 평균 의존구조는 (1+4+3+2+1+6+8+1+2+1+2+3)/12=2.83으로서 문장길이가 11인 구조의 평균 의존구조과 비슷하고 길이가 9인 데이터 구조의 평균값보다는 크다.

마지막으로 문장길이가 14로서 길이가 가장 긴 문장의 의존거리를 분석해 보자. 아래의 구조 (13)은 문장 'Ich war selbstverständlich glückselig und machte ein Gesicht, wie wenn ich meinen Namenstag feierte.' 의 의존 데이터 구조이다.

(13)

1	Ich	ich	PPER	PPER	_	2	SB	_	_
2	war	sein	VAFIN	VAFIN	_	0	ROOT	_	_
3	selbstverständlich	selbstverständlich	ADJD	ADJD	_	4	MO	_	_
4	glückselig	glückselig	ADJD	ADJD	_	2	PD	_	_
5	und	und	KON	KON	_	2	CD	_	_
6	machte	machen	VVFIN	VVFIN	_	5	CJ	_	_
7	ein	ein	ART	ART	_	8	NK	_	_
8	Gesicht	Gesicht	NN	NN	_	6	OA	_	_
9	,	,	$,	$,	_	8	punct	_	_
10	wie	wie	PWAV	PWAV	_	15	MO	_	_
11	wenn	wenn	KOUS	KOUS	_	15	CP	_	_
12	ich	ich	PPER	PPER	_	15	SB	_	_

13 meinen	mein	PPOSAT	PPOSAT _	14	NK	_ _
14 Namenstag		Namenstag	NN	NN	_	15 OA _ _
15 feierte	feiern	VVFIN	VVFIN _	6	MO	_ _
16 .	.	$.	$.	_	15	punct _ _

이 데이터 구조의 평균 의존구조는 (1+1+2+3+1+1+2+5+4+3+1+1+9)/13=2.61로서 문장길이가 13인 구조의 평균 의존거리보다 작고 길이가 7인 데이터 구조의 평균값보다는 크다.

이제까지 개별 사례를 중심으로 문장길이를 기준삼아 평균 의존거리를 계산하여 비교했는데, 대체적으로 문장길이가 길수록 평균 의존거리가 커지는 추세가 발견된다. 그러나 개별적으로는 문장길이가 짧지만 문장길이가 긴 문장보다 의존거리가 큰 경우도 발견되기 때문에 특정한 길이를 가진 문장들의 데이터 구조 전체에 대해 의존거리의 평균값을 구하는 작업이 반드시 필요하다.

문장길이를 기준으로 평균 의존거리를 계산하는 절차는 의존기능별 평균 의존거리를 산출하는 절차보다 간단하게 (14)와 같이 두 단계로 정리될 수 있다.

(14)
제1단계: 데이터 구조를 문장길이를 기준으로 모아 각각의 파일에 저장한 다음에 하나의 폴더안에 저장한다.
제2단계: Perl 스크립트를 작성하여 제1단계에서 생성된 폴더를 대상으로 이 스크립트를 실행한다.[2]

---

2) 스크립트는 다음과 같은 명령식을 써서 명령라인(command-line) 층위에서 실행한다:
per dds-ctg.pl CTGunion 〉 dds-ctg-length.txt

아래의 [표 4]는 이러한 두 단계 절차를 거쳐 산출한 문장길이별 평균 의존거리를 정리한 결과이다.

[표 4] 문장길이와 의존거리의 상관관계

문장길이	의존거리
Length5	1.498
Length6	1.685
Length7	1.859
Length8	2.015
Length9	2.161
Length10	2.265
Length11	2.375
Length12	2.476
Length13	2.57
Length14	2.668

위 [표 4]에 정리된 문장길이별 평균 의존거리의 통계데이터를 바탕으로 문장길이와 의존거리의 상관관계를 그래프로 나타내면 [그림 4]와 같다.

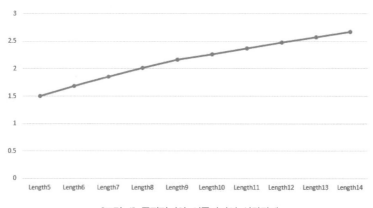

[그림 4] 문장길이와 의존거리의 상관관계

이 도표를 통해 우리는 문장의 길이가 길어질수록 의존거리가 증가하는 것을 관찰할 수 있다.

참고로 독일어 교육용 코퍼스 CTGunion의 문장길이별 문장수의 분포는 다음 [표 5]와 같다. 이 코퍼스의 총 문장수는 81,744 문장이다.

[표 5] CTGunion의 문장길이 분포

문장길이	문장 수	문장길이	문장 수
5	7152	10	8474
6	7549	11	8619
7	7870	12	8648
8	8229	13	8510
9	8366	14	8327

이제까지 우리는 두 가지 차원에서 의존거리 문제를 논의했다. 그 하나는 의존거리와 의존기능간의 상관관계이고 다른 하나는 의존거리와 문장길이간의 상관관계이다.

13.4 문장길이 문서들간의 유사성

이 장의 마지막 세부주제로 문장길이간의 유사도에 대해 다루려고 한다. 유사도 측정을 위해 앞서 여러 차례 논의한 바 있는 계층적 군집분석(Hierarchical Cluster Analysis)을 활용한다. 문장길이 문서간의 유사도를 산출하기 위해 일반명사(NN)가 문장길이 문서마다 출현하는 빈도를 기준으로 삼는다.

다음 [표 6]은 일반명사의 빈도데이터의 일부를 행렬형식으로 정리한 것이다.

[표 6] 문장길이 문서별 일반명사의 출현빈도

Noun	Length5	Length6	Length7	Length8	Length9
Jahr	24	49	82	109	159
Prozent	8	37	63	86	106
Mark	27	29	47	91	75
Million	18	32	58	62	78
Frau	41	42	53	67	77
Unternehmen	6	13	39	51	75
Zeit	21	45	50	59	75
Tag	21	29	46	50	71
Mann	29	44	48	45	62
Mensch	20	36	36	46	67
Noun	Length10	Length11	Length12	Length13	Length14
Jahr	211	230	232	265	266
Prozent	134	138	161	168	202
Mark	84	119	121	155	152
Million	97	89	138	153	152
Frau	90	79	98	112	122
Unternehmen	88	90	111	114	121
Zeit	83	87	94	96	96
Tag	60	91	93	98	98
Mann	56	72	69	109	97
Mensch	76	76	95	76	89

위의 표를 통해 문장길이 문서마다 일반명사의 출현빈도가 상이하다는 사실을 확인할 수 있다. 이러한 행렬데이터를 입력데이터로 활용하여 계층적 군집분석을 수행하면 10개의 문장길이 문서간의 유사도를 측정할 수 있다. 다음 [그림 5]에 문장길이 문서간의 유사도를 나타낸 수형도가 제시되어 있다.

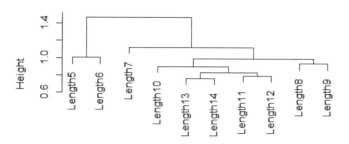

[그림 5] 문장길이간의 유사도

　위 도식은 대부분 인접하는 문장길이간에 유사도가 높다는 사실을 명시적으로 보여준다. 특히 문장길이 11과 12간에 그리고 문장길이 13과 14간의 유사도가 가장 높은 것으로 파악된다.

　위의 [그림 5]에 제시된 그래프는 통계 프로그램 R을 이용하여 생성한 것이며, 이때 사용된 R 스크립트는 다음 (16)과 같다.

(15)
```
setwd("D:/MyDOC")
library(tm)
library(gdata)
library(amap)
data <- read.csv("MT-CTG21-NN2000.csv")
tf <- data[,2:11]
idf <- rowSums(tf >= 1)
```

```
norm_vec <- function(x) {x/sqrt(sum(x^2))}
tf.idf <- log2(10/idf) * tf
tf.idf.cos <- apply(tf.idf, 2, norm_vec)
fit <- hclust(dist(t(tf.idf.cos)), method="ward.D2")
plot(fit, main="Sentence Lengths of CGT21")
```

위 (15)에 제시된 R-스크립트는 csv 포맷을 가진 파일 "MT-CTG21-NN2000.csv"를 입력데이터로 삼고 있는데, 이 데이터는 일반명사 가운데 빈도기준 순위가 1위부터 2000위 까지를 선별하여 생성한 것이다. 그런데 선별기준을 변경할 경우에 문서들간의 유사도가 달라질 수도 있다는 사실에 주목할 필요가 있다.

제13장의 요약

이 장에서 우리는 의존거리의 특성과 문장길이간 유사도 문제에 대해 논의했다. 먼저, 의존거리의 특성을 두 가지 차원, 곧 의존기능 차원과 문장길이 차원에서 검토했다. 그 결과 다음과 같은 결론에 이르렀다.

첫째, 의존기능이 의존거리에 영향을 미치는데, 거기에는 다음과 같은 **의존기능 위계**가 작용한다:

RC 〉OBJI 〉CP 〉OC 〉SVP 〉JU 〉OP 〉DA 〉PD 〉OA 〉MO 〉CD 〉NG 〉AG 〉ADV 〉CJ 〉SB 〉APP 〉MNR 〉NK

둘째, 문장길이도 의존거리와 상관성이 높은데, 평균적으로 문장길이가 길수록 의존거리가 커진다.

셋째, 문장길이간 유사도는 계층적 군집분석 방법을 일반명사의 출현빈도 데이터에 적용하여 산출했다. 그 결과 인접하는 문장길이 문서간의 유사도가 높은 것으로 확인되었다.

제14장

교육용 구구조 코퍼스의 활용 및 비교

14.1 구구조 코퍼스 CTG21cns의 구축 및 활용

이 장에서는 독일어 교육용 구구조 코퍼스의 구축절차 및 활용방안에 대해 논의한다. 구구조 코퍼스 CTG21cns는 검색도구 TIGERSearch를 이용하여 검색이 가능한 코퍼스이다.

어떤 구문분석 코퍼스가 TIGERSearch에 의해 검색이 가능하기 위해서는 먼저 TIGERRegistry에 의한 인코딩 작업이 이루어져야 한다. 이러한 인코딩 작업을 위해 구문분석 코퍼스가 Penn Treebank 포맷으로 되어 있어야 한다.[1] 따라서 먼저 독일어 교육용 원시코퍼스를 Stanford 파서를 이용하여 구문분석(Parsing) 작업을 수행할 필요가 있다.[2]

파싱을 위해 다음의 (1)과 같은 명령식을 실행한다.

---

[1] Penn Treebank 포맷외에 TIGER-XML 포맷도 인코딩을 위한 입력 파일의 포맷으로 허용된다.

[2] 미국 스탠포드 대학에서 개발한 Stanford 파서는 자바를 기반으로 운용되는데, 웹사이트 http://stanfordnlp.github.io/CoreNLP/에서 엔진과 언어 파라메터 파일을 다운받아 실행하면 된다.

(1) java -mx1024m -cp ‖*‖ edu.stanford.nlp.parser.lexparser.LexicalizedParser
-encoding UTF-8   -sentences newline edu/stanford/nlp/models/
lexparser/germanPCFG.ser.gz sentCTG21.txt 〉PennCTG21.txt

이 명령식에서 파싱을 위한 엔진은 LexicalizedParser이고 언어모델은 germanPCFG.ser.gz로 설정되어 있다. 외에 파싱을 위한 원시코퍼스를 담은 파일은 UTF-8로 인코딩되어 있는 'sentCTG21.txt'이고, 파싱결과 생성된 구구조 코퍼스는 파일 'PennCTG21.txt'에 저장된다.

아래의 (2a)-(2c)는 원시코퍼스안의 몇 문장을, 그리고 (3a)-(3c)은 파싱을 실행하여 생성한 이 문장들의 구구조를 보여준다.

(2)

a. Muss ich dieses Dokument unterschreiben?

b. Sie berührte leicht seinen Arm.

c. Wer wird diese Aufgabe übernehmen?

(3)

a.

(ROOT

  (S (NN Muss)

    (VP (PPER ich)

      (NP (PDAT dieses) (NN Dokument))

      (VVINF unterschreiben))

    ($. ?)))

b.

(ROOT

```
(S (PPER Sie) (VVFIN berührte) (ADJD leicht)
  (NP (PPOSAT seinen) (NN Arm))
  ($. .)))
c.
(ROOT
  (S (PWS Wer) (VAFIN wird)
    (VP
      (NP (PDAT diese) (NN Aufgabe))
      (VVINF übernehmen))
    ($. ?)))
```

스탠포드 파서를 운용하여 생성한 구구조 (3a)-(3c)는 Penn Treebank 포맷으로 되어 있는데 기본형(lemma)에 대한 정보를 포함하고 있지 않다. 하지만 이 포맷은 바로 TIGERRegistry 도구를 이용해서 인코딩할 수 있다는 장점을 가진다. 독일어의 경우, 이 파일은 'Western Europe (Windows)'로 저장되어야 움라우트가 깨지지 않고 화면에 나타난다.

이제까지 서술한 바와 같이 Penn Treebank 포맷을 가진 구구조를 담은 파일이 준비되면 TIGERRegistry 도구를 이용하여 인코딩 작업 단계로 넘어간다. 인코딩 작업을 위해 다음과 같은 명령식을 실행하여 TIGERRegistry 프로그램을 시동한다.

(4) java -jar -Dims.tiger.install=. TIGERRegistryMain.jar CorporaDir &

이 명령식이 성공적으로 수행되면 다음 [그림 1]과 같은 화면을 마주하게 된다.

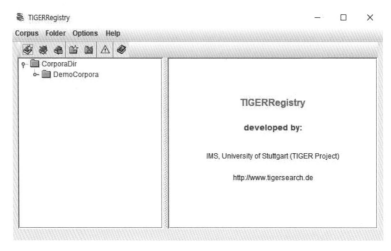

[그림 1] TIGERRegistry 화면

이 상태에서 상단 메뉴에서 'Corpus'를 클릭하면 풀다운 메뉴가 나타나
는데 이때 가장 위에 위치한 'Insert Corpus'를 선택하면 아래 [그림 2]와
같은 화면을 볼 수 있다.

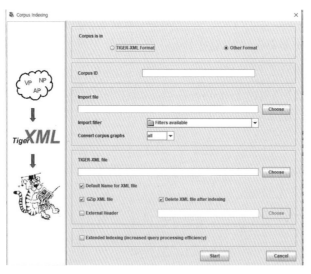

[그림 2] TIGETRegsitry의 인코딩 준비화면

이 화면을 마주하는 동안 CorpusID의 입력란에 코퍼스 명칭인 'CTG21cns'를 입력한 후에 바로 아래의 Inport file 영역으로 이동해 오른편의 Choose를 클릭한다. 이 상황에서 미리 준비해 둔 구구조 코퍼스 파일 'PennCTG21.txt'을 선택한 후에 Import filter를 'General Penn treebank format filter'로 설정한다. 이러한 과정이 모두 완료되면 제일 하단의 'Start' 키를 눌러 인코딩을 시작한다. 인코딩이 성공적으로 수행되면 다음 명령식을 운용하여 검색엔진 TIGERSearch를 시동할 수 있다.

(5) java -jar -Dims.tiger.install=. TIGERSearchMain.jar CorporaDir
&

TIGERSearch를 시동한 후에 메뉴의 Corpora 목록에서 CTG21cns 코퍼스를 선택하면 다음 [그림 3]과 같은 화면이 나타난다.

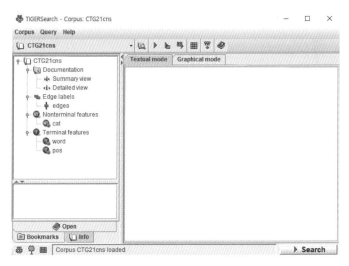

[그림 3] TIGERSearch 화면

이 상태에서 우측의 빈 칸에 검색어로 [word="berührte"]을 입력한 후에 위 줄의 화살표 기호를 클릭하면 코퍼스 CTG21cns를 대상으로 하여 검색이 수행된다. 그 결과중 하나가 아래 [그림 4]에 제시된 구구조 수형도이다.

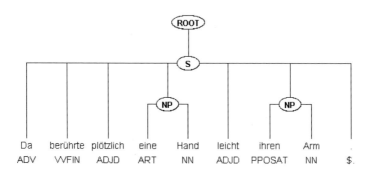

[그림 4] TIGERSearch의 검색결과 화면

이 수형도는 문장 "Da berührte plötzlich eine Hand leicht ihren Arm."에 대한 구구조를 보여주는데, 앞서 언급한 바와 같이 개별 어휘의 '기본형 Lemma' 정보가 결여되어 있음을 확인할 수 있다. 또한 이 수형도에는 문법기능에 대한 정보도 제시되어 있지 않다는 사실에도 주목을 할 필요가 있다. 이러한 몇 가지 점에서 구구조 코퍼스 CTG21cns가 TIGER 코퍼스와 차이를 보인다.3)

코퍼스 CTG21cns에서 사용되는 구구조규칙에 대해 살펴보자. 모두 31,029개의 구구조규칙이 이 코퍼스에서 사용되고 있으며 다음 표에서 확인할 수 있듯이 그 중에서 가장 많이 사용된 규칙은 명사구 규칙 NP→ART NN이다.4)

---

3) TIGER 코퍼스의 특성과 언어학적 활용방법에 대해서는 이민행(2012) 참조.

4) ROOT → S, ROOT → NUR, ROOT → CS 와 NR → S 등 ROOT 나 NUR가 초기기호로 쓰인 규칙 90,025개 제외함. ROOT가 초기기호인 규칙은 81,838번 적용되었고

[표 1] 구구조규칙

구구조규칙	빈도	누적빈도	누적백분율(%)
NP → ART NN	28711	28711	7.34
PP → APPR ART NN	9315	38026	9.73
PP → APPR NN	8023	46049	11.78
NP → ART ADJA NN	7944	53993	13.81
PP → APPRART NN	6524	60517	15.48
MPN → NE NE	5346	65863	16.85
PP → APPR NE	5194	71057	18.18
NP → ADJA NN	4745	75802	19.39
NP → ART NN PP	4734	80536	20.6
NP → ART NN NP	4680	85216	21.8

위에 제시된 데이터를 검토해보면, 사용빈도 상위 10개 규칙의 누적 적용비율이 21.8%에 이른다는 사실이 놀랍다. 왜냐하면 TIGER 코퍼스에서 설정되어 사용되는 구구조규칙이 앞서 언급한 바와 같이 31,029개이기 때문이다. 곧 상위 0.032%에 속하는 규칙이 무려 21.8%의 기능을 수행한다는 사실에 주목할 만한 하다. 그리고 10개의 구구조규칙 중 대부분이 명사구(NP)나 전치사구(PP)를 분석하거나 생성하는 규칙들이다. 전체 규칙의 10%에 해당하는 적용순위 3,102-3,104위에 해당하는 규칙들의 누적 백분율은 [표 2]에서 확인할 수 있듯이 무려 86.74%이다.

이처럼 소수의 구구조규칙이 반복적으로 사용되는 집중도가 높다는 사실은 언어경제성에 대한 Zipf의 법칙이 구구조규칙에도 적용됨을 입증하는 것이다.

NUR가 초기기호인 규칙은 8,187번 적용된 것으로 확인됨. [부록 6]에 구구조규칙들 가운데 출현빈도를 기준으로 1위부터 502위를 차지한 규칙들이 제시된다. 구구조규칙의 사용빈도를 기반으로 하여 "누적빈도"와 "누적백분율"을 구하기 위해 PERL 프로그램을 사용했다.

[표 2] 구구조규칙의 누적백분율

순위	구구조규칙	빈도	누적빈도	누적백분율(%)
3102	S → PPER VAFIN ADJD $, S	10	339110	86.74
3103	S → KON PPER VAFIN AP $.	10	339120	86.74
3104	S → CARD VVFIN NP PP $.	10	339130	86.74

14.2 등위접속구문의 분석

구구조규칙과 관련하여 Zipf의 법칙이 잘 들어맞지 않은 사례도 발견되는데, 소위 비대칭 등위접속구문을 생성하는 규칙군이다. 등위접속구문들을 CTG21cns에서는 다음 (6)과 같은 TIGERSearch의 검색식을 이용해서 추출할 수 있다.

(6) #1:[cat="CO"]

검색결과 425개 수형도와 용례가 추출되며, 용례들 가운데 몇 개를 제시하면 (7a)-(7d)와 같다.

(7)

a. Sie war müde und außer Atem. [T$_{2923}$]

b. Ihre Züge waren äußerst edel und von vollendeter Heiterkeit. [T$_{8100}$]

c. Prinzessin Theresa ist ein erwachsener Mensch und schließlich mündig. [T$_{8248}$]

d. Manchmal erwiderte sie meine erstaunten Blicke lächelnd, aber ohne Eitelkeit. [T$_{11280}$]

아래 수형도에서 확인가능하듯이, 용례 (7b)는 구범주 AP와 구범주 PP
가 결합하여 구범주 CO를 형성한 예이다. 일반적으로 등위접속구문은 동
일한 범주들이 등위접속사(KON)를 가운데 놓고 좌우 대칭적으로 결합하는
구문을 일컫는데, [그림 5]는 비대칭적인 등위접속구문을 잘 보여준다.

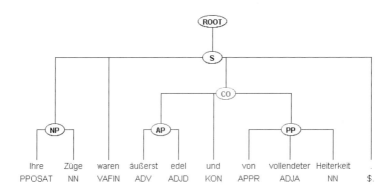

[그림 5] 비대칭 구구조규칙의 적용 사례

한편, 위의 용례 (7a)는 어휘범주 ADJD와 구범주 PP가 결합하여 구범
주 CO를 형성한 경우이고, 용례 (7c)는 구범주 NP와 구범주 AP가 결합
하여 구범주 CO를 형성한 예이며, 용례 (7d)는 다시 구범주 AP와 구범주
PP가 결합하여 구범주 CO를 형성한 사례이다.

이와 같이 비대칭적 접속구문을 생성하기 위해 사용하는 구구조규칙은
88개이다. 그 가운데 적용빈도 상위 10%에 해당하는 9위-11위 규칙들이
차지하는 누적백분율은 47.29%로 앞서 논의한 일반적인 구구조규칙들과
비교할 때 상대적으로 집중도가 낮은 편이다. 다음 [표 3]은 비대칭적인
구구조규칙들을 보여준다.

[표 3] 비대칭적 구구조규칙의 누적백분율

순위	구구조규칙	빈도	누적빈도	누적백분율(%)
9	CO → NP KON AP	10	191	44.94
10	CO → NP KON AP	10	191	44.94
11	CO → PP	10	201	47.29

사실, 등위접속구문은 구구조(구성성분 구조)를 이용하여 표상하는 것이 의존구조적인 표상보다 언어적 직관에 부합한다. 다음 [그림 6]은 CTG21 의 하위코퍼스인 CTG5000로부터 추출한 수형도이다.5)

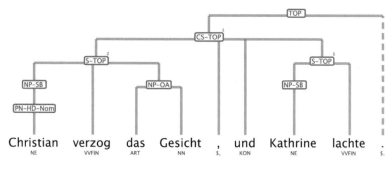

[그림 6] 구성성분 구조 표상

이 수형도는 문장 'Christian verzog das Gesicht, und Kathrine lachte.'의 구조를 구성성분 구조로 나타낸 것으로, 이 구조는 두 개의 단순 문장이 합하여 복합문장 하나를 구성한다는 사실을 명시적으로 보여준다. 아래의 [그림 7]은 동일한 문장의 구조를 의존구조로 표상한 것이다.

---

5) 구성구조 코퍼스 CTG5000은 독일어 교육용 코퍼스 CTG21의 하위코퍼스의 하나로서 5000 수형도를 담고 있다. 이 수형도들은 문장길이가 7과 8인 각 2000 문장과 문장길이가 9인 문장 1000에 대한 구성성분 구조들이다.

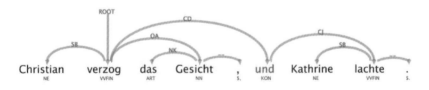

[그림 7] 의존구조 표상

위의 의존구조상에서는 이 문장이 등위접속사 und으로써 단순문 둘을 합성한 복합문이라는 사실을 직관적으로 파악하기가 쉽지 않다. 다른 측면에서, 접속되는 두 성분이 접속사 und에 대해 갖는 의존관계가 동일하지 않고 비대칭적이라는 점에도 주목할 필요가 있다. 위 예에서 정동사 verzog과 lachte가 접속사 und를 통해 등위접속되는데, und는 verzog의 의존소로서 의존기능 CD를 수행하는 반면, lachte는 und의 의존소로서 의존기능 CJ를 수행한다. 다만, und, oder, aber 등 소위 등위접속사들이 동일한 품사(pos)를 가진 어휘들을 결합시키는 경우가 절대다수라는 점에서 이들이 본래의 '등위접속' 기능을 간접적으로 수행한다고 평가할 수 있다. 등위접속사들을 통해 결합하는 성분들의 품사분포를 코퍼스로부터 추출하기 위해서는 다음 (8)에 제시된 검색식을 Tündra에서 실행하면 된다.

(8) #1 ⟩CD #2 & #2 ⟩CJ #3 & #2 .* #3

아래의 스크린 샷을 통해 확인할 수 있듯이 58개의 수형도가 검색된다.6)

---

6) 구성성분 구조와 의존구를 비교하기 위해 등위접속구문 60개를 Weblicht 도구를 이용하여 의존구조로 파싱한 코퍼스를 대상으로 검색했는데, 그 중에는 접속사가 없는 문장들도 포함되기 때문에 58개 수형도가 추출된 것이다.

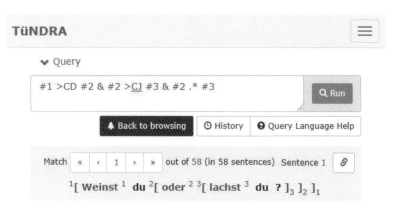

[그림 8] Tündra 환경의 검색식 실행화면

이 검색결과를 토대로 Tündra에서 제공되는 통계도구를 이용하여 다음 [표 4]와 같은 품사의 빈도 및 백분율을 구할 수 있다.

[표 4] 등위접속 성분들의 품사 쌍

어휘1	어휘2	빈도	백분율(%)
VVFIN	VVFIN	20	34.483
NN	NN	13	22.414
ADJD	ADJD	11	18.966
VAFIN	VVFIN	5	8.621
NE	NE	4	6.897
NN	VVFIN	2	3.448
VVIZU	ADJD	1	1.724
VVPP	VVPP	1	1.724
VAFIN	VAFIN	1	1.724

이 표에서 우리는 몇 가지 예외가 있긴 하지만, 일반적으로 접속성분들의 품사가 동일하다는 사실을 확인할 수 있다.

이제 다시 구성구조 코퍼스 CTG5000을 중심으로 등위접속구문에 대해 논의하기로 한다. 먼저 이 코퍼스상에 등위접속 구문이 얼마나 들어 있는 지를 살펴 볼 필요가 있다. 이를 위해 다음 (9)와 같은 검색식을 실행한다.

(9) #1:[cat=/C.+/] 〉 #2:[cat=#4] & #1 〉 #3:[cat=#4] & #2 .* #3

검색결과 603개 문장이 추출되었으며 그 중 몇 개만 제시하면 아래의 (10)과 같다.

(10)

a. Aus dem Wald kamen Rufe und Gelächter.

b. Einige Tiere sind zwar schön, aber nicht intelligent.

c. Verhältst du dich immer wirkend oder immer untätig?

d. Dann umarmten sie sich, und Kathrine ging.

e. Du bist bildhübsch und hast eine wundervolle Figur.

위의 (10a)는 명사 주어기능을 하는 복수명사 Rufe와 Gelächter가 접속사 und에 의해 등위접속된 문장이고, (10b)는 등위접속사에 의해 형용사구 zwar schön와 nicht intelligent가 결합된 문장이다. 또한 (10c)는 수식어 기능을 하는 부사구가 'immer wirkend'와 'immer untätig'가 접속사 und에 의해 연결되 문장이며 (10d)는 두 개의 완전한 단순문들이 등위접속사에 의해 결합되어 복합문이 된 경우이다. 마지막 문장 (10e)는 완전한 문장 하나와 주어가 생략된 문장 하나—사실상 동사구—가 접속사 und와 함께 복합문으로 생성된 결과이지만 수형도 [그림 9]를 통해 확인할 수 있듯이 단순히 문장(S-범주) 두 개가 결합한 것으로 구문분석이 이루어진다.

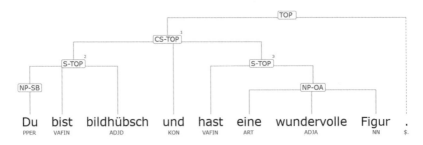

[그림 9] 문장간 등위접속구문

주어가 생략된 불완전한 문장과 완전한 문장을 구별하지 않고 통일적으로 문장 단위로 처리한 결과 등위접속구문에 관여하는 규칙들 가운데 문장과 문장이 결합하여 복합문이 생성되도록 하는 규칙들이 차지하는 비중이 압도적이다. 이러한 사실은 등위접속구문에서의 구범주들의 구성관계에 대한 통계를 보여주는 다음 [표 5]에서 확인된다.

[표 5] 구범주들의 구성관계

상위교점	좌하위교점	우하위교점	빈도	백분율(%)	누적백분율(%)
CS-TOP	S-TOP	S-TOP	424	64.733	64.733
CNP-SB	NP-SB	NP-SB	75	11.45	76.183
CNP-OA	NP-OA	NP-OA	38	5.802	81.985
CAP-PD	AP-PD	AP-PD	21	3.206	85.191
CNP-PD	NP-PD	NP-PD	21	3.206	88.397
CVP-OC	VP-OC	VP-OC	17	2.595	90.992
CNP-SB	PN-SB-Nom	PN-SB-Nom	10	1.527	92.519
CS-OC	S-OC	S-OC	8	1.221	93.74
CNP-APP	NP-APP	NP-APP	7	1.069	94.809
CAP-MO	AP-MO	AP-MO	5	0.763	95.572
CPP-MO	PP-MO	PP-MO	5	0.763	96.335
CNP-DA	NP-DA	NP-DA	4	0.611	96.946

CNP-VO	NP-VO	NP-VO	3	0.458	97.404
CNP-HD	NP-HD	NP-HD	3	0.458	97.862
CS-PNC	S-PNC	S-PNC	2	0.305	98.167
……	……				
……	……				
CNP-PD	CNP-PD	CNP-PD	1	0.153	100

위 표를 살펴보면, 등위접속구문에 관여하는 구구조규칙들 가운데 CS-TOP → S-TOP S-TOP 규칙이 차지하는 비중이 거의 65%에 이를 정도로 압도적이다. 규칙들이 모두 27개라는 사실을 고려하면 이 백분율은 놀라운 수치이다. 왜냐하면 0.37%가 64.73%의 비중을 가지기 때문이다.

표에서 동사구들의 결합에 관여하는 패턴은 6번째 행에 나타나는데 이 패턴을 구구조규칙 형태로 CVP-OC → VP-OC VP-OC과 같이 표현할 수 있다. 이 규칙이 관여하는 문장들을 추출하기 위해 다음 (11)과 같은 검색식을 실행하면 된다.

(11) #1:[cat=/C.+/] 〉 #2:[cat=#4:/VP-OC/] & #1 〉 #3:[cat=#4] & #2
.* #3

이 검색식에 의해 17개 수형도가 추출되며 이 가운데 몇 가지 예를 보이면 다음 (12a)-(12c)와 같다.

(12)

a. Sie war aufgestanden und neben mich getreten.

b. Er musste Delphine finden und mit ihr sprechen.

c. Man muß alle Muskeln anspannen und sich konzentrieren.

문장 (12c)의 구성구조 수형도는 아래의 [그림 10]과 같다.

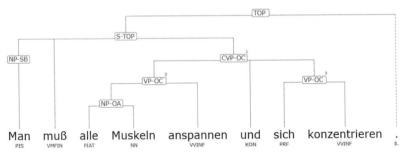

[그림 10] 동사구의 등위접속

이 수형도에서 동사구 'alle Muskeln anspannen'과 동사구 'sich konzentrieren'이 접속사 'und'에 의해 결합되는 것으로 분석되어 있다. 또한 아래 용례들처럼 접속사가 없는 등위접속구문들도 존재한다.

(13)

a. Marthe lachte laut, es klang künstlich.

b. Schokolade ist ungesund, Obst ist gesund.

c. Einige lasen Zeitung, einige drehten die Köpfe.

등위접속사가 나타나지 않아도 이 문장들은 등위접속구문으로 간주된다. 아래의 수형도 [그림 11]에서 이 사실을 확인할 수 있다.

이 구성구조([그림 11])는 등위접속사가 출현하지 않는 경우도 단순문 두 개가 하나의 복합문으로 등위접속될 수 있음을 보여준다.

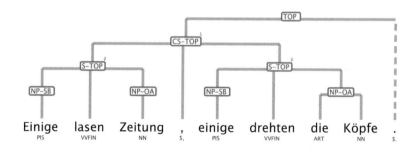

[그림 11] 무접속사 등위접속구문

이제까지 우리는 등위접속구문을 구성구조 코퍼스에서 어떻게 표상하는 지에 대해 논의했으며 더불어 의존구조 코퍼스에서의 이 구문의 처리와의 비교를 수행했다.

14.3 독일어의 어순원리 ─ 부정첨사의 위치를 중심으로

등위접속구문에 대한 논의에 이어 세 번째 주제로 독일어의 어순원리를 구성구조 코퍼스에 기대어 논의하기로 한다.

독일어의 어순에 관여하는 원리들은 크게 보아 일반원리와 특수원리로 구분할 수 있다. 일반원리의 경우, 장이론적인 개념으로 중장내에서의 어 순을 다음 10가지 규칙으로 기술할 수 있다.7)

(14)

a. 주어와 직접목적어가 모두 일반 명사구일 경우에는 주어가 직접목적어에

---

7) 이민행(2012:163) 참조. 여기서는 SB, OA, DA, OP와 MO 등 문법기능들 간의 선후 관계를 표현하기 위해 '≪'를 사용한다.

선행한다. 곧, SB ⟪ OA

b. 주어와 간접목적어가 모두 일반 명사구일 경우에는 주어가 간접목적어에
선행한다. 곧, SB ⟪ DA

c. 간접목적어와 직접목적어가 모두 일반 명사구일 경우에는 간접목적어가 직
접목적어에 선행한다. 곧, OA ⟪ DA

d. 간접목적어나 직접목적어 중 하나만 인칭대명사일 경우에 대명사로 표현된
문장성분이 일반 명사구로 실현된 것에 선행한다. 곧, OAp ⟪ DA 혹은
DAp ⟪ OA[8]

e. 간접목적어와 직접목적어 모두 인칭대명사일 경우에 직접목적어가 간접목
적어에 선행한다. 곧, OAp ⟪ DAp

f. 주어가 일반 명사구로 나타나고 간접목적어나 직접목적어가 하나 혹은 모두
인칭대명사일 경우 인칭대명사적인 문장성분이 주어에 선행한다.

g. 주어가 인칭대명사로 실현되는 경우 모든 문장성분에 선행한다. 곧, SBp
⟪ OAp, SBp ⟪ DAp

h. 인칭대명사로 실현되는 문장성분들은 부사어에 선행한다. 곧, OAp ⟪
MO, DAp ⟪ MO

i. 주어는 항상 부사어에 선행한다. 곧, SB ⟪ MO, SBp ⟪ MO

j. 일반 명사구로 실현되는 직접목적어는 부정어에 선행한다.[9] OA ⟪ NG

위에 정리된 10가지 규칙은 이민행(2012:163)에서 논의된 대로 다음과
같이 하나의 규칙으로 통합될 수 있다.

---

8) 대명사적 요소는 구분의 편의상 해당 문법기능 기호뒤에 소문자 p(ronominal)를 붙여
표기하기로 한다.
9) 여기서 '부정어(NG)'는 부정첨사(Negationspartikel)이 수행하는 문법기능의 명칭이다.

(15) 통합 어순 규칙10)

(LSK) - SBp 《 OAp 《 DAp 《 SB 《 MO 《 DA 《 OA 《 NG - (RSK)

위 (14a)-(14j)에 정리된 10가지 규칙과 (15)의 통합규칙에 의해 포착되지 않은 어순문제는 어순과 연관된 특수원리로 설명해야 한다.

이제부터 특수원리에 대한 논의를 시작해 보자.

위 통합 어순 규칙의 우측 가장자리에 위치한 하위규칙으로부터 논의를 시작해 볼 수 있다. 이 규칙은 앞서 (14j)로 정리되어 있는데, 이에 따르면 일반 명사구로 실현되는 직접목적어(OA)는 부정어(NG)에 선행해야 한다. 그런데, 18,000 문장에 대한 구성성분 구조를 담고 있는, 독일어 교육코퍼스 CTG21의 하위코퍼스 CTG18000에서 검색한 결과 이 규칙을 위반하는 사례들이 발견된다. 아래 (16a)-(16e)에 해당 용례들이 제시되어 있다.

(16)

a. Ich sage nicht gern 'Adieu'.

b. Er braucht nicht mehr Platz.

c. Sagen Sie nicht Hoheit zu mir, Jennifer.

d. Lesen Sie denn nicht auch den Roman hier?

e. Die Leonberger Nähe kostet mich übrigens nicht viele Zeit.

위의 예문 (16a)에서 부정첨사 nicht가 직접목적어 Adieu에 선행하고, (16b)에서는 부정첨사가 직접목적어 Platz에 선행한다. (16c)-(16c)에서도 모두 부정첨사가 직접목적어에 선행한다. 이 사실은 바로 어순규칙 "OA 《 NG"을 위반하는 사례들이 적지 않다는 점을 시사한다. 다음 (17)

---

10) 규칙에서 기호 LSK는 주문장에서 정동사가 자리하는 '좌측문장 괄호'를, RSK는 주문장에서 과거분사나 분리전철이 위치하는 '우측문장 괄호'를 가리킨다.

과 같은 Tündra 검색식을 운용하면, 코퍼스로부터 예외적인 용례들을 추출할 수 있다.

(17)
#1:[pos=/VV.*/] >OA #2:[pos=/(NN|NE|PR.*)/] &
#1 > #3:[pos=/PTKNEG.*/] &
#1 .* #2 &
#3 .* #2

검색결과, 위 (16a)-(16e)를 포함하여 30개의 용례가 추출되었다. 어순과 관련하여 이 검색식에는 두 가지 제약이 설정되어 있는데, 그 중 하나는 동사가 직접목적어를 선행한다는 셋째 줄의 제약이고 다른 하나는 부정어가 직접목적어를 넷째 줄의 제약이다. 아래 (18)에 제시된 검색식과 같이 넷째 줄의 제약을 반대방향으로 설정할 경우에는 직접목적어가 부정어를 선행하는 용례들을 추출할 수 있다.

(18)
#1:[pos=/VV.*/] >OA #2:[pos=/(NN|NE|PR.*)/] &
#1 > #3:[pos=/PTKNEG.*/] &
#1 .* #2 &
#2 .* #3

이 검색식을 실행하면 아래 (19a)-(19c)를 포함하여 용례 99개가 추출된다.

(19)

a. Er mochte <u>den Klang seiner Stimme</u> <u>nicht</u>.

b. Wir verfolgen <u>diesen Gedankengang</u> hier <u>nicht</u> weiter.

c. Er schwor sich, <u>diesen Fehler</u> <u>nicht</u> noch einmal zu machen.

이 예문들을 살펴보면, 직접목적어가 모두 정관사나 지시관사를 동반하는 일반명사라는 점이 포착된다. 이러한 관찰이 함의하는 바에 대해서는 나중에 검토하려 한다.

다시 어순규칙의 예외로 간주되는 문장들 (16a)-(16e)에 논의해 보자. 예문 (16a), (16b) 및 (16e)는 부정첨사의 뒤에 gern, mehr와 viel 등 정도를 표현하는 부사가 동반한다는 점에서 공통점을 가진다. 특별히 nicht gern과 nicht mehr는 거의 숙어적 표현처럼 쓰인다는 점에 주목할 필요가 있다. 용례 (16d)의 경우, auch 가 gern이나 mehr처럼 부정첨사를 앞으로 끌어 당기는 힘을 가진 것처럼 보이는데, 이 주장은 더 많은 언어자료의 확보를 통해 뒷받침되어야 한다. 예문 (16c)과 관련하여 왜 규칙을 위반하는 지에 대해 설득력있는 설명을 하기가 쉽지 않으나 명사 Hoheit 가 호칭으로 사용되고 관사를 동반하지 않는다는 점에서 실마리를 찾을 수 있지 않을까 여겨진다. 이 점은 앞서 논의한 바 일반명사가 정관사나 지시관사를 동반하는 경우에 부정첨사보다 선행한다는 사실과 대조를 이루기 때문에 일면 타당성을 인정받을 수 있어 보인다. 어떻든 이 주장도 더 풍부한 자료의 뒷받침이 필요하다.

우리는 부정첨사가 gern, viel과 mehr 등 일련의 부사적 표현들과 인접해서 쓰이는 경우가 많고 위치상으로 이들보다 선행한다고 주장한 바 있다. 이 사실의 타당성을 검증하기 위해 코퍼스로부터 어떠한 표현들이 대체적으로 부정첨사와 잘 어울려 다니는 지를 검색해 보았다. 이를 위한 Tündra 검색식은 다음 (20)과 같다.

(20) [lemma="nicht"].[pos="ADV"]

검색결과 397개의 bigram이 추출되었으며 이를 포함한 용례 몇 개가 아래의 (21)에 제시되어 있다.

(21)

a. Sie will ihn *nicht mehr* sehen.

b. Er kann *nicht weiter* schaden.

c. Die SPD fand *nicht einmal* die Kraft, sich zu wehren.

위 예문들속의 bigram 세 개는 모두 각 짝들간의 순서를 뒤바꾼 bigram 에 비해 상대적으로 더 자주 출현한다. 이를 입증하기 위해 먼저 순서가 반대인 검색식을 실행하여 비교했다.

(22)

a. [lemma="nicht"].[lemma="mehr"]

b. [lemma="mehr"].[lemma="nicht"]

검색식 (22a)를 실행해 얻은 결과는 122개인 반면, (22b)를 실행해서 는 단 하나의 결과도 얻지 못했다.

한편, nicht weiter와 weiter nicht를 비교하기 위해 앞서와 마찬가지 방법으로 검색을 실행했다.

(23)

a. [lemma="nicht"].[lemma="weiter"]

b. [lemma="weiter"].[lemma="nicht"]

검색결과 코퍼스내에서 nicht weiter는 8번 출현하고 weiter nicht는 2
번 나타난 것을 확인할 수 있었다.

마지막으로, nicht einmal과 einaml nicht를 비교하기 위해 동일한 절
차를 따라 검색을 실행했다.

(24)

   a. [lemma="nicht"].[lemma="einmal"]

   b. [lemma="einmal"].[lemma="nicht"]

검색식들을 실행하여 nicht einmal은 28번 나타나고 einmal nicht는 2
번 출현한 것을 확인했다.

이상의 논의가 함의하는 바는 mehr, einmal 및 weiter 등 특정 어휘들
의 경우 부정첨사를 그 앞으로 끌어들이는 힘을 가진다는 사실이다.

부정첨사 nicht의 오른편에 바로 인접하여 나타남으로써 마치 관용어처
럼 사용되는 부사들의 면면을 살펴보기 위해 보다 규모가 큰 CTG21로부
터 직접 bigram을 추출했다. 이를 위해 사용한 cqp 검색식은 아래 (25)와
같다.

(25)

```
T = [lemma="nicht"];
set T target nearest [pos="ADV"] within right 1 word from match;
group T target lemma > "freqADV-nicht-ctg21.txt";
set context 1 s;
cat T > "concADV-nicht-ctg21.txt";
```


이 복합검색식은 다섯 개의 단순검색식으로 구성되어 있는데, 이들 가

운데 두 번째 검색식을 통해 부정첨사 바로 뒤에 출현하는 부사(ADV)를 검색하도록 제한하고 있다. 검색식을 실행한 결과로 얻은 부사의 빈도정보는 다음 [표 6]에 정리되어 있다.

[표 6] nicht의 오른편에 인접한 부사

순위	부사	빈도	순위	부사	빈도
1	mehr	546	11	lange	24
2	nur	214	12	weiter	23
3	so	158	13	unbedingt	22
4	einmal	86	14	viel	21
5	ganz	57	15	anders	20
6	immer	45	16	allein	19
7	sehr	27	17	gerade	18
8	auch	27	18	noch	17
9	erst	26	19	besonders	17
10	wieder	26	20	hier	16

앞서 논의한 mehr, einmal과 weiter외에도 nur, ganz, immer, erst 와 lange 등이 부정첨사의 오른편에 인접해서 나타난다는 사실이 위의 표를 통해 확인된다. 이와 연관되는 용례들을 몇 가지 제시하면 다음 (26)과 같다.

(26)

    a. Aber am Ende frißt jede Revolution 〈nicht〉 nur ihre Kinder.

    b. Das Zusammenleben mit dir ist 〈nicht〉 immer einfach.

    c. Sie schloß die Tür 〈nicht〉 ganz und redete mit Christian, während sie sich umzog.

    d. Müssten Sie da 〈nicht〉 erst eine staatliche Genehmigung haben?

e. Aber der ehrlose Intrigant soll ⟨nicht⟩ <u>lange</u> die Frucht seines Bubenstreiches genießen.

이 예들은 부사들이 본래의 자리에서 부정첨사를 그 앞으로 끌어 당긴다는 것을 확인시켜준다. 이 때문에 (26c)의 부정첨사가 직접목적어의 뒤에 위치하는 반면, (26d)와 (26e)의 부정첨사는 직접목적어에 선행하는 차이가 생기는 것으로 분석할 수 있다. 부사 lange는 시간부사로 분류될 수 있기에 일반적으로 직접목적어의 앞쪽에 자리를 갖는다. 반면 부사 ganz는 아래의 예들 (27a)-(27d)가 보여 주듯이 상대적으로 문장의 뒤쪽, 곧 우측문장괄호 가까이에 자리를 잡는다.

(27)

a. Dessen bin ich doch ⟨nicht⟩ <u>ganz</u> sicher, Adam.

b. Peter versuchte zu lächeln, doch es gelang ihm ⟨nicht⟩ <u>ganz</u>.

c. Wie sich am letzten Samstag herausstellte, hatte sie das ⟨nicht⟩ <u>ganz</u> uneigennützig gemacht.

d. Dieser Ansicht aber scheint auch das US-Justizministerium ⟨nicht⟩ <u>ganz</u> folgen zu wollen:

사실, 자석과 같이 자기력을 발생시켜 부정첨사의 위치를 변경시키는 언어표현들이 이제까지 논의한 몇몇 부사에만 국한되는 것은 아니다. 몇몇 부가어적 형용사들도 부정첨사를 앞쪽으로 끌어당기는 자기효과를 발생시킨다. 다음 용례들을 살펴보자.

(28)

a. Umgekehrt sind die einzelnen Modi ⟨nicht⟩ auf eine <u>einzige</u>

Bedeutung festgelegt.

b. Die Bundesregierung will sich nach Lubbers Rückzug noch ⟨nicht⟩ auf einen <u>neuen</u> Kandidaten festlegen.

c. Es war ihr, als hörte sie diesen Schritt ⟨nicht⟩ zum <u>ersten</u> Male.

위의 예문들에 나타난 형용사, einzig, neu 및 erst 등도 부사들과 마찬 가지로 부정첨사를 자신들의 자리앞으로 유인하는 기능을 가진다. 이처럼 부정첨사와 가까이 위치하는 형용사들에 어떤 것들이 있는 지를 살펴보기 위해 코퍼스 CTG21를 검색했다. 용례들을 추출하기 위해 운용한 검색식 은 아래 (29)와 같다.

(29)

```
T = [lemma="nicht"];
set T target nearest [pos="ADJA"] within right 1 word from match;
group T target lemma > "freqADJA-nicht-ctg21.txt";
set context 1 s;cat T > "concADJA-nicht-ctg21.txt";
```

이 복합검색식에서 두 번째 검색식이 부정첨사와 가까운 위치에서 공기 하는 부가어적 형용사(ADJA)를 탐색하기 위한 목적으로 설정된 것이다. 검색의 결과로 얻은 형용사들의 분포적 통계는 다음 [표 7]과 같다.

[표 7] 부정첨사와 공기하는 형용사 빈도 정보

순위	형용사	빈도
1	einzig	18
2	erst	18
3	neu	15

4	groß	13
5	weit	12
6	gering	11
7	erster	8
8	ganz	8
9	ander	7
10	gut	6

빈도순위 1위-3위에 속하는 형용사들은 앞서 논의한 바와 같이 부정첨사에 대해 자기력을 행사한다. 그 밖의 형용사들이 부정첨사 nicht와 얼마나 강하게 연결되어 있는 지에 대해서는 용례들을 살펴봄으로써 확인할수 있을 것으로 판단된다.

이제까지 우리는 몇 가지 형용사와 부사를 근거로 삼아 부정첨사 nicht가 어순에 관한 일반원리를 준수하지 않고 특수규칙을 따른다는 새로운가설을 제안했다. 부정첨사의 위치에 관한 특수규칙은 다음과 같이 정리될 수 있다.

(30) 부정첨사 nicht의 위치에 대한 특수규칙

부정첨사 nicht가 몇몇 형용사나 부사들과 한 문장내에서 공기하는 경우에, 이들은 강한 자기력을 발생시켜 부정첨사를 앞쪽으로 가능한 한 가장가까운 자리로 끌어다 놓는다. 이러한 형용사 부류에는 einzig, erst 및neu가 속하고 부사 부류에는 mehr, einmal, weiter, nur, ganz, erst,immer와 lange 등등이 속한다.

보통 특수규칙은 일반원리에 우선하여 적용된다. 이러한 특수규칙의 존재로 인해 부정첨사가 직접목적어를 선행하는 사례들이 코퍼스에서 발견된다고 설명할 수 있다.

제14장의 요약

이 장에서 우리는 교육용 구성구조 코퍼스 CTG21cns의 구축과 활용방안에 대해 네 가지 차원에서 논의를 했다.

첫째, 8만 문장규모의 구성구조 코퍼스를 TIGERSearch 도구를 이용하여 인코딩하는 절차에 대해 서술했다.

둘째, 이 코퍼스를 활용하여 구구조규칙간에도 언어경제성 원리로 알려진 Zipf의 법칙이 적용된다는 사실을 확인했다.

셋째, 구성구조 코퍼스에서의 등위접속구문의 표상방법을 의존구조 코퍼스에서의 표상방법과 비교하고 그 특성에 대해 검토했다.

넷째, 어순문제와 관련하여 독일어 부정첨사는 일반원리외에 자기효과로 명명될 수 있는 특수규칙도 따른다는 새로운 가설을 세우고 코퍼스로부터 추출한 자료를 근거로 하여 이 가설의 타당성을 입증했다.

제15장

품사부착 코퍼스의 활용

15.1 교육용 품사부착 코퍼스 CTG21의 구축절차

이 장에서는 교육용 품사부착 코퍼스 CTG21의 구축절차 및 활용방안에 대해 논의한다. 코퍼스 CTG21은 두 가지 버전으로 운영되는데, 하나는 윈도우 환경에서 실행되는 CWB-기반 코퍼스이고 다른 하나는 웹서버에서 운영되는 웹기반 코퍼스이다.[1] 두 코퍼스는 구조와 데이터를 공유하는 사실상 동일한 코퍼스인데, 검색을 위한 실행환경만 다를 뿐이다. 따라서 이 장에서는 윈도우용 CTG21을 중심으로 이 코퍼스의 몇 가지 특성에 대해 기술하고, CTGweb에 대해서는 검색환경에 초점을 맞추어 서술하려고 한다.

품사부착 코퍼스 CTG21을 구축하기 위해 의존코퍼스 CTGunion의 데

---

[1] 코퍼스 CTG21은 윈도우 운용체제에서 실행되는 독일어 교육용(Corpus for Teaching German) 코퍼스의 명칭이다. 리눅스 운영체제의 웹서버에서 실행되는 코퍼스는 CTG라는 이름으로 cqpweb.kr 서버에 등록되어 있는데, 이 장에서는 둘을 구분하기 위해 웹서버용 CTG를 편의상 CTGweb으로 지칭한다.

이터를 변형하여 인코딩을 위한 데이터로 활용했다. 다음 (1)에는 CoNLL 포맷을 가진 의존코퍼스의 제시된 데이터 구조이다.

(1)

1	Sie	ich	PPER	PPER	_	2	SB	_	_
2	berührte	berühren	VVFIN	VVFIN	_	0	ROOT	_	_
3	leicht	leicht	ADJD	ADJD	_	2	MO		
4	seinen	seinen	PPOSAT	PPOSAT	_	5	NK		
5	Arm	Arm	NN	NN	_	2	OA	_	_
6	.	.	$.	$.	_	5	punct	_	_

코퍼스 작업대 CWB를 이용하여 인코딩하기 위해 이 데이터 구조를 (2)와 같이 변형했다.

(2)

Sie	PPER	ich	SB	2
berührte	VVFIN	berühren	ROOT	0
leicht	ADJD	leicht	MO	2
seinen	PPOSAT	seinen	NK	5
Arm	NN	Arm	OA	2
.	$.	.	punct	5

이 구조는 데이터 구조 (1)에서 제3열과 제2열 간에, 그리고 제7열과 제8열 간에 위치를 맞바꾼 다음에 제1열, 제5열, 제6열, 제9열과 제10열을 삭제한 결과이다. 남은 5개의 열에 저장된 내용을 설명하면, 제1열은 어휘형태(word), 제2열은 품사(pos), 제3열은 기본형(lemma), 제4열은 의존 기능(deprel), 그리고 마지막 제5열은 핵어(head)에 대한 정보를 담고 있다. 이처럼 다섯 유형의 언어정보외에 문장단위로 문장경계에 대한 정보(s)를

덧붙이고, 텍스트 단위별로 데이터의 원천(source), 문장길이(length) 및 학습수준(level) 등 세 가지 메타정보를 추가했다. 따라서 인코딩 과정의 입력대상 파일의 데이터 구조는 최종적으로 다음의 (3)과 같은 형태로 나타난다.

(3)
⟨text source="general" level="A&B" length="5"⟩
⟨s⟩

Sie	PPER	ich	SB	2
berührte	VVFIN	berühren	ROOT	0
leicht	ADJD	leicht	MO	2
seinen	PPOSAT	seinen	NK	5
Arm	NN	Arm	OA	2
.	$.	.	punct	5

⟨/s⟩
......
......
⟨/text⟩

이러한 구조를 갖춘 원천데이터가 확보되면 이 데이터 파일을 입력파일로 삼아 CWB를 이용하여 검색이 가능한 코퍼스로 인코딩할 수 있다. 인코딩을 위해 아래의 (4)에 제시된 명령식을 윈도우 시스템의 명령라인 창에서 실행하면 된다.

(4)
a. cwb-encode -c utf8 -d CTG21 -f TAGctg21.txt -R registry\ctg21 -P

pos -P lemma -P deprel -P head -S s:0 -S text:0+source+
length+level

b. cwb-makeall -r registry -V ctg21

위의 명령식 (4a)는 작업대 CWB에서 제공되는 인코딩 프로그램 cwb-
encode를 이용하여 검색엔진 CQP가 부착된 코퍼스를 구축하기 위한 것
이고 (4b)는 인코딩 작업의 결과과에 대한 정보들을 등록폴더 registry안
의 등록파일에 기재하기 위한 명령식이다.

코퍼스 CTG21의 등록파일에 담긴 내용을 검토하기 위해 다음 (5)와 같
은 명령식을 실행하면 [그림 1]과 같이 CTG21에 대한 정보가 출력된다.

(5) cwb-describe-corpus -r registry ctg21

```
C:₩cwb₩corpora>cwb-describe-corpus -r registry ctg21
===================================================================
Corpus: ctg21
===================================================================

description:
registry file:    registry/ctg21
home directory:   CTG21/
info file:        CTG21₩corpus-info.txt
size (tokens):    913967

  5 positional attributes:
        word            pos           lemma            deprel
        head

  5 structural attributes:
        s               text          text_source      text_level
        text_length

  0 alignment attributes:
```

[그림 1] 코퍼스 CTG21에 대한 정보

위 화면에서 우리는 코퍼스의 규모(size)에 대한 정보 외에 앞서 언급한
5가지 위치적 속성(positional attributes) 및 마찬가지로 5가지 구조적 속성

(structural attributes)을 확인할 수 있다. 코퍼스의 규모는 913,967 토큰인데, 이 규모는 TIGER 코퍼스와 비슷한 수준이다.[2]

15.2 교육용 품사부착 코퍼스 CTG21의 활용

이제부터 CTG21의 특성들에 대해 살펴보자. 의존기능에 대한 정보, 핵어에 대한 정보, 문장길이에 대한 정보, 문장의 수준에 대한 정보가 기존의 CWB-기반 코퍼스와 달리 추가된 것들인데, 이 정보들이 매우 유용하게 활용될 수 있음을 여기서 논의하고자 한다.

먼저 의존기능 정보를 어떻게 의미있게 쓸 수 있는 지를 검토해 보자. 이 기능은 CTG21의 데이터 구조의 4번째 열에 기재되어 있다. 품사별로 어떤 의존 기능을 주로 수행하는 지를 살펴보는 것이 의미있는 작업일 수 있다. 이를 위해 아래 (6)과 같은 검색식을 실행하면 된다.

(6)
T=[];
group T match deprel by match pos 〉 "freqDEPREL-POS-ctg21-2. txt";

위 검색식을 운용한 결과 생성된 데이터의 일부를 제시하면 다음의 [표 1]와 같다.

---

2) TIGER 코퍼스의 규모(50,472 문장/888,238 토큰)를 포함한 전반적인 특성에 대해서는 이민행(2012) 참조.

[표 1] 품사와 의존기능의 상관관계

품사	의존기능	빈도	품사	의존기능	빈도
ART	DET	45872	NN	SB	17850
ART	NK	37951	ADJA	NK	17304
NN	PN	32298	PPER	SB	17183
APPR	PP	29309	APPR	MO	17010
VVFIN	ROOT	29289	NN	OBJA	14641
ADV	ADV	27691	NN	OA	13809
NN	NK	27256	VVFIN	S	9661
ADV	MO	25140	VVPP	AUX	8634
NN	SUBJ	24235	NN	CJ	8236
ADJA	ATTR	22480	KON	CD	7833

이 표를 살펴보면 품사 ART가 의존기능 DET를 수행하는 경우가 가장 많고, 그 뒤를 이어 동일한 품사 ART가 의존기능 NK를 수행하는 경우가 두 번째로 많은 것을 확인할 수 있다. 그런데 사실은 의존기능 DET와 NK 는 동일한 의존기능을 지칭하는 것으로 이들의 명칭이 달라진 것은 의존구 조 태깅시스템의 차이에 기인한 것이다. 하위코퍼스 CTGtueba와 CTGhdt 의 경우, 품사 ART에 의존기능 DET를 부여하는 반면, 하위코퍼스 CTGgene 와 CTGtiger의 경우에는 품사 ART에 의존기능 NK를 부여한다. 이러한 태깅시스템로 인한 의존기능의 차이는 품사 NN에도 그대로 적용되는데, 전치사 뒤에 나타나는 명사 NN에 대해 CTGtueba와 CTGhdt에서는 의존 기능 PN을 부여한 반면, CTGgene와 CTGtiger의 경우에는 동일한 품사 에 의존기능 NK를 부여한다. 이 차이가 위의 표에서 각각 빈도 순위 3위 와 6위로 나타나 있다. 다음 (7a)와 (7b)의 용례들은 각각 하위코퍼스 CTGtueba와 CTGtiger로부터 추출한 것으로 바로 이러한 차이가 데이터 구조에 반영되어 있다.

(7)

a. Sie wird von <u>Fundamentalisten</u> beherrscht.

b. Die freut sich mächtig über die <u>Unterstützung</u>.

한편, 빈도 순위 5위에 랭크된 VVFIN-ROOT 쌍의 경우 의존수형도내에서 가장 높은 자리를 차지하는데, 품사로서 VVFIN 다음으로 의존기능 ROOT를 수행한 품사는 VAFIN이고, 그 뒤를 품사 VMFIN이 따르고 있다. 이들의 출현빈도는 각각 20,932회와 6,382회이다.

이제까지 태깅시스템에 따른 품사에 대한 의존기능의 차이에 대해 논의했는데 검색식을 세울 때에 검색범위를 달리 설정하면 이러한 차이를 명시적으로 드러낼 수 있다. 다음 (8a)와 (8b)는 검색범위를 제한한 검색식들이다.

(8)

a.

T=[]::match.text_source="(general|tiger)";

group T match deprel by match pos 〉 "freqDEPREL-POS-ctg21-gr1.
　txt";

b.

T=[]::match.text_source="(tuebadz10|HDT)";

group T match deprel by match pos 〉 "freqDEPREL-POS-ctg21-gr2.
　txt";

복합검색식 (8a)는 검색범위를 CTGgene와 CTGtiger로 제한한 다음에 품사기준 의존기능의 출현빈도를 추출하기 위한 것이고, (8b)는 검색범위를 CTGtueba와 CTGhdt로 제한한 다음에 품사기준 의존기능의 출현빈도를 추출하기 위한 검색식이다. 이 검색식들을 실행한 결과 산출한 통계데 이터의 일부를 정리한 것이 다음 [표 2]에 제시되어 있다.

[표 2] 코퍼스에 따른 품사와 의존기능의 대응관계

CTGgene&CTGtiger			CTGtueba&CTGhdt		
품사	의존기능	빈도	품사	의존기능	빈도
ART	NK	37951	ART	DET	45872
NN	NK	27256	NN	PN	32298
ADV	MO	25140	APPR	PP	29309
VVFIN	ROOT	20003	ADV	ADV	27691
NN	SB	17850	NN	SUBJ	24235
ADJA	NK	17304	ADJA	ATTR	22480
PPER	SB	17183	NN	OBJA	14641
APPR	MO	17010	VVFIN	S	9661
NN	OA	13809	VVFIN	ROOT	9286
VAFIN	ROOT	13257	VVPP	AUX	8634

이 표를 살펴보면, 앞서 논의한 바대로 코퍼스에 따라 품사 ART에 의 존기능 NK가 부여되기도 하고, 의존기능 DET가 부여되기도 하는 것을 확인할 수 있다. 품사 NN(일반명사)의 경우, 의존기능이 NK 혹은 PN으로 실현됨으로써 앞서 서술한 바와 마찬가지로 이러한 차이가 확인된다.

품사와 의존기능간의 상관관계에 대한 빈도데이터를 품사별로 추출할 수도 있는데 예를 들어 품사 APPR(전치사)이 어떠한 의존기능을 수행하는 지를 확인하기 위해 다음과 같은 검색식을 실행하면 된다.

(9)

T=[pos="APPR.*"];

group T match deprel 〉 "freqDEPREL-APPR-ctg21.txt";

이 검색식을 실행하여 추출한 통계 데이터의 일부를 제시하면 다음의 [표 3]과 같다.

[표 3] 품사 APPR과 의존기능의 상관관계

의존기능	빈도
PP	35631
MO	20443
MNR	5961
OP	3634
OBJP	3456
PG	1162
CJ	914
PRED	641
ROOT	557
CVC	488

다른 품사들의 경우와 마찬가지로 태깅시스템의 차이로 인한 의존기능의 차이는 품사 APPR에도 그대로 적용되는데, 하위코퍼스 CTGtueba와 CTGhdt의 경우, 품사 APPR에 의존기능 PP를 부여하는 반면, 하위코퍼스 CTGgene와 CTGtiger의 경우에는 품사 APPR에 의존기능 MO를 부여한다.

품사 APPR에 대한 의존기능의 차이가 태깅시스템에 따라 어떻게 다른지를 명시적으로 드러내 보일 수 있는데, 이것은 앞서 적용한 바 있듯이 검색식을 세울 때에 검색범위를 달리 설정함으로써 가능하다. 다음 (10a)와 (10b)는 품사 APPR의 의존기능 검색시에 검색범위를 제한한 검색식들이다.

(10)

a.

T=[pos="APPR.*"]∷match.text_source="(general|tiger)";

group T match deprel 〉"freqDEPREL-APPR-ctg21-gr1.txt";

b.

T=[pos="APPR.*"]∷match.text_source="(tuebadz10|HDT)";

group T match deprel 〉"freqDEPREL-APPR-ctg21-gr2.txt";

복합검색식 (10a)는 검색범위를 CTGgene와 CTGtiger로 제한한 다음에 품사 APPR에 대해 의존기능의 출현빈도를 추출하기 위한 것이고, (10b)는 검색범위를 CTGtueba와 CTGhdt로 제한한 다음에 품사 APPR에 대해 의존기능의 출현빈도를 추출하기 위한 검색식이다. 이 검색식들을 실행하여 산출한 통계데이터의 일부를 정리한 것이 다음 [표 4]에 제시되어 있다.

[표 4] 코퍼스에 따른 품사 APPR과 의존기능의 대응관계

CTGgene&CTGtiger		CTGtueba&CTGhdt	
의존기능	빈도	의존기능	빈도
MO	20443	PP	35631
MNR	5961	OBJP	3456
OP	3634	PRED	641
PG	1162	CJ	389
CJ	525	ROOT	368
CVC	488	PN	204
SBP	476	KON	201
AC	203	S	71
ROOT	189	PAR	14
CC	113	NEB	9

이 표를 살펴보면, 앞서 논의한 바대로 코퍼스에 따라 품사 APPR에 의존기능 MO나 MNR이 부여되기도 하고, 의존기능 PP가 부여되기도 하는 것을 확인할 수 있다. 이 가운데 MNR과 PP의 대조가 흥미로운데, 왜냐하면 CTGgene와 CTGtiger에서 의존기능 MO와 MNR로 구분되는 의존기능이 코퍼스 CTGtueba와 CTGhdt에서는 구별없이 모두 의존기능 MO로 통합되기 때문이다. 다음 용례들은 각각 코퍼스 CTGgene와 코퍼스 CTGtueba로부터 추출한 것들인데, 동일한 통사적 기능을 가진 전치사 (APPR)가 각기 다른 의존기능을 할당받은 경우를 보여준다.

(11)

a. Er ist Hilfspriester <u>in</u> der Dorfkirche.

b. Ein Minimum <u>an</u> Integration ist gewährleistet.

이 예들에서 전치사들은 통사적으로 선행하는 명사를 수식하는 기능을 수행한다. 이런 점을 고려하여 코퍼스 CTGgene에서는 여타의 수식어(MO)와 구분하여 MNR(명사후치수식어)라는 의존기능을 부여한다. 이 예문들에 대한 코퍼스 CTGgene와 코퍼스 CTGtueba내에서의 데이터 구조가 각각 다음 (12a)와 (12b)에 제시된다.

(12)

a.

1	Er	ich	PPER	PPER	_	2	SB	_	_
2	ist	sein	VAFIN	VAFIN	_	0	ROOT	_	_
3	Hilfspriester	Hilfspriester	NN	NN	_	2	PD	_	_
4	**in**	in	APPR	APPR	_	3	**MNR**	_	_
5	der	der	ART	ART	_	6	NK	_	_
6	Dorfkirche	Dorfkirche	NN	NN	_	4	NK	_	_

7	.	.	$.	$.	_	6	punct	_	_

b.

1	Ein	ein	_	ART	_	2	DET	_	_
2	Minimum	Minimum	_	NN	_	5	SUBJ	_	_
3	**an**	an	_	APPR	_	2	**PP**	_	_
4	Integration	Integration	_	NN	_	3	PN	_	_
5	ist	sein%aux	_	VAFIN	_	0	ROOT	_	_
6	gewährleistet	gewährleisten	V	VVPP	_	5	AUX	_	_
7	.	.	$.	$.	_	6	punct	_	_

데이터 구조의 비교를 통해 확인할 수 있듯이, 코퍼스 CTGgene에서 의존기능 MNR이 부여된 전치사가 코퍼스 CTGtueba에서는 의존기능 PP가 할당되어 있다.

지금까지 살펴본 품사와 의존기능간의 상관관계는 모든 품사에 대해서 살펴볼 수가 있으나 여기서는 ART, NN 및 APPR에 한정해서 논의하는 것으로 마무리하고자 한다.

15.3 의존관계 정보의 검색 및 활용

독일어 교육용 코퍼스 CTG21의 또 다른 특성은 이 코퍼스가 의존문법적인 개념인 핵어(head)에 대한 정보를 개별 문장의 데이터 구조안에 담고 있다는 점이다. 이 정보를 잘 활용하면 품사부착 코퍼스가 일정한 범위에서 구문정보 코퍼스의 기능을 떠맡을 수 있기 때문에 핵어 정보의 활용방법은 우리가 관심을 가져볼 만한 주제임에 틀림없다. 위 데이터 구조 (12a)를 CWB 인코딩용으로 변환한 아래의 데이터 구조 (13)을 예로 들자면, 핵어에 대한 정보는 5번째 열에 기재되어 있다.

(13)

Er	PPER	ich	SB	2
ist	VAFIN	sein	ROOT	0
Hilfspriester	NN	Hilfspriester	PD	2
in	APPR	in	MNR	3
der	ART	der	NK	6
Dorfkirche	NN	Dorfkirche	NK	4
.	$.	.	punct	6

위 데이터 구조에서 제5열의 데이터를 살펴보면 첫 행의 대명사 er와 셋째 행의 일반명사 Hilfspriester가 공통의 핵어, 곧 2를 지니는 것을 확인할 수 있다. 이 사실은 두 어휘가 의존수형도상에서 직접 상위교점을 공유한다는 것을 의미하며 의존수형도인 [그림 2]에서 바로 확인이 된다.

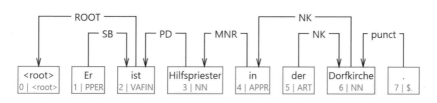

[그림 2] 의존수형도

품사부착 코퍼스 CTG21의 개별 데이터 구조에 포함된 핵어에 대한 정보를 가장 잘 활용할 수 있는 과제 중의 하나는 전치사격 목적어를 동반하는 재귀동사들을 코퍼스에서 추출하는 작업이다. 아래 용례들을 살펴보자.

(14)

a. Mohadscherani <u>bekannte</u> <u>sich</u> <u>zu</u> Rede- und Meinungsfreiheit.

b. Ich <u>erinnere</u> <u>mich</u> <u>an</u> letztes Jahr.

c. <u>Um</u> eine besondere Art von Kriegsflüchtlingen <u>sorgen</u> <u>sich</u> andere
  Friedensfreunde.

이 문장들은 재귀동사가 전치사구와 함께 출현한다는 점을 공통점으로 갖는다. 이런 용례들과 연관 통계데이터를 추출하기 위해 우리는 다음 (15)와 같은 검색식을 실행한다.

(15)

T=[pos="VVFIN"][]{0,2} a:[pos="PRF"&deprel="OA|OBJA"][]{0,2}

  b:[pos="APPR"&deprel="OP|OBJP"]::a.head=b.head within s;

group T matchend lemma by match lemma 〉"freqVVrefl-prep-ctg21-2.txt";

set context 1 s;

cat T 〉"concVrefl-op-ctg21.txt";

위의 복합검색식은 4개의 단순검색식을 합성한 것인데, 그 중 첫 검색식은 두 줄로 제시되어 있다. 여기서 바로 둘째 줄의 연산자 ::은 검색범위를 제한하는 기능을 가지는데 그 뒤를 따르는 등식, 곧 a.head=b.head가 범위를 제한하는 내용이다. 이 검색범위 제한 등식은 품사로는 재귀대명사(PRF)이고 의존기능으로는 직접목적어(OA, OBJA)인 토큰 a의 핵어(head)와 품사로는 전치사(APPR)이고 의존기능으로는 전치사격 목적어(OP, OBJP)인 토큰 b의 핵어가 동일하다는 것을 의미한다. 이 검색식을 실행하면 아래 (16)과 같은 유형의 데이터 구조가 추출된다.

(16)

Ich	PPER	ich	SB	2
erinnere	VVFIN	erinnern	ROOT	0
mich	PRF	sich	OA	<u>2</u>
an	APPR	an	OP	<u>2</u>
letztes	ADJA	letzt	NK	6
Jahr	NN	Jahr	NK	4
.	$.	.	punct	6

이 데이터 구조는 위 용례 (14b)의 CWB 인코딩용인데, 이 구조상에서 토큰 mich와 토큰 an이 제5열의 데이터를 공유한다는 점이 핵심적인 아이디어이다.

앞서 검토한 복합검색식 (15)를 구성하는 두 번째 단순검색식은 검색을 통해 재귀동사와 전치사의 공기관계를 빈도데이터로 추출하여 파일로 저장하는 기능을 가진다. 이 통계를 정리한 결과가 다음의 [표 5]이다.

[표 5] 재귀동사와 전치사의 공기 데이터

재귀동사	전치사	빈도	재귀동사	전치사	빈도
handeln	um	42	sorgen	um	6
kümmern	um	13	interessieren	für	6
befinden	in	11	beteiligen	an	6
berufen	auf	11	trennen	von	5
erinnern	an	9	setzen	auf	5
beziehen	auf	8	freuen	auf	4
belaufen	auf	8	lassen	mit	4
bemühen	um	7	wenden	an	4
bekennen	zu	6	beugen	über	4
fürchten	vor	6	einigen	auf	4
			wehren	gegen	4

이 표를 살펴보면 재귀동사 sich handeln이 전치사 um과 함께 출현하는 빈도가 가장 많고, 재귀동사 sich kümmern이 전치사 um과 함께 출현하는 빈도가 그 다음으로 많으며, 재귀동사 sich befinden이 전치사 in과 함께 출현하는 빈도가 세 번째로 많은 것으로 확인된다. 이를 뒷받침하는 용례들이 아래에 제시되어 있다.

(17)

a. 56355: Es ⟨handelt sich hier um⟩ ein dringendes Problem.

b. 42744: Sie ⟨kümmert sich gern um⟩ meine Kinder.

c. 59311: Sie ⟨befinden sich in⟩ einer sehr unglücklichen Situation.

이 용례들은 바로 복합검색식 (15)의 네 번째 단순검색식에 의해 추출된 388개의 용례 가운데 하나이고, 이 검색식은 검색결과 추출된 용례들을 독립 파일, 곧 "concVrefl-op-ctg21.txt"로 저장하라는 의미를 담고 있다.

이제까지 우리는 CTG21에 담겨져 있는 핵어에 대한 정보가 어떻게 유용하게 활용될 수 있는 지를 전치사격 목적어를 수반하는 재귀동사 목록의 작성과 관련하여 논의했다.

핵어에 대한 정보를 독일어 교육자료의 추출에 활용할 수 있는 두 번째 과제는 분리동사의 추출이다. 이 작업을 위한 검색식은 아래 (18)과 같고, 검색을 실행한 결과를 통계데이터로 정리한 것이 [표 6]이다.

(18)

T=a:[pos="VVFIN"][]{0,7} b:[pos="PTKVZ"]::a.head!=b.head within s;

group T matchend lemma by match lemma ⟩ "freqVVtrennbar-
    ctg21-1.txt";

set context 1 s;

cat T 〉 "concVtrennbar-ctg21.txt";

[표 6] 분리동사의 통계

어근동사	분리전철	빈도	어근동사	분리전철	빈도
sehen	aus	101	gehen	aus	38
kündigen	an	92	stehen	fest	36
teilen	mit	74	stehen	auf	36
sehen	an	72	geben	zu	35
lehnen	ab	71	fangen	an	35
bieten	an	51	rufen	an	35
weisen	zurück	45	räumen	ein	34
werfen	vor	44	aus#sehen	_	33
finden	statt	44	gehen	weiter	31
stellen	vor	42	statt#finden	_	30
liegen	vor	38	kommen	vor	29

다음 (19a)-(19d)의 용례들이 이 빈도데이터를 뒷받침한다.

(19)

a. 84951: Es 〈sieht aber so aus〉, als konnten wir es schaffen.

b. 238759: Die Verteidigung 〈kündigte erneut Revision an〉.

c. 317495: Die Festspiele 〈teilten dazu nur mit〉, daß die
Veranstaltung stattfinde.

이 용례들은 바로 복합검색식 (18)의 네 번째 단순검색식에 의해 추출된 6,674개의 용례 가운데 하나이고, 이 검색식은 검색결과 추출된 용례들을 독립 파일, 곧 "concVtrennbar-ctg21.txt"로 저장하라는 의미를 담고 있다.

더 나아가 소위 이중 목적어 동사들을 추출하는 과제의 해결을 위해 코
퍼스안의 핵어 정보를 활용할 수 있다. 다음 예문들을 살펴보자.

(20)

　a. 1118: Sie ⟨machen mir grosse Freude⟩!

　b. 34660: Eine Beziehung ⟨gibt dir Sicherheit⟩, sagte Sonja.

　c. 235488: Strategiepapier ⟨wirft der Industrie

　　　　　Subventionsmentalität⟩ vor/

위 용례들은 동사가 3격 목적어와 4격 목적어가 함께 출현하는 사례를
보여준다. 여기에 제시된 동사들, 곧 machen, geben 및 (vor)werfen은
코퍼스 CTG21에서 출현하는 빈도가 가장 높은 동사들이다. 이를 다음
[표 7]의 통계데이터가 입증한다.

[표 7] 이중 목적어 동사들의 통계데이터

동사	빈도	동사	빈도
machen	43	halten	7
geben	39	tragen	7
(vor)werfen	15	zeigen	6
nehmen	14	vor#werfen	6
bringen	13	verleihen	6
legen	12	tun	5
sagen	10	reichen	5
schicken	9	stellen	5
bereiten	9	schenken	5
bieten	8	wünschen	4

위의 [표 7]과 용례 (20a)-(20c)는 아래 (21)에 제시된 검색식을 실행
하여 추출한 결과들의 일부이다.

(21)

T=[pos="VVFIN"][]{0,2}　a:[pos="NN|PPER"&deprel="DA|OBJD"][]{0,2}

　　b:[pos="NN|PPER"&deprel="OA|OBJA"]::a.head=b.head within s;

group T match lemma 〉 "freqVVditransitive-ctg21.txt";

set context 1 s;

cat T 〉 "concDitran-ctg21.txt";

위 복합검색식의 두 번째 줄에 설정된 검색범위의 제한에 의해 한 문장 내에서 3격 목적어와 4격 목적어가 함께 출현하는 동사들이 추출된다. 그 결과가 셋째 줄의 검색식에 의해 빈도정보를 담은 파일로 저장되고 다섯째 줄의 검색식에 의해 411개의 용례를 담은 파일로 저장된다.

15.4 문장길이 정보의 추출 및 활용

CWB 기반 코퍼스 CTG21의 다른 특성중의 하나는 문장의 길이에 대한 정보를 메타정보의 형태로 담고 있다는 점이다. 이 정보를 유용하게 활용할 수 있는 방안에 대해 논의한다.

문장길이가 의존기능의 분포에 영향을 미치는 지를 살펴보기 위해 길이별로 의존기능의 빈도데이터를 (22a)와 (22b)와 같은 유형의 검색식을 실행했다.

(22)

a.

T=[]::match.text_length="5"&match.text_source="(general|tiger)";

count by deprel 〉 "freqDEPREL-len5-ctg21-gr1.txt";

b.

T=[]::match.text_length="5"&match.text_source="(tuebadz10|HDT)";

count by deprel 〉"freqDEPREL-len5-ctg21-gr2.txt";

  복합검색식 (22a)와 (22b)은 문장길이가 5인 문장들을 검색대상으로 삼는다는 공통점을 갖는다. 그런데, 검색식 (22a)의 경우 하위코퍼스 CTGgene와 CTGtiger를 검색범위로 삼고, 검색식 (22b)의 경우 하위코퍼스 CTGtueba와 CTGhdt를 검색범위로 삼는다는 점에서 서로간의 차이를 보인다. 이렇게 하위코퍼스별로 의존기능의 출현빈도 데이터를 추출하기 위한 검색식을 다르게 한 까닭은 앞서 논의한 바 있듯이 두 그룹의 하위코퍼스들이 사용한 태깅시스템이 달라 의존기능의 목록이 상이하기 때문이다.

  이들과 같은 유형의 검색식을 문장길이와 하위코퍼스를 함께 고려하여 의존기능의 출현빈도를 추출했다. 먼저 추출한 결과들을 하위코퍼스별로 각각 하나의 엑셀파일로 모았다. 이어 각 통합데이터로 부터 문장길이가 가장 짧은 5와 길이가 가장 긴 14간의 빈도 증가율을 산출한 다음에 이 증가율 값을 기준으로 상위 10개의 의존기능을 선별했다. 하위코퍼스 CTGgene와 CTGtiger에 대해 이러한 데이터들을 정리한 것이 아래의 [표 8]이다.

[표 8] 하위코퍼스 CTGgene/CTGtiger에서의 의존기능의 출현빈도 증가양상

의존기능	문장길이 5	문장길이 14	증가율(%)	길이5-길이14 빈도 합계
RE	2	256	12800	1224
RC	5	467	9340	1785
AC	1	66	6600	349
SBP	2	102	5100	482
CP	26	821	3157.69	3830
CC	11	232	2109.09	1150

PM	29	441	1520.69	2311
CD	107	1611	1505.61	7870
CJ	159	2280	1433.96	11074
NMC	10	135	1350	780

위 표에 제시된 대로 증가율이 높은 의존기능 10개를 순위대로 정리하면 RE(반복요소), RC(관계절), AC(전, 후치 격표지), SBP(수동문의 주어기능 전치사), CP(종속접속어), CC(비교성분), PM(형태론적 첨어), CD(등위접속어), CJ(접속성분), NMC(수량성분) 등이다.

이들 의존기능이 어떤 맥락에서 사용되는 지를 확인하기 위해 용례들을 보이면 다음 (23a)–(23j)와 같다.

(23)

a. Denn wie <u>einst</u> gilt *es*, zeitnahe Modelle <u>zu</u> <u>erarbeiten</u>. (CC, PM, RE)

b. Und *das*, was wir Schicksal <u>nennen</u>, sollte es bloß Zufall sein? (RC)

c. Auch bin ich überzeugt, daß so was, <u>außer</u> bei Kannibalen, niemals vorkommt. (AC)

d. Unser Konvoi, der <u>von</u> der russischen Polizei eskortiert wurde, konnte nicht anhalten. (SBP)

e. Seine Wände sind so hell, <u>daß</u> immer ein wenig Sonne daran bleibt. (CP)

f. Die Amerikaner sind ein begeisterungsfähiges, <u>aber</u> auch <u>leichtgläubiges</u> Volk. (CD, CJ)

g. Sie verwaltet ein Vermögen im Wert von 30 Milliarden Mark. (NMC)

위의 용례 (23a)-(23g)에서 연관된 의존기능을 수행하는 어휘들이 밑줄을 통해 강조되어 있다. (23a)에는 세 가지 의존기능이 함께 나타나는데. 이 가운데 증가율이 가장 높은 RE(반복요소)는 이 문장에서 상관성분은 es와 호응한다. 이 문장의 의존 데이터 구조를 살펴보면 이들간의 관계를 명시적으로 파악할 수 있어 아래에 구조를 제시한다.

(24)

1	Denn	denn	_	KON	_	4	JU	_	_
2	wie	wie	_	KOKOM	_	3	CM	_	_
3	einst	einst	_	ADV	_	4	CC	_	_
4	gilt	gelten	_	VVFIN	_	0	ROOT	_	_
5	es	es	_	PPER	_	4	SB	_	_
6	,	,	$,	$,	_	5	punct	_	_
7	zeitnahe	zeitnah	_	ADJA	_	8	NK	_	_
8	Modelle	Modell	_	NN	_	10	OA	_	_
9	zu	zu	_	PTKZU	_	10	PM	_	_
10	erarbeiten	erarbeiten	_	VVINF	_	5	RE	_	_
11	.	.	$.	$.	_	4	punct	_	_

위 데이터 구조상에서 잘 드러나듯이 부사 einst는 CC 기능을, 부정사 구첨사 zu는 PM 기능을 그리고 부정형동사 erarbeiten은 RE 기능을 수행한다.

아래의 [그림 3]은 이제까지 논의한 바 문장길이와 의존기능의 출현빈도간의 상관관계를 나타낸 [표 8]을 그래프([그림 3])로 표상한 결과이다.

이 그래프([그림 3])를 통해 의존기능 RC와 RE의 증가율이 압도적으로 높다는 사실을 다시 한 번 확인할 수 있는데, 사실 이 의존기능들은 문장길이가 긴 문장에 상대적으로 많다. 때문에 이러한 상관성은 언어적 직관에 잘 부합한다고 할 수 있다.

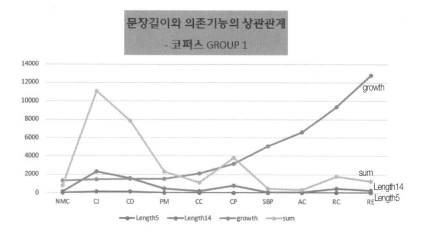

[그림 3] 하위코퍼스 CTGgene/CTGtiger에서의 의존기능의 출현빈도 증가양상

동일한 절차와 방법론에 따라 다른 그룹의 하위코퍼스, 곧 하위코퍼스 CTGtueba와 CTGhdt로부터 의존기능들의 빈도데이터를 추출한 다음 증가율을 고려하여 정리한 결과가 [표 9]에 제시되어 있다.

[표 9] 하위코퍼스 CTGtueba/CTGhdt에서의 의존기능의 출현빈도 증가양상

의존기능	문장길이 5	문장길이 14	증가율(%)	길이5-길이14 빈도 합계
PAR	1	65	6500	300
REL	6	360	6000	1412
NEB	9	481	5344.44	1790
OBJC	6	212	3533.33	1063
KONJ	28	667	2382.14	2795
SUBJC	11	163	1481.82	878
PART	32	384	1200	1944
OBJI	25	256	1024	1529
EXPL	9	76	844.44	415
GRAD	7	58	828.57	324

이 표를 살펴보면, 의존기능 PAR(삽입구), REL(관계절) 및 NEB(부문장)의 증가율이 압도적으로 높고 그 뒤를 의존기능 KONJ(부사접속사) 및 OBJC(종속절)이 따르는 것을 확인할 수 있다.

(25)

   a. Kreuzungen, <u>argumentieren</u> sie, stören den fließenden Verkehr. (PAR)

   b. Das ist die Wahl vor der wir <u>stehen</u>. (REL)

   c. War das schön, <u>als</u> 1994 die Cranberries <u>auftauchten</u>. (KONJ NEB)

   d. Beides setzt voraus, daß dies genügend grundgelegt <u>ist</u>. (OBJC)

위의 (25a)에서 주문장의 동사에 의존기능 PAR가 부여되었는데, 이러한 태깅방법은 하위코퍼스 CTGtueba만의 독특한 전략에 속하는 것으로 이해할 수 있다. (25b)의 의존기능 REL은 앞서 논의했던 다른 그룹의 하위코퍼스의 경우 의존기능 RC에 대응되는 것으로 두 기능 모두 증가율에 있어 상위를 차지한 점이 공통점이다. 그리고 (25c)에서 부사절의 정동사에 의존기능 NEB가 부여되어 있고 접속사 als에 의존기능 KONJ가 할당되어 있는데, 부사절이 긴 문장에 자주 출현한다는 사실도 언어직관에 부합한다. 마지막으로 (25d)에서는 종속절의 정동사에 의존기능 OBJC(목적절)이 부여되어 있는 것을 확인할 수 있다. 위의 [표 9]를 그래프로 나타낸 것이 아래의 [그림 4]이다.

아래 그래프([그림 4])를 통해 의존기능 PAR와 REL의 증가율과 문장길이간의 상관성을 다시 한 번 확인할 수 있는데, 이러한 상관성은 언어적 직관에 잘 부합한다고 할 수 있다.

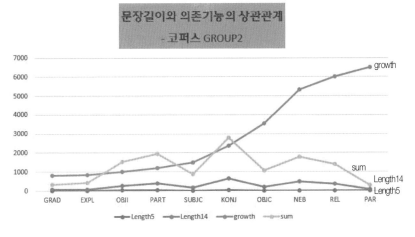

[그림 4] 하위코퍼스 CTGtueba/CTGhdt에서의 의존기능의 출현빈도 증가양상

CWB 기반 코퍼스 CTG21의 다른 특성중의 하나는 문장의 수준에 대한 정보를 담고 있다는 점이다. 이제 이 정보를 유용하게 활용할 수 있는 방안이 무엇인 지에 대해 논의한다. 문장수준은 이 코퍼스에서 두 가지, 곧 A&B, B&C로 구분된다.3) 문장의 수준에 따라 명사들의 출현빈도가 상이한 지를 검토하기 위해 아래 검색식을 이용하여 빈도 정보를 추출했다.

(26)

a. T=[pos="NN"]::match.text_level="A&B";

count by lemma 〉"freqNN-LevelAB-ctg21.txt";

b. T=[pos="NN"]::match.text_level="B&C";

count by lemma 〉"freqNN-levelBC-ctg21.txt";

---

3) 여기서 A, B, C는 유럽공통 참조기준에 따른 단위를 의미하고 A에서 C로 갈수록 수준이 높아진다. 개별 문장의 수준을 정할 때 엄격한 기준을 따른 것이 아니고, 문장길이와 코퍼스의 내용적 특성을 기준으로 삼았다.

검색식 (26a)를 실행시켜서 A&B 수준의 하위코퍼스로부터 명사의 빈
도데이터를 추출하고 검색식 (26b)를 실행시켜서 B&C 수준의 코퍼스로
부터 명사의 빈도데이터를 추출했다. 두 데이터로부터 각각 순위 1위-20
위에 자리한 명사들을 다음 [표 10]으로 정리했다.

[표 10] 수준별 명사목록의 비교

순위	수준 A&B		수준 B&C	
	명사	빈도	명사	빈도
1	Frau	347	Jahr	1449
2	Mann	271	Prozent	1099
3	Kind	247	Mark	893
4	Tag	237	Million	867
5	Haus	227	Unternehmen	701
6	Zeit	223	Internet	556
7	Herr	218	Zeit	483
8	Mensch	185	Milliarde	451
9	Vater	180	Frau	434
10	Mutter	178	Mensch	432
11	Jahr	178	Firma	428
12	Leben	172	Ende	425
13	Wort	166	Tag	420
14	Hand	158	Land	412
15	Auge	145	Dollar	380
16	Freund	136	Markt	374
17	Mädchen	126	Preis	366
18	Herz	121	Problem	361
19	Brief	117	System	361
20	Abend	113	Mann	360

이 표를 살펴보면, Frau, Jahr, Mann, Mensch, Tag, Zeit 등 6개의
명사만 양쪽 목록에 속하고 다른 명사들은 각기 한 영역에만 나타난다. 수

준 A&B 영역에 위치한 명사들은 대체적으로 일상생활에서 많이 쓰이는 어휘들인 반면, 수준 A&B 영역에 위치한 명사들은 대체적으로 경제분야와 연관된 어휘들이라는 점도 수준별 하위코퍼스간의 차이를 보여준다. 이러한 흥미로운 관찰에도 불구하고 코퍼스에 담은 문장의 수준을 정할 때 엄밀하고 검증가능한 기준을 따른 것이 아니기 때문에 수준과 관련하여 확정적인 결론을 내리기는 어렵다.

15.5 코퍼스 CTGweb의 활용방법

이 장의 서두에서 우리는 윈도우 운영체제내 도스환경에서 검색을 실행하는 전통적인 CWB-기반의 CTG21와 구분하기 위해 CQPweb 플랫폼에서 운용되는 코퍼스를 CTGweb으로 명명한 바 있다. 이제 CQPweb 플랫폼을 통해 품사부착 코퍼스 CTGweb을 활용하는 방안에 대해 논의를 시작하자. CTGweb은 웹서버에 접속하여 어디서나 실행할 수 있다는 장점을 가진다. 이 코퍼스를 실행하기 위해 먼저 웹서버 http://www.cqpweb.kr/ 에 접속해야 한다.4)

아래 [그림 5]는 ID와 PWD를 입력한 후 마주하는 화면에서 왼편 메뉴의 4번째 항목 "Corpus permissions"를 클릭한 후에 나타나는 스크린이다.

이 화면의 우측면에 제시된 코퍼스 이름 "German Corpus of Teaching German"을 클릭하면, 다음의 [그림 6]과 같이 검색가능한 환경으로 바뀐다.

---

4) 이 장에서는 CQPweb에 접속하여 독일어 교육용 코퍼스를 활용하는 절차와 방법에 대해 서술하므로 ID를 daf로 하고 PWD는 ctg21로 설정하여 누구든 CQPweb 기반 코퍼스 ctg를 사용할 수 있도록 배려했다.

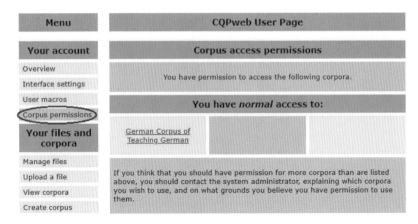

[그림 5] cqpweb.kr 화면-1

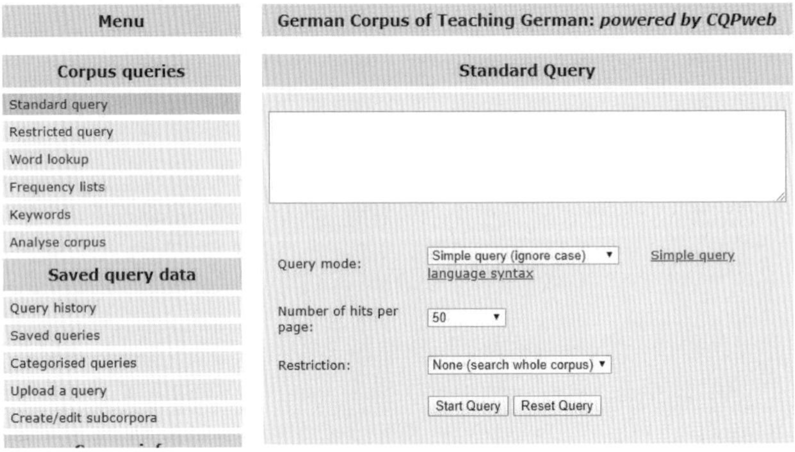

[그림 6] cqpweb.kr 화면-2

이 상태에서 검색을 실행할 수 있는데, 크게 두 가지 검색방식이 제공된다. 하나는 직접 키워드를 입력하는 방식이고 다른 하나는 빈도목록(Frequency lists)을 활용하는 방식이다. 전자의 경우 다시 두 가지로 나뉘는데, 그 중 하나는 단순검색(Simple query)으로서 위의 [그림 6]과 같은 환경에서 우측

의 빈 검색창안에 키워드를 입력하고 하단의 "Start Query"를 클릭함으로
서 검색이 실행된다.5) 두 번째 직접 입력방식은 CQP 검색언어로 작성된
검색식을 검색창안에 써 넣은 후에 "Query Mode"를 "CQP syntax"로 선
택하고서 하단의 "Start Query"를 클릭하여 검색을 실행하는 방식을 말한
다. 아래의 [그림 7]은 CQP syntax 방식으로 검색하는 절차를 보여주기
위한 화면인데, 검색창안에 CQP 검색언어로 작성된 검색식을 입력한 상
태이다. 이 상태에서 하단의 "Start Query"를 클릭하면 검색이 실행된다.

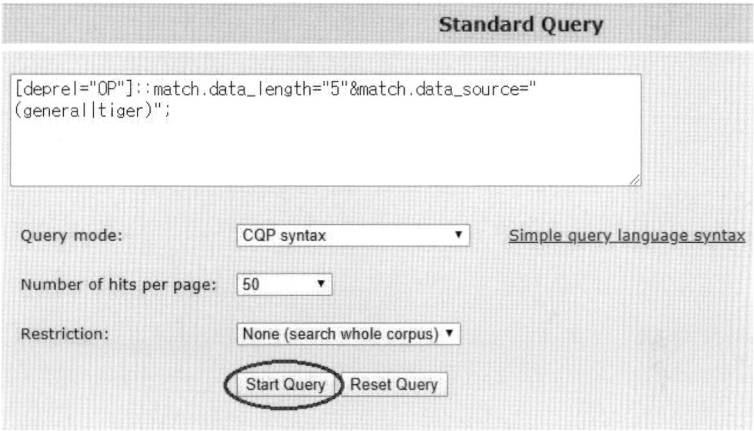

[그림 7] cqpweb.kr 화면-3

위의 검색창에 입력되어 있는 검색식은 하위코퍼스 문장길이가 5인 데
이터 구조와 CTGgene와 CTGtiger를 검색범위로 삼아 의존기능(deprel)의
값이 "OP"인 데이터들을 추출하기 위한 것이다. 검색결과는 다음 [그림 8]
과 같다.

---

5) 단순검색의 경우, 대소문자를 구분하여 검색하는 방식과 대소문자를 구분하지 않는 방
식으로 나뉘지만 구체적인 검색방법에 있어 차이가 있는 것은 아니다.

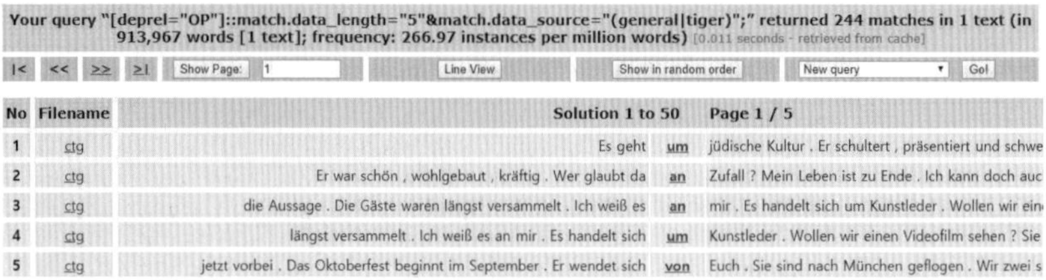

384 독일어 전산 의존문법 연구

No	Filename		Solution 1 to 50	Page 1 / 5
1	ctg	Es geht	um	jüdische Kultur . Er schultert , präsentiert und schwe
2	ctg	Er war schön , wohlgebaut , kräftig . Wer glaubt an	an	Zufall ? Mein Leben ist zu Ende . Ich kann doch auc
3	ctg	die Aussage . Die Gäste waren längst versammelt . Ich weiß es	an	mir . Es handelt sich um Kunstleder . Wollen wir ein
4	ctg	längst versammelt . Ich weiß es an mir . Es handelt sich	um	Kunstleder . Wollen wir einen Videofilm sehen ? Sie
5	ctg	jetzt vorbei . Das Oktoberfest beginnt im September . Er wendet sich	von	Euch . Sie sind nach München geflogen . Wir zwei

[그림 8] cqpweb.kr 화면-4

이렇게 검색결과가 생성되면 이 결과를 여러 가지 방법으로 활용할 수 있다. 이를테면, 용례들이나 어휘목록을 독립적인 파일로 다운받거나, 검색된 어휘들 가운데 더 살펴보고자 하는 어휘를 하나 선택한 다음 이 어휘와 연어(Collocations) 관계를 이루는 어휘들을 추출할 수 있다. 아래의 [그림 9]는 검색결과를 대상으로 수행할 수 있는 다양한 후속작업을 보여준다.

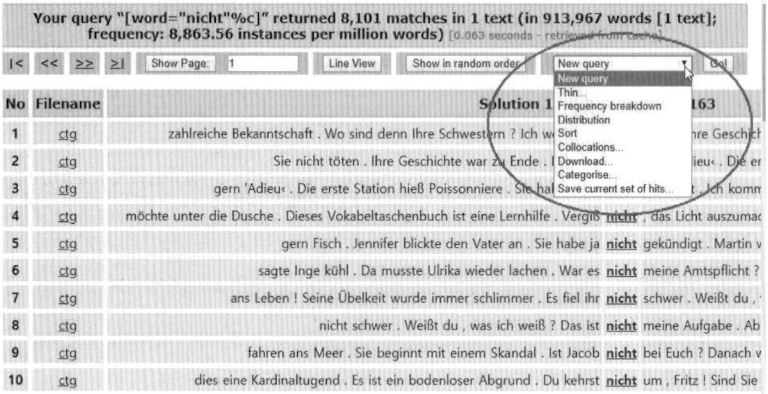

[그림 9] cqpweb.kr 화면-5

이제, CQPweb의 빈도목록(Frequency lists)을 이용하여 검색하는 방법에 대해 알아보자. 이 방법으로 검색을 실행하려면, 먼저 왼편 메뉴의 네 번째 자리에 위치한 항목 "Frequency lists"를 클릭한다. 실행후에 나타나는 화면에서 하단의 "Show frequency list"를 누른다. 그러면 아래 [그림 10]과 같이 빈도 기준으로 정렬된 어휘목록이 나타난다.

Frequency list: _Word_ frequencies in entire "German Corpus of Teaching German"

| | I< | << | >> | New Frequency List ▼ | Go! | |

No.	Word	Frequency
1	.	66,340
2	,	32,913
3	die	26,785
4	der	21,503
5	und	13,536
6	daß	12,145
7	in	11,521
8	sie	8,289
9	nicht	8,101
10	den	8,008

[그림 10] cqpweb.kr 화면-6

목록에 들어 있는 어휘가운데 더 살펴보고자 하는 어휘, 예를 들어 부정 첨사 "nicht"를 선택해 클릭하면 다음 [그림 11]에서 확인할 수 있듯이 용례들이 제시된다.

Your query "[word="nicht"%c]" returned 8,101 matches in 1 text (in 913,967 words [1 text]; frequency: 8,863.56 instances per million words) [0.056 seconds - retrieved from cache]

| | I< | << | >> | >I | Show Page: | 1 | | Line View | | Show in random order | | New query | ▼ | Go! | |

No	Filename		Solution 1 to 50 Page 1 / 163
1	ctg	zahlreiche Bekanntschaft . Wo sind denn Ihre Schwestern ? Ich werde Sie **nicht** töten . Ihre Geschichte war zu Ende . Ich sage nic
2	ctg	Sie nicht töten . Ihre Geschichte war zu Ende . Ich sage **nicht** gern 'Adieu . Die erste Station hieß Poissonnie
3	ctg	gern 'Adieu . Die erste Station hieß Poissonnière . Sie haben ihm **nicht** geglaubt . Ich komme zur rechten Zeit , Jennifer
4	ctg	möchte unter die Dusche . Dieses Vokabeltaschenbuch ist eine Lernhilfe . Vergiß **nicht** , das Licht auszumachen ! Du sollst deine Eltern e
5	ctg	gern Fisch . Jennifer blickte den Vater an . Sie habe ja **nicht** gekündigt . Martin wurde hinter ihm betrachtet .
6	ctg	sagte Inge kühl . Da musste Ulrika wieder lachen . War es **nicht** meine Amtspflicht ? Hast du das mal versucht ? (
7	ctg	ans Leben ! Seine Übelkeit wurde immer schlimmer . Es fiel ihm **nicht** schwer . Weißt du , was ich weiß ? Das ist nicht
8	ctg	schwer . Weißt du , was ich weiß ? Das ist nicht **nicht** meine Aufgabe . Aber Furcht habe ich nie .
9	ctg	fahren ans Meer . Sie beginnt mit einem Skandal . Ist Jacob **nicht** bei Euch ? Danach wäre dies eine Kardinaltugend
10	ctg	dies eine Kardinaltugend . Es ist ein bodenloser Abgrund . Du kehrst **nicht** um , Fritz ! Sind Sie noch nicht bezahlt ? "Das üb

[그림 11] cqpweb.kr 화면-7

앞서 논의한 바와 이렇게 추출된 데이터를 토대로 진행할 수 있는 후속 작업은 다양하다.

지금까지 우리는 CQPweb 환경에서 코퍼스 CTG를 이용하여 검색을 수행할 수 있는 몇 가지 방법에 대해 살펴보았는데, 특정 어휘를 연어핵으로 하는 연어관계의 연구 등 구체적인 데이터 추출 절차와 방법은 [부록 7]을 통해 설명하고자 한다.

제15장의 요약

이 장에서 우리는 먼저 코퍼스 작업대(CWB)를 이용하여 어떻게 독일어 교육용 코퍼스 CTG21을 구축했는 지를 서술했다. 이와 관련하여 CTG21에는 어떤 유형의 정보들이 포함되어 있는 지도 검토했다. 더 나아가 독일어 교육에 활용할 수 있는 몇 가지 언어자료를 이 코퍼스를 이용해서 추출하는 절차와 결과물에 대해 논의했다.

코퍼스 CTG21을 웹환경에서 실행할 수 있도록, CQPweb 플랫폼을 이용하여 새로 구축한 CTGweb의 이용절차에 대해서 살펴보았다.

제16장

종합 및 결론

　본 학술서에서는 독일어 의존구조 코퍼스를 독일어 및 독어학 연구에 활용하는 방안에 대해 연구했다. 이와 연관된 몇 가지 세부과제를 수행했다.

　첫째, 독일어 교육용 코퍼스 CTGunion과 이 코퍼스를 기반으로 한 여러 가지 코퍼스를 구축했다.

　둘째, 코퍼스 검색을 위한 검색도구들의 활용방법을 탐구했다.

　셋째, 코퍼스의 교육적 활용을 위한 몇 가지 주제연구를 수행했다.

　넷째, 문장은 길이도 표현력을 갖는다는 가설을 세워 "길이의 언어학"을 새롭게 제안했다.

　이 연구를 통해 구축한 많은 코퍼스들 가운데 코퍼스 CTGunion이 중심에 서는데, 이 코퍼스와 여타 코퍼스들과의 관계를 도식화하면 다음 [그림 1]과 같다.

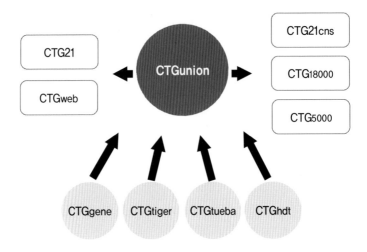

[그림 1] CTGunon 계열 코퍼스들의 네트워크

이 네트워크는 코퍼스 CTGunion이 CTGgene, CTGtiger, CTGtueba와 CTGhdt 등 네 개의 하위코퍼스로 구성되어 있다는 사실과 함께, 코퍼스 CTGunion로부터 한편으로는 CTG21cns, CTG18000과 CTG5000이 발전되었으며, 다른 한편으로는 CTG21과 CTGweb이 파생되었음을 보여준다. 다음 [표 1]에는 10종류의 코퍼스가 지니는 특성들이 정리되어 있다.

[표 1] CTGunion 계열 코퍼스들의 특성

코퍼스명	유형	언어정보	규모	검색도구	관련장
CTGunion	구문분석 코퍼스	의존구조	81843 문장	Tündra/Icarus/MaltEval/DependencyViewer	제11장-13장
CTGgene	구문분석 코퍼스	의존구조	20000문장	Tündra/Icarus/MaltEval/DependencyViewer	제11장-13장
CTGtiger	구문분석 코퍼스	의존구조	19313 문장	Tündra/Icarus/MaltEval/DependencyViewer	제11장-13장

CTGtueba	구문분석 코퍼스	의존구조	22530 문장	Tündra/Icarus/MaltEval/DependencyViewer	제11장-13장
CTGhdt	구문분석 코퍼스	의존구조	20000문장	Tündra/Icarus/MaltEval/DependencyViewer	제11장-13장
CTG21cns	구문분석 코퍼스	구성구조	81843 문장	TIGERSearch	제14장
CTG18000	구문분석 코퍼스	구성구조	18000문장	Tündra	제14장
CTG5000	구문분석 코퍼스	구성구조	5000 문장	Tündra	제14장
CTG21	품사부착 코퍼스	형태품사	81843문장	CWB	제15장
CTGweb	품사부착 코퍼스	형태품사	81843문장	CQPweb	제15장

코퍼스들의 특성, 특히 코퍼스안에 담긴 언어정보를 비교함으로써 이들을 몇 갈래의 유형으로 나눌 수 있음을 위의 표에서 확인할 수 있다. 코퍼스 CTGunion과 네 개의 하위코퍼스들은 모두 의존구조들을 포함하는 반면, 코퍼스 CTG21cns와 CTG18000 및 CTG5000는 구성구조를 데이터구조로 삼는다. 또한 코퍼스 CTG21과 CTGweb은 형태품사 정보만을 담고 있는 품사부착 코퍼스라는 점에서 여타의 구문분석 코퍼스와 다르다. 외에 코퍼스들의 규모와 검색을 실행할 수 있는 검색도구가 서로 상이하다는 점도 주목할 사항이다.

본 연구에서 수행한 두 번째 세부과제는 코퍼스 검색을 위한 검색도구들의 활용방법이었다. 이 연구를 통해 구축된 의존구조 코퍼스들로부터 독일어나 독어학 교육에 필요한 데이터를 추출하기 위해서 사용가능한 검색도구로는 Tündra, Icarus, MaltEval 및 DependencyViewer가 있는데, Tündra의 경우 모든 검색결과를 "내보내기(export)" 기능을 갖추고 있어 매우 편리하다. 때문에 본 연구에서는 Tündra 시스템의 검색언어를 이용하여 검색식을 세우는 방법과 검색식을 실행함으로써 필요한 통계데이터를 추출하는 방법에 대해 상세히 다루었다. 또한 필요에 따라 검색도구 Icarus, MaltEval과 DependencyViewer를 이용해 검색할 수 있도록 이 도구들을 사용하는 방법에 대해서도 살펴보았다. 다른 한편, 구성구조 코퍼스 CTG21cns로부터 수업자료를 추출하려면 검색도구 TIGERSearch에 대한 이해가 선행되어야 하기 때문에 이 도구를 활용하여 필요한 자료들을 추출하는 방법에 대해서도 논의했다. 다행스럽게도 Tündra와 TIGERSearch는 검색언어 Tiger를 공유하기 때문에, 한 시스템에 익숙해지면 다른 시스템을 통해서도 쉽게 검색을 실행할 수 있다. 마지막으로 품사부착 코퍼스들인 CTG21이나 CTGweb의 경우 검색엔진 CQP를 함께 이용한다. 때문에 CQP 검색언어에 기반한 다양한 검색식들과 이들의 활용방법에 대해서 상세히 다루었다. 특별히 웹환경에서 CTGweb을 이용하여 연어관계 데이터를 어떻게 추출하는 지에 대해 단계별로 기술했다.

코퍼스의 교육적 활용을 염두에 둔 몇 가지 주제연구가 본 연구에서 수행한 세 번째 세부과제이다. 이와 관련하여 재귀동사와 전치사구간의 연어관계 분석, 계층적 군집분석 방법을 이용한 부사 12개간의 의미적인 유사성 분석, 부정첨사 nicht의 중장(Mittelfeld)내 위치와 관련한 어순원리, 등위접속구문의 통사적 특이성 및 werden-수동 구문과 재귀구문의 경쟁관계 문제 등을 다루었다. 특히 마지막 주제의 경우, 변별적 공연어휘소 분석 방법을 활용하여 어떤 동사들이 어떤 구문을 선호하는 지를 확인할 수 있었다.

본 연구에서 수행한 네 번째 세부과제는 "길이의 언어학"을 새롭게 제안하기 위한 기초연구이다. 이러한 제안의 토대가 되는 것은 "문장은 길이도 표현력을 갖는다"는 가설이다. 이를 위해 연구를 통해 구축한 모든 코퍼스에 문장길이에 대한 정보를 추가하고서, 언어학자가 문장의 길이로부터 얻을 수 있는 언어학적 통찰이 무엇인지를 검토해 보았다. 먼저 문장길이

가 늘어날수록 의존거리가 커진다는 사실을 밝혀냄으로써 문장길이와 의
존거리간의 상관성을 확인했다. 둘째로, 문장길이에 따라 품사의 분포도
달라진다는 사실을 밝혀냈고, 마지막으로 문장길이와 의존기능의 분포간
에도 상관관계가 성립한다는 사실을 확인할 수 있었다.

이제까지 정리한 대로 본 연구에서 교육적 활용을 목표로 다양한 유형
의 코퍼스를 구축했는데, 연구수행 결과와 연관하여 몇 가지 한계점을 언
급하고자 한다. 먼저, 구성구조 코퍼스(CTG21cns, CTG18000, CTG50000)의
구축과 관련하여 이들 코퍼스의 구축시에 Stanford 파서나 Weblicht 서
버의 Stuttgart 파서를 이용하여 자동 구문분석을 시도하고 파싱결과를
바로 코퍼스로 구축했다. 때문에 파싱오류에 대한 검증과정의 결여로 인
한 오류분석이 적지 않아 코퍼스들을 교육에 활용할 때 한계가 있을 것으
로 사료된다. 이 문제를 해결하는 방법중의 하나는 이 코퍼스들을 수업에
활용하는 교수자가 자동분석 결과를 미리 검토한 후에 수정을 시도하거나
수업에서 자동 구문분석의 문제점에 논의하는 것이다. 의존구조 코퍼스이
든 구성구조 코퍼스이든 간에 웹기반 검색시스템 Tündra를 통해 검색을
실행하여 검색결과들을 생성하는 것이 여러모로 편리한데, Tündra 시스
템이 불안정하여 가끔 코퍼스를 웹서버에 업로드할 때 오류가 나타나기도
한다. 때문에 이 코퍼스들을 교육환경에 투입할 경우 각별히 주의할 필요
가 있다.

마지막으로 이 학술서에 논의한 모든 자료들을 저술 속에 담아 넣을 수
없었다는 점도 언급하고자 한다. 이 한계를 극복하는 방법의 하나로 저술
을 수반하는 웹사이트(http://www.smart21.kr/ctg/)를 개설했다. 교수자들은
저술에서 다루어진 코퍼스나 통계데이터들을 이 사이트를 통해 다운받아
교육에 활용할 수 있을 것이다.

부 록

부록에 수록된 데이터에 관한 정보

제목	장	본문
1. 코퍼스 CTGunion 200 문장	제9장	207쪽
2. 코퍼스 CTGgene〈CoNLL 포맷〉	제9장	207쪽
3. 코퍼스 CTGtiger〈CoNLL 포맷〉	제9장	207쪽
4. 코퍼스 CTGtueba〈CoNLL 포맷〉	제9장	207쪽
5. 코퍼스 CTGhdt〈CoNLL 포맷〉	제9장	207쪽
6. 코퍼스 CTG21cns의 구구조규칙	제14장	317쪽
7. 코퍼스 CTGweb의 검색절차	제15장	345쪽

* [부록]에 수록된 모든 데이터는 다음 웹사이트에서 다운받을 수 있다: http://www.smart21.kr/ctg/

1. 코퍼스 CTGunion 200 문장
— CTGegen, CTGtiger, CTGtueba 및 CTGhdt 각 50 문장씩

@ CTGgene 50 sentences

Randy fragte, als sie im Hauseingang ihre Schuhe auszogen.

Wirklich, Herr Collins, alle Ihre Lobesworte werden umsonst sein.

Ich komme diesen Morgen sobald als möglich zu dir.

Sie hat dir einen Brief oder sonst etwas geschrieben.

Der Lehrer fragte mich, wo ich Deutsch gelernt hätte.

Ich quälte mich um sie, und sie quälte mich.

Herbert hat uns vor allem am Abend gern besucht.

Ein Teil deiner alten Möbel ist schon hier angekommen.

Und du hältst eine von diesen Ursachen für gegeben?

Aber, Lizzy, du bist mir gegenüber sehr verschwiegen gewesen.

Ich bin so froh, dass du es so siehst.

Diese drei Gestalten stellten Glaube, Liebe und Hoffnung vor.

Weshalb fahren Sie denn immer an den gleichen Ferienort?

Du bist gut, aber du kannst dich noch verbessern.

Alle unsere Geschichtswerke beginnen da, wo sie schließen sollten.

Vor fünf Tagen hat er vor den Friedensrichtern gesprochen.

"Du kannst mich nicht so überfallen, Sandor", wiederholte sie.

Es hat mir recht viel Freude beim Einpacken gemacht.

Tim keucht vor Anstrengung und hat einen roten Kopf.

Ich habe das Gefühl, dass unsere Begegnung schicksalshaft ist.

"Ich werde noch heute mit Papa sprechen", antwortete Verena.

Das alles ist schon tausendmal gedruckt und gelesen worden.

Man brachte dem Kommandanten oder seiner Tochter ein Ständchen.

Aber wer weiß, wann Simone diese Fotos gemacht hat.

Aber mit der Zeit war er immer nachlässiger geworden.

Die Sonne war erst vor ein paar Stunden aufgegangen.

Das war für Frau Dashwood ein ganz neuer Gedanke.

Aber diese Frau will Geld und nichts als Geld.

Die Übernachtung in Catania kostet einschließlich Frühstück 80000 Lire.

Andreas und Sonja überstimmen mit dem Rest der Klasse.

Weshalb ich dem Unwesen noch kein Ende gemacht habe?

Lady Catherine schien Gefallen an dieser Wendung zu finden.

Ich wollte nicht allein sein, und ich hatte getrunken.

Die benachbarten Gutsbesitzer lernten von ihm auf wirtschaftlichem Gebiet.

Schließlich war diesen Winter keine Gelegenheit zu tapferen Taten.

Und irgendwann hat er aufgegeben und mich machen lassen.

Ich denke, wir sollten uns auf den Weg machen.

Wenn man sich glücklich fühlt, ist man so gutherzig.

Drum sagst du Sachen, die du sonst nie denkst.

Für schwierige Rechnungen dürfen wir manchmal den Taschenrechner benutzen.

Diese Arbeit brachte ich in etwa vierzehn Tagen fertig.

Er hat sich mit mir über das Wetter unterhalten.

Der Kampf war lang, zäh, ohne Milderung und Pause.

Es wird alles geschehen, wie Ihre Duchlaucht es wünscht.

Das war von Anfang an so gewesen, dachte sie.

Mama, der Mann aus dem Mohrenlande ist wieder da!

Was Menschen geschaffen haben, können Menschen auch wieder zerstören.

Bingley war überall gern gesehen; Darcy eckte ständig an.

Ich nehme an, man brauchte sie in der Küche.

Muß man denn immer das Ideale lieben wie du?

@ CTGtiger 50 sentences

Die Gesellschaft der Opfer hat plötzlich ihre Mörder wieder.

Weltweit stieß der Wissenschaftler gerade mal auf fünf Taten.

Dabei sind gerade auch die Skinheads Kinder dieser Gesellschaft.

Santiago ist zudem idealer Ausgangspunkt für Reisen ins Landesinnere.

Die Runde machen gefälschte Vorlesungsverzeichnisse mit einem zusammengestrichenen
   Seminarangebot.

Das sind 12,5 Prozent mehr als im vergleichbaren Vorjahreszeitraum.

Es ändert jedoch nichts an den unabsehbaren gesellschaftspolitischen Folgen;

Doch auch die Private Krankenversicherung (PKV) bleibt nicht verschont.

Das liest sich (Moskau, im Juni 1992) dann so:

"Sich darin einzurichten, gilt nach wie vor als attraktiv."

Die Gesamtbeteiligung wurde auf über 1,6 Millionen Unterzeichner geschätzt.

IBM verkaufte nach eigenen Angaben weltweit zehn Millionen OS/2-Lizenzen.

Schon der ITER-Versuchsreaktor sollte größer werden als normale Atomkraftwerke.

Aber, sagt einer: "Die PDS wird jeden Monat sozialdemokratischer."

Der macht mit und sagt: "Laßt Honecker in Frieden."

Vom Cargo-Kult und Glaubensanhängern eines Mannes namens Jon Frum.

Fünf Tage noch bis zur Wahl zum britischen Unterhaus.

Die Utrechter Polizei bezichtigte ihre Amsterdamer Kollegen der Korruption.

Am Sicherheitsprotokoll für die Gentechnik scheiden sich die Geister

Damit könne Nordbosnien der "Serbischen Republik Bosnien-Herzegowina" angeschlossen
werden.

Jetzt müsse die Losung lauten: "Kopf hoch und durch".

Brüssel bleibt die notwendigen Kriterien jedoch immer noch schuldig.

""China vor der Haustür ist eine allzu unüberschaubare Größe."

er ist mit umgerechnet fast 60 000 Mark dotiert.

Zana habe sich für die Wahrung der Menschenwürde eingesetzt.

Dabei ist nicht ausgemacht, daß Necmettin Erbakans Blütenträume reifen.

Demgegenüber bezieht Willi Segerat, Gesamtbetriebsratsvorsitzender von Thyssen,
eindeutig Stellung.

Nichts deutet auf "das letzte Kulturdenkmal des deutschen Exils".

Viele Ministerien fordern für 1996 eine Ausweitung ihrer Budgets.

Heute fehlen 40 Millionen, um Tessenows Meisterwerk zu retten.

Ein Vertrieb für die Produkte sei oft "völlig unbekannt".

Auch hier hätte man gerne ein deutliches Urteil gehört.

Im übrigen fällt in diese Zeit ein kräftiges Wirtschaftswachstum.

So schön sagte es, 1913, der Architekt Friedrich Seeßelberg.

Fast alle Aufgaben würden bereits von den Berufssoldaten ausgeführt.

In Ägypten ist die Bilharziose immer noch eine Massenseuche.

Mit Hilfe wechselnder Fachleute steht es Ratsuchenden zur Seite.

Keine einzige Zeitung hat Ronald Jenkins seit Stunden verkauft.

Daher sei es falsch, die Opfer der Kälte anzulasten.

Man brauche hierzulande auch Übernahmen, die zunächst unfreundlich seien.

Die Guerilleros halten noch 74 Menschen als Geiseln gefangen.

Geprüft werden soll, ob sie von den Plänen wußte.

In Virginia verhinderten sie eine republikanische Mehrheit im Staatsparlament.

Dieser Schritt wird sicher nicht auf sich warten lassen.

"Eine Ansammlung von Bürokraten, die die Macht usurpiert haben".

Daß Strom bei diesem Modell teurer wird, ist gewollt.

"Was glauben Sie, was wir für Kopfstände gemacht haben!"

Bereits Anklage erhoben wurde gegen zwei Polizisten des Innenstadtreviers.

Die Tendenz sei weiter rückläufig, so Sprecher Jan Kramarczyk.

In Saudiarabien soll der Elektromulti ABB eine Ethylen-Anlage bauen.

@ CTGtueba 50 sentences

Aus Hanffasern werden in Asien extrem haltbare Textilien hergestellt.

Wir haben doch sowieso Erfolg und machen gute Sachen.

Mehr als eine Million Mark stecken in dem Projekt.

Dessen weitere Karriere ist womöglich auch für Stürmann richtungsweisend.

Schlimmstenfalls landen die unliebsamen Kartons auf Deponien im Ausland.

Als Monsieur Cinema lebt er in einem alten Schloß.

Es ist ein charmant unfertiger Abend für soulfulle Kleinkunstliebhaber.

Ein Friedensschluß 1994 unter UN-Überwachung brach vergangenes Jahr zusammen.

Dies ergab eine Untersuchung des Wissenschaftszentrums in 13 Wirtschaftsregionen.

Nächste Vorstellung am 27. 10., 19.30 Uhr, Schumannstr. 13a

Man kann sich das nicht abtrainieren, höchstens Details ändern.

Nun ist die taz ja für ihre Fakes bekannt.

So verabschiedet sich Lothi schließlich von seinem Kumpel Horsti.

Dies hat ein Sprecher von EU-Umweltkommissarin Ritt Bjerregaard bestätigt.

Nach zwei Jahren stellt sich Klaus freiwillig der Polizei.

Die hat nicht mal die Batterien dafür ersetzt bekommen.

Marlis Dürkop wurde gestern zur Präsidentin der Humboldt-Universität gewählt

Der Lüneburger SK unterlag dem BV Cloppenburg mit 1:2.

Nichts, aber auch gar nichts lädt zum Verweilen ein.

Wenig radioaktives und giftiges Material auf der Brent Spar

Madame X, eine absolute Herrscherin, zieht in den Reichstag.

Seit 15 Jahren verkauft Monika Daniels hier ihre Reibeplätzchen.

Prompt trat das deutsche Wirtschaftsministerium gegen die Phtalat-Verbote auf.

Mit dieser Konstellation kämpft auch der Architekturautor John Welsh.

taz : Kann St. Pauli die Schließung des Hafenkrankenhauses verkraften?

Dann kommt eine dritte Frau herein, lacht verkrampft, sagt:

Wie ging es denn atmosphärisch in den Verhandlungen zu?

Sechs Milliarden Pfund würde die Unabhängigkeit kosten, warnt Labour.

Dann drängen die Bewacher den Minister von der Bühne.

Es ist seit 1. März diesen Jahres in Kraft.

Vor zehn Tagen lag die Stadt erneut unter Beschuß.

Da hätte man natürlich auch selbst drauf kommen können.

Auch der EU-Ministerrat verschleppe seit langem wichtige frauenpolitische Gesetze.

Wenn das Gericht zustimmt, drohen Wüppesahl zehn Monate Gefängnis.

Gefühle und Befindlichkeiten straight aus dem Innenleben von Greie-Fuchs.

Begreift endlich, daß die Bomben Miloevic nicht stürzen werden.

Wir können kein Geld ausgeben, das wir nicht haben.

Die Brandursache ist nach Angaben der Polizei noch unklar.

Denn nachts kamen die Russen und holten die Frauen.

Unter anderem kann eine Stundung der Steuern beantragt werden.

Seit 1994 lebt und schreibt Nevzeta Zulic in Deutschland.

Das scheint auch der Bahnhofsansager langsam spitzbekommen zu haben.

Wir haben uns um eine Konsolidierung der Kulturfinanzierung bemüht.

Es würden weder zusätzliche Arbeitsplätze geschaffen noch Wettbewerbsverzerrungen
    beseitigt.

Wir fahren mit dem Bus vom Flughafen ins Zentrum.

Gleichzeitig sollen frauenpolitisch wirksame Normen im Maastricht-Vertrag verankert
    werden.

Erstmals gibt Reifschläger darin zu, Nivel getreten zu haben.

Einige werden auch von anderen Schulen als Zweigstellen genutzt.

Der Bürgermeister hat eine Denkpause verordnet in Sachen Straßenneubau.

Studie: Bremen gibt am wenigsten Geld für Schulbücher aus

@ CTGhdt 50 sentences

Rassistische Organisationen entwerfen ihre Inhalte genau zu diesem Zweck:

Der Name Quantum verschwindet damit aber nicht vom Markt:

Aber in Fernost konnte Hyperstone etliche "Design Wins" erzielen.

-Ausbau der Hochgeschwindigkeitsnetze und Sicherung eines Wettbewerbs bei
     UMTS-Netzbetreibern

Dadurch habe man als Betriebsergebnis eine "schwarze Null" erreicht.

Alle übrigen Produkte, darunter auch MacOS, übernimmt das Mutterhaus.

Schärfer hätte der Zusammenprall zweier Welten kaum sein können:

MSN- und Yahoo-Benutzer wurden blockiert, mit AIM-Benutzern zu kommunizieren.

Sex, Spiele und Services werden demnach die Umsatzbringer sein.

Das Unternehmen hatte schon zur CeBIT solche Pläne angekündigt.

Ihr moderner "Hexenbegriff" hat mit Satanskulten nichts zu tun:

Der 4. Senat des VGH vertrat eine andere Ansicht.

Der 34-Jährige hatte bislang nichts mit Computern zu tun.

Mit dem Erlös sollen die laufenden Investitionen finanziert werden.

Im gleichen Monat des Vorjahres waren es 43 Prozent.

Das E-Book-Highlight findet aber nicht in den Messehallen statt.

Das größte Wachstum konnten die Anbieter von ADSL-Lösungen verbuchen.

Auf dem Markt könnte er zwei Monate später sein.

Außerdem hätten andere Bundesländer nicht so viel Entgegenkommen gezeigt.

Mit dem aktuellem Datenbestand kommen derzeit auf den Markt:

Analysten rechnen damit, dass Vodafone sein Angebot noch aufstockt.

Seit 1986 gibt es die CeBIT als eigenständige Messe.

Truster werde, so die Firma, ein neues Zeitalter einleiten.

Dabei will Herta Däubler-Gmelin auch mit dem Europarat zusammenarbeiten.

Zudem bestehen beim BDI nach wie vor datenschutzrechtliche Bedenken.

Der Wurm trat erstmals im Juni diesen Jahres auf.

Eine Neuanmeldung sei für bisherige Benutzer jedoch nicht erforderlich.

Ebenso betroffen war die Website der Bürgerrechtsorganisation " Chartia-97 " selbst.

Gates hielt sich am Mittwoch im Weißen Haus auf.

Im letzten Geschäftsjahr war das Ergebnis der Sony-Gruppe rückläufig.

Verbraucherschützer sehen dagegen darin einen Angriff auf die Privatsphäre:

Die personelle Besetzung dieser Kommission ist allerdings noch unklar.

Als Teil des Abkommens tauschen beide Firmen Lizenzen aus.

Funk-LANs überbrücken dagegen ohne weiteres mehrere Dutzend Meter omnidirektional.

Das Paket ist ein typisches Aldi-Schnäppchen mit kleinen Mankos:

Die Integration von Speicher in Prozessoren ist nicht neu:

Schon bald könnte es PowerPC-Komplettsysteme mit vorinstalliertem Linux geben:

Zum Chaos in britischen Behörden siehe auch in Telepolis:

Microsofts.NET scheint sich zu einem Selbstläufer zu entwickeln:

Man hat sie beim Griff in die Keksdose erwischt.

In den USA wird ICANN-Europe bereits als Modell gehandelt.

Die gemessenen Werte werden über einen Computer miteinander verglichen.

Doch mit dem Einkaufen allein ist es nicht getan.

Intel zeigte ferner ein Slot-2-System mit zwei Pentium II.

Bisher betreute sie über 20 Schulprojekte bei verschiedenen Zeitungen.

Die Telekom dementierte denn gegenüber heise online auch heftig:

Der Kauf werde auch nicht mit einer Aktien-Transaktion bezahlt.

Dies hat Amazon.com am Dienstag nach US-Börsenschluss bekannt gegeben.

Zudem soll der Umsatz bis Jahresende "etwas besser" ausfallen.

Die Beta 3 soll voraussichtlich nächste Woche fertig sein.

2. 코퍼스 CTGgene〈CoNLL 포맷〉
– 데이터구조 1–10

1	Randy	Randy	NE	NE	_	2	SB	_	_
2	fragte	fragen	VVFIN	VVFIN	_	0	ROOT	_	_
3	,	—	$,	$,	_	2	—	_	_
4	als	als	KOUS	KOUS	_	10	CP	_	_
5	sie	sie	PPER	PPER	_	10	SB	_	_
6	im	in	APPRART		APPRART	_	10	MO	_	_
7	Hauseingang	Hauseingang	NN	NN	_	6	NK	_	_
8	ihre	ihr	PPOSAT		PPOSAT	_	9	NK	_	_
9	Schuhe	Schuh	NN	NN	_	10	OA	_	_
10	auszogen	ausziehen	VVFIN	VVFIN	_	2	MO	_	_
11	.	—	$.	$.	_	10	—	_	_

1	Wirklich	wirklich	ADJD	ADJD	_	9	MO	_	_
2	,	—	$,	$,	_	1	—	_	_
3	Herr	Herr	NN	NN	_	9	VO	_	_
4	Collins	Collin	NE	NE	_	3	NK	_	_
5	,	—	$,	$,	_	4	—	_	_
6	alle	aller	PIAT	PIAT	_	8	NK	_	_
7	Ihre	ihr	PPOSAT		PPOSAT	_	8	NK	_	_
8	Lobesworte	Lobeswort	NN	NN	_	9	SB	_	_
9	werden	werden	VAFIN	VAFIN	_	0	ROOT	_	_
10	umsonst	umsonst	ADV	ADV	_	11	PD	_	_
11	sein	sein	VAINF	VAINF	_	9	OC	_	_
12	.	—	$.	$.	_	11	—	_	_

1	Ich	ich	PPER	PPER	_	2	SB	_	_

2	komme	kommen	VVFIN	VVFIN	_	0	ROOT	_	_
3	diesen	dieser	PDAT	PDAT	_	4	NK	_	_
4	Morgen	Morgen	NN	NN	_	2	MO	_	_
5	sobald	sobald	ADV	ADV	_	2	MO	_	_
6	als	als	APPR	APPR	_	5	MO	_	_
7	möglich	möglich	ADJD	ADJD	_	6	NK	_	_
8	zu	zu	APPR	APPR	_	2	MO	_	_
9	dir	dir	PPER	PPER	_	8	NK	_	_
10	.	—	$.	$.	_	9	—	_	_

1	Sie	sie	PPER	PPER	_	2	SB	_	_
2	hat	haben	VAFIN	VAFIN	_	0	ROOT	_	_
3	dir	dir	PPER	PPER	_	9	DA	_	_
4	einen	ein	ART	ART	_	5	NK	_	_
5	Brief	Brief	NN	NN	_	9	MO	_	_
6	oder	oder	KON	KON	_	5	CD	_	_
7	sonst	sonst	ADV	ADV	_	8	MO	_	_
8	etwas	etwas	PIS	PIS	_	6	CJ	_	_
9	geschrieben	schreiben	VVPP	VVPP	_	2	OC	_	_
10	.	—	$.	$.	_	9	—	_	_

1	Der	der	ART	ART	_	2	NK	_	_
2	Lehrer	Lehrer	NN	NN	_	3	SB	_	_
3	fragte	fragen	VVFIN	VVFIN	_	0	ROOT	_	_
4	mich	mich	PPER	PPER	_	3	OA	_	_
5	,	—	$,	$,	_	4	—	_	_
6	wo	wo	PWAV	PWAV	_	9	MO	_	_
7	ich	ich	PPER	PPER	_	10	SB	_	_
8	Deutsch	Deutsch	NN	NN	_	9	OA	_	_
9	gelernt	lernen	VVPP	VVPP	_	10	OC	_	_
10	hätte	haben	VAFIN	VAFIN	_	3	OC	_	_

11	.	—	$.	$.	_	10	—	_	_

1	Ich	ich	PPER	PPER	_	2	SB	_	_
2	quälte	quälen	VVFIN	VVFIN	_	0	ROOT	_	_
3	mich	mich	PRF	PRF	_	2	OA	_	_
4	um	um	APPR	APPR	_	2	OP	_	_
5	sie	sie	PPER	PPER	_	4	NK	_	_
6	,	—	$,	$,	_	5	—		
7	und	und	KON	KON	_	2	CD	_	_
8	sie	sie	PPER	PPER	_	9	SB	_	_
9	quälte	quälen	VVFIN	VVFIN	_	7	CJ	_	_
10	mich	mich	PPER	PPER	_	9	OA	_	_
11	.	—	$.	$.	_	10	—	_	_

1	Herbert	Herbert	NE	NE	_	2	SB	_	_
2	hat	haben	VAFIN	VAFIN	_	0	ROOT	_	_
3	uns	uns	PPER	PPER	_	9	OA	_	_
4	vor	vor	APPR	APPR	_	6	MO	_	_
5	allem	alle	PIS	PIS	_	4	NK	_	_
6	am	an	APPRART	APPRART	_	9	MO	_	_
7	Abend	Abend	NN	NN	_	6	NK	_	_
8	gern	gern	ADV	ADV	_	9	MO	_	_
9	besucht	besuchen	VVPP	VVPP	_	2	OC	_	_
10	.	—	$.	$.	_	9	—	_	_

1	Ein	ein	ART	ART	_	2	NK	_	_
2	Teil	Teil	NN	NN	_	6	SB	_	_
3	deiner	dein	PPOSAT	PPOSAT	_	5	NK	_	_
4	alten	alt	ADJA	ADJA	_	5	NK	_	_
5	Möbel	Möbel	NN	NN	_	2	AG	_	_
6	ist	sein	VAFIN	VAFIN	_	0	ROOT	_	_

7	schon	schon	ADV	ADV	_	8	MO	_	_
8	hier	hier	ADV	ADV	_	9	MO	_	_
9	angekommen	ankommen	VVPP	VVPP	_	6	OC	_	_
10	.	—	$.	$.	_	9	—	_	_

1	Und	und	KON	KON	_	3	JU	_	_
2	du	du	PPER	PPER	_	3	SB	_	_
3	hältst	hältst	VVFIN	VVFIN	_	0	ROOT	_	_
4	eine	ein	ART	ART	_	3	OA	_	_
5	von	von	APPR	APPR	_	4	PG	_	_
6	diesen	dieser	PDAT	PDAT	_	7	NK	_	_
7	Ursachen	Ursache	NN	NN	_	5	NK	_	_
8	für	für	APPR	APPR	_	3	OP	_	_
9	gegeben	geben	ADJD	ADJD	_	8	NK	_	_
10	?	—	$.	$.	_	9	—	_	_

1	Aber	aber	KON	KON	_	6	JU	_	_
2	,	—	$,	$,	_	1	—	_	_
3	Lizzy	Lizzy	NE	NE	_	6	VO	_	_
4	,	—	$,	$,	_	3	—	_	_
5	du	du	PPER	PPER	_	3	CJ	_	_
6	bist	sein	VAFIN	VAFIN	_	0	ROOT	_	_
7	mir	sich	PPER	PPER	_	8	NK	_	_
8	gegenüber	gegenüber	APPR	APPR	_	11	MO	_	_
9	sehr	sehr	ADV	ADV	_	10	MO	_	_
10	verschwiegen	verschwiegen	ADJD	ADJD	_	11	PD	_	_
11	gewesen	sein	VAPP	VAPP	_	6	OC	_	_
12	.	—	$.	$.	_	11	—	_	_

3. 코퍼스 CTGtiger〈CoNLL 포맷〉
   - 데이터구조 1-10

1	Die	der	_	ART	_	2	NK	_	_
2	Gesellschaft	Gesellschaft	_	NN	_	5	SB	_	_
3	der	der	_	ART	_	4	NK	_	_
4	Opfer	Opfer	_	NN	_	2	AG	_	_
5	hat	haben	_	VAFIN	_	0	—	_	_
6	plötzlich	plötzlich	_	ADJD	_	5	MO	_	_
7	ihre	ihr	_	PPOSAT	_	8	NK	_	_
8	Mörder	Mörder	_	NN	_	5	OA	_	_
9	wieder	wieder	_	ADV	_	5	MO	_	_
10	.	—	_	$.	_	5	—	_	_

1	Weltweit	weltweit	_	ADJD	_	2	MO		
2	stieß	stoßen	_	VVFIN	_	0	—	_	_
3	der	der	_	ART	_	4	NK	_	_
4	Wissenschaftler	Wissenschaftler	_	NN	_	2	SB	_	_
5	gerade	gerade	_	ADV	_	7	MO	_	_
6	mal	mal	_	ADV	_	5	MO	_	_
7	auf	auf	_	APPR	_	2	MO	_	_
8	fünf	fünf	_	CARD	_	9	NK	_	_
9	Taten	Tat	_	NN	_	7	NK	_	_
10	.	—	_	$.	_	2	—	_	_

1	Dabei	dabei	_	PROAV	_	2	MO	_	_
2	sind	sein	_	VAFIN	_	0	—	_	_
3	gerade	gerade	_	ADV	_	6	MO	_	_
4	auch	auch	_	ADV	_	6	MO	_	_

5	die	der	_	ART	_	6	NK	_	_
6	Skinheads	Skinhead	_	NN	_	2	SB	_	_
7	Kinder	Kind	_	NN	_	2	PD	_	_
8	dieser	dieser	_	PDAT	_	9	NK	_	_
9	Gesellschaft	Gesellschaft	_	NN	_	7	AG	_	_
10	.	—	_	$.	_	2	—	_	_

1	Santiago	Santiago	_	NE	_	2	SB	_	_
2	ist	sein	_	VAFIN	_	0	—	_	_
3	zudem	zudem	_	PROAV	_	2	MO	_	_
4	idealer	ideal	_	ADJA	_	5	NK	_	_
5	Ausgangspunkt	Ausgangspunkt	_	NN	_	2	PD	_	_
6	für	für	_	APPR	_	5	MNR	_	_
7	Reisen	Reise	_	NN	_	6	NK	_	_
8	ins	in	_	APPRART	_	7	MNR	_	_
9	Landesinnere	Landesinnere	_	NN	_	8	NK	_	_
10	.	—	_	$.	_	2	—	_	_

1	Die	der	_	ART	_	2	NK	_	_
2	Runde	Runde	_	NN	_	3	OA	_	_
3	machen	machen	_	VVFIN	_	0	—	_	_
4	gefälschte	gefälscht	_	ADJA	_	5	NK	_	_
5	Vorlesungsverzeichnisse	Vorlesungsverzeichnis	_	NN	_	3	SB	_	_
6	mit	mit	_	APPR	_	5	MNR	_	_
7	einem	ein	_	ART	_	9	NK	_	_
8	zusammengestrichenen	zusammengestrichen	_	ADJA	_	9	NK	_	_
9	Seminarangebot	Seminarangebot	_	NN	_	6	NK	_	_
10	.	—	_	$.	_	3	—	_	_

1	Das	der	_	PDS	_	2	SB	_	_
2	sind	sein	_	VAFIN	_	0	—	_	_

3	12,5	12,5	_	CARD	_	4	NK	_	_
4	Prozent	Prozent	_	NN	_	5	AMS	_	_
5	mehr	mehr	_	PIS	_	2	PD	_	_
6	als	als	_	KOKOM	_	7	CM	_	_
7	im	in	_	APPRART	_	5	CC	_	_
8	vergleichbaren	vergleichbar	_	ADJA	_	9	NK	_	_
9	Vorjahreszeitraum	Vorjahreszeitraum	_	NN	_	7	NK	_	_
10	.	—	_	$.	_	2	—	_	_

1	Es	es	_	PPER	_	2	SB	_	_
2	ändert	ändern	_	VVFIN	_	0	—	_	_
3	jedoch	jedoch	_	ADV	_	2	MO	_	_
4	nichts	nichts	_	PIS	_	2	OA	_	_
5	an	an	_	APPR	_	2	OP	_	_
6	den	der	_	ART	_	9	NK	_	_
7	unabsehbaren	unabsehbar	_	ADJA	_	9	NK	_	_
8	gesellschaftspolitischen	gesellschaftspolitisch	_	ADJA	_	9	NK	_	_
9	Folgen	Folge	_	NN	_	5	NK	_	_
10	;	—	_	$.	_	2	—	_	_

1	Doch	doch	_	KON	_	9	JU	_	_
2	auch	auch	_	ADV	_	5	MO	_	_
3	die	der	_	ART	_	5	NK	_	_
4	Private	privat	_	ADJA	_	5	NK	_	_
5	Krankenversicherung	Krankenversicherung	_	NN	_	9	SB	_	_
6	(	—	_	$(	_	7	—	_	_
7	PKV	PKV	_	NE	_	5	APP	_	_
8	)	—	_	$(	_	7	—	_	_
9	bleibt	bleiben	_	VVFIN	_	0	—	_	_
10	nicht	nicht	_	PTKNEG	_	11	NG	_	_
11	verschont	verschonen	_	VVPP	_	9	PD	_	_

12	.	—	_	$.	_	9	—	_	_
1	Das	der	_	PDS	_	2	SB	_	_
2	liest	lesen	_	VVFIN	_	0	—	_	_
3	sich	sich	_	PRF	_	2	OA	_	_
4	(	—	_	$(	_	2	—	_	_
5	Moskau	Moskau	_	NE	_	2	MO	_	_
6	,	—	_	$,	_	2	—	_	_
7	im	in	_	APPRART	_	2	MO	_	_
8	Juni	Juni	_	NN	_	7	NK	_	_
9	1992	1992	_	CARD	_	8	NK	_	_
10	)	—	_	$(	_	2	—	_	_
11	dann	dann	_	ADV	_	2	MO	_	_
12	so	so	_	ADV	_	2	MO	_	_
13	:	—	_	$.	_	2	—	_	_
1	"	—	_	$(	_	6	—	_	_
2	Sich	sich	_	PRF	_	4	OA	_	_
3	darin	darin	_	PROAV	_	4	MO	_	_
4	einzurichten	einrichten	_	VVIZU	_	6	SB	_	_
5	,	—	_	$,	_	6	—	_	_
6	gilt	gelten	_	VVFIN	_	0	—	_	_
7	nach	nach	_	ADV	_	6	MO	_	_
8	wie	wie	_	KON	_	7	CD	_	_
9	vor	vor	_	ADV	_	8	CJ	_	_
10	als	als	_	APPR	_	6	MO	_	_
11	attraktiv	attraktiv	_	ADJD	_	10	NK	_	_
12	.	—	_	$.	_	6	—	_	_
13	"	—	_	$(	_	6	—	_	_

4. 코퍼스 CTGtueba〈CoNLL 포맷〉
- 데이터구조 1-10

1	Aus	aus	_	APPR	_	9	PP	_	_
2	Hanffasern	Hanffaser	_	NN	_	1	PN	_	_
3	werden	werden%passiv	_	VAFIN	_	0	ROOT	_	_
4	in	in	PREP	APPR	d	9	PP	_	_
5	Asien	Asien	_	NE	_	4	PN	_	_
6	extrem	extrem	ADV	ADJD	_	7	ADV	_	_
7	haltbare	haltbar	_	ADJA	_	8	ATTR	_	_
8	Textilien	Textilie	_	NN	_	3	SUBJ	_	_
9	hergestellt	her#stellen	_	VVPP	_	3	AUX	_	_
10	.	.	$.	$.	_	9	punct	_	_

1	Wir	wir	_	PPER	_	2	SUBJ	_	_
2	haben	haben	_	VAFIN	_	0	ROOT	_	_
3	doch	doch	_	ADV	_	2	ADV	_	_
4	sowieso	sowieso	ADV	ADV	_	2	ADV	_	_
5	Erfolg	Erfolg	_	NN	_	2	OBJA	_	_
6	und	und	KON	KON	_	2	KON	_	_
7	machen	machen	_	VVFIN	_	6	CJ	_	_
8	gute	gut	_	ADJA	_	9	ATTR	_	_
9	Sachen	Sache	_	NN	_	7	OBJA	_	_
10	.	.	$.	$.	_	9	punct	_	_

1	Mehr	mehr	_	ADV	_	2	ADV	_	_
2	als	als	KOKOM	KOKOM	_	6	SUBJ	_	_
3	eine	eine	_	ART	_	4	DET	_	_
4	Million	Million	_	NN	_	2	CJ	_	_

5	Mark	Mark	_	NN	_	2	APP	_	_
6	stecken	stecken	_	VVFIN	_	0	ROOT	_	_
7	in	in	_	APPR	_	6	OBJP	_	_
8	dem	das	_	ART	_	9	DET	_	_
9	Projekt	Projekt	_	NN	_	7	PN	_	_
10	.	.	$.	$.	_	9	punct	_	_
1	Dessen	dessen	_	PDAT	_	3	DET	_	_
2	weitere	weiter	_	ADJA	_	3	ATTR	_	_
3	Karriere	Karriere	_	NN	_	4	SUBJ	_	_
4	ist	sein	_	VAFIN	_	0	ROOT	_	_
5	womöglich	womöglich	_	ADV	_	4	ADV	_	_
6	auch	auch	ADV	ADV	_	4	ADV	_	_
7	für	für	_	APPR	_	4	PP	_	_
8	Stürmann	Stürmann	_	NE	_	7	PN	_	_
9	richtungsweisend	richtungsweisend	_	ADJD	_	4	PRED	_	_
10	.	.	$.	$.	_	9	punct	_	_
1	Schlimmstenfalls	schlimmstenfalls	_	ADV	_	2	ADV	_	_
2	landen	landen	_	VVFIN	_	0	ROOT	_	_
3	die	der	_	ART	_	5	DET	_	_
4	unliebsamen	unliebsam	_	ADJA	_	5	ATTR	_	_
5	Kartons	Karton	_	NN	_	2	SUBJ	_	_
6	auf	auf	PREP	APPR	d	2	OBJP	_	_
7	Deponien	Deponie	_	NN	_	6	PN	_	_
8	im	in	_	APPRART	_	7	PP	_	_
9	Ausland	Ausland	_	NN	_	8	PN	_	_
10	.	.	$.	$.	_	9	punct	_	_
1	Als	als	_	KOKOM	_	4	KOM	_	_
2	Monsieur	Monsieur	FM	FM	_	1	CJ	_	_

3	Cinema	Cinema	_	NE	_	2	APP	_	_
4	lebt	leben	_	VVFIN	_	0	ROOT	_	_
5	er	er	_	PPER	_	4	SUBJ	_	_
6	in	in	PREP	APPR	d	4	PP	_	_
7	einem	ein	_	ART	_	9	DET	_	_
8	alten	alt	_	ADJA	_	9	ATTR	_	_
9	Schloß	Schloß	_	NN	_	6	PN	_	_
10	.	.	$.	$.	_	9	punct	_	_

1	Es	es	_	PPER	_	2	SUBJ	_	_
2	ist	sein	_	VAFIN	_	0	ROOT	_	_
3	ein	ein	_	ART	_	6	DET	_	_
4	charmant	charmant	ADV	ADJD	_	5	ADV	_	_
5	unfertiger	unfertig	_	ADJA	_	6	ATTR	_	_
6	Abend	Abend	_	NN	_	2	PRED	_	_
7	für	für	_	APPR	_	6	PP	_	_
8	soulfulle	soulfull	_	ADJA	_	9	ATTR	_	_
9	Kleinkunstliebhaber	Kleinkunstliebhaber	_	NN	_	7	PN	_	_
10	.	.	$.	$.	_	9	punct	_	_

1	Ein	ein	_	ART	_	2	DET	_	_
2	Friedensschluß	Friedensschluß	_	NN	_	6	SUBJ	_	_
3	1994	1994	_	CARD	_	2	APP	_	_
4	unter	unter	PREP	APPR	d	3	PP	_	_
5	UN-Überwachung	UN-Überwachung	_	NN	_	4	PN	_	_
6	brach	zusammen#brechen	_	VVFIN	_	0	ROOT	_	_
7	vergangenes	vergangen	_	ADJA	_	8	ATTR	_	_
8	Jahr	Jahr	_	NN	_	6	ZEIT	_	_
9	zusammen	_	_	PTKVZ	_	6	AVZ	_	_
10	.	.	$.	$.	_	9	punct	_	_

1	Dies	dieses	_	PDS	_	2	OBJA	_	_
2	ergab	ergeben	_	VVFIN	_	0	ROOT	_	_
3	eine	eine	_	ART	_	4	DET	_	_
4	Untersuchung	Untersuchung	_	NN	_	2	SUBJ	_	_
5	des	das	_	ART	_	6	DET	_	_
6	Wissenschaftszentrums	Wissenschaftszentrum	_	NN	_	4	GMOD	_	_
7	in	in	_	APPR	_	4	PP	_	_
8	13	13	CARD	CARD	_	9	ATTR	_	_
9	Wirtschaftsregionen	Wirtschaftsregion	_	NN	_	7	PN	_	_
10	.	.	$.	$.	_	9	punct	_	_

1	Nächste	nächst	_	ADJA	_	2	ATTR	_	_
2	Vorstellung	Vorstellung	_	NN	_	0	ROOT	_	_
3	am	an	_	APPRART	_	0	ROOT	_	_
4	27.	27.	_	ADJA	_	3	PN	_	_
5	10.	10.	_	ADJA	_	4	ATTR	_	_
6	,	,	$,	$,	_	5	punct	_	_
7	19.30	19.30	_	CARD	_	8	ATTR	_	_
8	Uhr	Uhr	_	NN	_	4	APP	_	_
9	,	,	_	$,	_	8	punct	_	_
10	Schumannstr.	Schumannstr.	_	NN	_	0	ROOT	_	_
11	13a	13a	_	XY	_	10	gmod-app	_	_

5. 코퍼스 CTGhdt〈CoNLL 포맷〉
    – 데이터구조 1–10

1   Rassistische   Rassistische   ADJA   ADJA   flexion=strong|number=pl|gender=fem|pattern=Namensadjektiv   2   ATTR_   _

2   Organisationen   Organisation   N   NN   case=nom|number=pl|person=third|gender=fem   3   SUBJ   _   _

3   entwerfen   entwerfen   V   VVFIN   mood=indicative|number=pl|person=third|tense=present 0   S   _   _

4   ihre   ihre   ART   PPOSAT   case=acc|number=pl|person=third 5   DET   _   _

5   Inhalte   Inhalt   N   NN   case=acc|number=pl|person=third|gender=masc   3   OBJA   _   _

6   genau   genau   ADV   ADJD   degree=positive   3   ADV   _   _

7   zu   zu   PREP   APPR   case=dat   3   PP   _   _

8   diesem   diesem   ART   PDAT   case=dat|number=sg|gender=masc 9   DET   _   _

9   Zweck   Zweck   N   NN   case=dat|number=sg|person=third|gender=masc   7   PN   _   _

10 :   : $. $.   _   0   ROOT   _   _

1   Der   Der   ART   ART   gender=masc|case=nom|number=sg   2   DET   _   _

2   Name   Name   N   NN   gender=masc|case=nom|number=sg|person=third   4   SUBJ   _   _

3   Quantum   Quantum   N   NE   subcat=Firma|case=nom|number=sg|person=third 2   APP   _   _

4   verschwindet verschwinden V   VVFIN   number=sg|tense=present|person=third|mood=indicative 0   S   _   _

5	damit	damit	PROAV	PROAV	_	4	PP	_	_
6	aber	aber	ADV	ADV	subcat=sentence|cat2=KON	4	ADV	_	_
7	nicht	nicht	PTKNEG	PTKNEG	_	4	ADV	_	_
8	vom	vom	PREP	APPRART	gender=not_fem|case=dat	4	PP	_	_
9	Markt	Markt	N	NN	gender=masc|case=nom_dat_acc|number=sg|person=third	8	PN	_	_
10	:	:	$.	$.	_	0	ROOT	_	_
1	Aber	Aber	KON	KON	_	0	S	_	_
2	in	in	PREP	APPR	case=acc	4	PP	_	_
3	Fernost	Fernost	N	NN	person=third|pattern=NN	2	PN	_	_
4	konnte	können	V	VMFIN	mood=indicative|number=sg|person=third|tense=past	1	CJ	_	_
5	Hyperstone	Hyperstone	N	NE	subcat=Firma|case=acc|number=sg|person=third	11	OBJA	_	_
6	etliche	etlich	ART	PIAT	case=acc|number=pl|person=third	8	DET	_	_
7	"	"	$(	$(	_	0	ROOT	_	_
8	Design	Design	FM	FM	person=third	5	APP	_	_
9	Wins	Wins	FM	FM	person=third	8	APP	_	_
10	"	"	$(	$(	_	0	ROOT	_	_
11	erzielen	erzielen	V	VVINF	_	4	AUX	_	_
12	.	.	$.	$.	_	0	ROOT	_	_
1	-	-	$(	$(	_	0	ROOT	_	_
2	Ausbau	Ausbau	N	NN	gender=masc|case=nom_dat_acc|number=sg|person=third	0	S	_	_
3	der	der	ART	ART	case=gen|number=pl	4	DET	_	_

ID	FORM	LEMMA	CPOS	POS	FEATS	HEAD	DEPREL		
4	Hochgeschwindigkeitsnetze	Netz	N	NN	gender=neut|case=nom_gen_acc|number=pl|person=third	2	GMOD	_	_
5	und	und	KON	KON	_	2	KON	_	_
6	Sicherung	Sicherung	N	NN	gender=fem|number=sg|person=third	5	CJ	_	_
7	eines	eines	ART	ART	gender=masc|case=gen|number=sg	8	DET	_	_
8	Wettbewerbs	Wettbewerb	N	NN	gender=masc|case=gen|number=sg|person=third	6	GMOD	_	_
9	bei	bei	PREP	APPR	case=dat	8	PP	_	_
10	UMTS-Netzbetreibern	Betreiber	N	NN	gender=masc|case=dat|number=pl|person=third	9	PN	_	_

ID	FORM	LEMMA	CPOS	POS	FEATS	HEAD	DEPREL		
1	Dadurch	Dadurch	PROAV	PROAV	_	2	PP	_	_
2	habe	haben	V	VAFIN	mood=subjunctive1|number=sg|person=third|tense=present	0	S	_	_
3	man	man	PRO	PIS	case=nom|number=sg|person=third	2	SUBJ	_	_
4	als	als	KOKOM	KOKOM	_	11	KOM	_	_
5	Betriebsergebnis	Ergebnis	N	NN	case=nom_dat_acc|number=sg|person=third|gender=neut	4	CJ	_	_
6	eine	eine	ART	ART	case=acc|number=sg|gender=fem	9	DET	_	_
7	"	"	$(	$(	_	0	ROOT	_	_
8	schwarze	schwarz	ADJA	ADJA	case=nom_acc|flexion=mixed|number=sg|degree=positive|gender=fem	9	ATTR	_	_
9	Null	Null	N	NN	number=sg|person=third|gender=fem	11	OBJA	_	_
10	"	"	$(	$(	_	0	ROOT	_	_
11	erreicht	erreichen	V	VVPP	_	2	AUX	_	_
12	.	.	$.	$.	_	0	ROOT	_	_

1 Alle　　　　all　　　　ART　PIDAT　case=acc|number=pl|person=third 3
DET　　　　_　　　　_
2 übrigen　　übrig　　　ADJA　ADJA　case=acc|flexion=weak_mixed|
number=pl|degree=positive|gender=neut　　3　ATTR_　　_
3 Produkte　Produkt　　N　　NN
case=acc|number=pl|person=third|gender=neut　9　OBJA　_　_
4 ,　　　　　,　　　　　$,　　$,　　_　0　ROOT　_　_
5 darunter　darunter　PROAV PROAV　_　7　PP　　_　_
6 auch　　　auch　　　ADV　ADV　subcat=focus|cat2=KON　　7
ADV　　　　_　　　　_
7 MacOS　　MacOS　　N　　NE
subcat=Produkt|case=acc|number=sg|person=third 3　APP　_　_
8 ,　　　　　,　　　　　$,　　$,　　_　0　ROOT　_　_
9 übernimmt　übernehmen　V　VVFIN
mood=indicative|number=sg|person=third|tense=present 0　S　_　_
10 das　　　　das　　　　ART　ART　case=nom|number=sg|gender=neut 11
DET　　　　_　　　　_
11 Mutterhaus Haus　　　N　　NN
case=nom|number=sg|person=third|gender=neut　9　SUBJ　_　_
12 .　　　　　.　　　　　$.　　$.　　_　0　ROOT　_　_

1 Schärfer　scharf　　ADV　ADJD　degree=comparative 8　PRED　_　_
2 hätte　　　haben　　　V　　VAFIN
number=sg|tense=present|person=third|mood=subjunctive 2　　0　S　_　_
3 der　　　　der　　　　ART　ART　gender=masc|case=nom|number=sg
4　　　　　DET　　　　_　_
4 Zusammenprall　　　　Prall　N　　NN
gender=masc|case=nom_dat_acc|number=sg|person=third　　2　SUBJ　_　_
5 zweier　　zweier　　ADJA　ADJA　pattern=ADJA|flexion=strong_mixed
6　　　　　ATTR　　　_　_
6 Welten　　Welt　　　N　　NN　gender=fem|number=pl|person=third

```
     4              GMOD         _       _
7    kaum          kaum         ADV     ADV      subcat=grade      8    ADV    _   _
8    sein          sein         V       VAINF    _       9    AUX    _   _
9    können        können       V       VMINF    _       2    AUX    _   _
10   :             :            $.      $.       _       0    ROOT   _   _


1    MSN-          MSN-         TRUNC   TRUNC    cat2=NN|pattern=NN-Anfang  4
     SUBJ          _            _
2    und           und          KON     KON      _       1    KON    _   _
3    Yahoo-Benutzer             Benutzer         N       NN
     case=nom_dat_acc|number=sg|person=third|gender=masc       2    CJ     _   _
4    wurden        werden       V       VAFIN
     mood=indicative|number=pl|person=third|tense=past        0    S              _
5    blockiert     blockieren   V       VVPP     _       4    AUX    _   _
6    ,             ,            $,      $,       _       0    ROOT   _   _
7    mit           mit          PREP    APPR     case=dat        10   PP  _       _
8    AIM-Benutzern              Benutzer         N       NN
     case=dat|number=pl|person=third|gender=masc       7    PN     _   _
9    zu            zu           PTKZU   PTKZU    _       10   PART   _   _
10   kommunizieren              kommunizieren    V       VVINF    _       4    NEB
     _             _            $.      $.       _       0    ROOT   _   _
11   .             .            $.      $.       _       0    ROOT   _   _


1    Sex           Sex          FM      FM       pattern=FM|person=third      6
     SUBJ          _            _
2    ,             ,            $,      $,       _       0    ROOT   _   _
3    Spiele        Spiel        N       NN
     gender=neut|case=nom_gen_acc|number=pl|person=third 1   KON    _   _
4    und           und          KON     KON      _       3    KON    _   _
5    Services      Service      N       NN
     gender=masc|number=pl|person=third       4    CJ     _       _
```

ID	FORM	LEMMA	CPOSTAG	POSTAG	FEATS	HEAD	DEPREL	PHEAD	PDEPREL
6	werden	werden	V	VAFIN	number=pl|tense=present|person=third|mood=indicative	0	S	_	_
7	demnach	demnach	PROAV	PROAV	cat2=KON	10	PP	_	_
8	die	die	ART	ART	case=nom|number=pl	9	DET	_	_
9	Umsatzbringer		unknown	N	NN	pattern=NN|person=third	10	PRED	_	_
10	sein	sein	V	VAINF	_	6	AUX	_	_
11	.	.	$.	$.	_	0	ROOT	_	_

ID	FORM	LEMMA	CPOSTAG	POSTAG	FEATS	HEAD	DEPREL	PHEAD	PDEPREL
1	Das	Das	ART	ART	case=nom|number=sg|gender=neut	2	DET	_	_
2	Unternehmen	Unternehmen	N	NN	case=nom_dat_acc|number=sg|person=third|gender=neut	3	SUBJ	_	_
3	hatte	haben	V	VAFIN	mood=indicative|number=sg|person=third|tense=past	0	S	_	_
4	schon	schon	ADV	ADV	subcat=focus	5	ADV	_	_
5	zur	zur	PREP	APPRART	case=dat|gender=fem	9	PP	_	_
6	CeBIT	CeBIT	N	NE	pattern=NE|person=third	5	PN	_	_
7	solche	solch	ART	PIDAT	case=acc|flexion=strong|number=pl|person=third	8	DET	_	_
8	Pläne	Plan	N	NN	case=nom_gen_acc|number=pl|person=third|gender=masc	9	OBJA	_	_
9	angekündigt	ankündigen	V	VVPP	_	3	AUX	_	_
10	.	.	$.	$.	_	0	ROOT	_	_

6. 코퍼스 CTG21cns의 구구조규칙 (빈도기준 1위–502위)

구구조규칙	빈도	누적빈도	누적백분율(%)
NP → ART NN	28711	28711	7.34
PP → APPR ART NN	9315	38026	9.73
PP → APPR NN	8023	46049	11.78
NP → ART ADJA NN	7944	53993	13.81
PP → APPRART NN	6524	60517	15.48
MPN → NE NE	5346	65863	16.85
PP → APPR NE	5194	71057	18.18
NP → ADJA NN	4745	75802	19.39
NP → ART NN PP	4734	80536	20.6
NP → ART NN NP	4680	85216	21.8
NP → PPOSAT NN	4234	89450	22.88
VP → PP VVPP	3380	92830	23.74
VZ → PTKZU VVINF	3292	96122	24.59
NP → NN PP	3276	99398	25.42
PP → APPR ADJA NN	3200	102598	26.24
PP → APPR ART ADJA NN	3002	105600	27.01
S → NP VAFIN VP $.	2777	108377	27.72
VP → NP VVINF	2613	110990	28.39
CNP → NN KON NN	2444	113434	29.01
PP → APPR CNP	2144	115578	29.56
CS → S KON S $.	2133	117711	30.11
VP → VVPP	2107	119818	30.65
CS → S $, S $.	2099	121917	31.18
VP → PP VVINF	2046	123963	31.71
AP → ADV ADJD	2036	125999	32.23
NP → PDAT NN	1886	127885	32.71

NP → PIAT NN	1773	129658	33.16
AVP → ADV ADV	1758	131416	33.61
NP → NN NP	1723	133139	34.05
PP → APPR CARD NN	1709	134848	34.49
PP → APPR PPOSAT NN	1672	136520	34.92
NP → PPER	1672	138192	35.35
NP → AP NN	1646	139838	35.77
PP → APPR ART NN NP	1624	141462	36.18
VP → VVINF	1622	143084	36.6
NP → CARD NN	1601	144685	37.01
NP → ART NE	1415	146100	37.37
PP → APPR PPER	1355	147455	37.72
PP → APPR ART NN PP	1295	148750	38.05
NM → CARD NN	1250	150000	38.37
PP → APPRART ADJA NN	1226	151226	38.68
NP → PIDAT NN	1221	152447	38.99
CNP → NP KON NP	1202	153649	39.3
PP → APPR NN PP	1201	154850	39.61
PP → APPR PDAT NN	1161	156011	39.91
NP → ART ADJA NN PP	1144	157155	40.2
AP → ADJD ADJA	1128	158283	40.49
VP → VP VAINF	1095	159378	40.77
PP → APPRART NN NP	1040	160418	41.03
PP → APPR NN NP	1031	161449	41.3
AP → ADV CARD	1019	162468	41.56
CS → S $, KON S $.	1005	163473	41.81
VP → NP VVPP	984	164457	42.07
NP → ART NN NE	918	165375	42.3
AVP → PTKNEG ADV	916	166291	42.53
NP → ART AP NN	914	167205	42.77
S → PPER VAFIN VP	886	168091	43

S → NP VMFIN VP $.	874	168965	43.22
PP → APPR MPN	858	169823	43.44
AP → ADV ADJA	857	170680	43.66
NP → ART ADJA NN NP	826	171506	43.87
S → NP VAFIN VP	808	172314	44.08
VP → VVPP VAINF	791	173105	44.28
NP → NN MPN	786	173891	44.48
S → NP VVFIN NP $.	776	174667	44.68
PP → APPR AP NN	767	175434	44.87
S → PP VAFIN NP VP $.	754	176188	45.07
VP → ADJD VVPP	754	176942	45.26
VP → ADV VVPP	748	177690	45.45
NP → NN NE	745	178435	45.64
VP → VP VAPP	714	179149	45.82
S → PPER VAFIN VP $.	700	179849	46
PP → PROAV	696	180545	46.18
S → NP VAFIN NP $.	693	181238	46.36
NP → PPOSAT ADJA NN	681	181919	46.53
PP → APPRART NN PP	680	182599	46.71
AP → PP ADJA	669	183268	46.88
S → NP VVFIN PP $.	657	183925	47.05
VP → NP VZ	641	184566	47.21
MPN → FM FM	638	185204	47.37
VP → PP PP VVPP	621	185825	47.53
PP → APPR PIS	614	186439	47.69
PP → APPR ART NE	610	187049	47.84
S → NP VAFIN AP $.	587	187636	47.99
S → NP VAFIN NP VP $.	584	188220	48.14
VP → ADV VVINF	582	188802	48.29
S → PP VAFIN VP $.	569	189371	48.44
PP → APPR PIDAT NN	567	189938	48.58

CNP → NE KON NE	564	190502	48.73
PP → ADV APPR ART NN	559	191061	48.87
NP → NE NN	557	191618	49.01
PP → APPR PRF	556	192174	49.16
VP → NP VVIZU	541	192715	49.29
PP → APPR CARD	539	193254	49.43
AP → ADJD ADJD	537	193791	49.57
MPN → FM FM FM	531	194322	49.7
VP → VP VVINF	528	194850	49.84
NP → ART NN $, S	522	195372	49.97
PP → ADV APPR NN	520	195892	50.11
NP → KOKOM NN	520	196412	50.24
VP → NN VVINF	505	196917	50.37
NP → NN	498	197415	50.5
VP → ADV PP VVPP	486	197901	50.62
PP → APPR PRELS	485	198386	50.74
NP → ADJA NN PP	482	198868	50.87
NP → ART ADJA	479	199347	50.99
NP → ADV NN	464	199811	51.11
AVP → ADV PTKNEG	461	200272	51.23
PP → APPR NM NN	459	200731	51.34
S → NP VVFIN NP PP $.	457	201188	51.46
AP → PP ADJD	457	201645	51.58
PP → APPR ADV	456	202101	51.69
NP → ART NN MPN	447	202548	51.81
NP → ADV ART NN	440	202988	51.92
CVP → VP KON VP	433	203421	52.03
CS → S $, S	411	203832	52.14
NP → PIAT ADJA NN	402	204234	52.24
S → PP VVFIN NP PP $.	401	204635	52.34
VP → ADJD VVINF	399	205034	52.44

S → VVFIN	397	205431	52.55
NP → ART PIDAT NN	397	205828	52.65
S → VVFIN NP	395	206223	52.75
AP → PTKNEG ADJD	392	206615	52.85
NP → S	390	07005	52.95
VZ → PTKZU VAINF	388	207393	53.05
NP → NN CARD	384	207777	53.15
AP → ADJD	380	208157	53.24
VP → VVIZU	379	208536	53.34
S → PP VVFIN NP $.	374	208910	53.44
S → KOUS PPER VP VAFIN	372	209282	53.53
CNP → NN KON NP	370	209652	53.63
VP → ADV NP VVPP	362	210014	53.72
NP → NN NN	358	210372	53.81
NP → NM NN	354	210726	53.9
NP → PIS NP	348	211074	53.99
S → PPER VVFIN NP	341	211415	54.08
AP → ADV NM	339	211754	54.16
PP → APPRART CARD	336	212090	54.25
S → NP VVFIN PP	327	212417	54.33
CS → S $. S $.	321	212738	54.42
CS → S KON S	321	213059	54.5
S → NP VVFIN PP PP $.	318	213377	54.58
S → NP VVFIN	317	213694	54.66
NP → ART ADJA ADJA NN	317	214011	54.74
S → PRELS VP VAFIN	316	214327	54.82
AVP → ADV	314	214641	54.9
S → ADV VAFIN NP VP $.	313	214954	54.98
S → KOUS NP VP VAFIN	313	215267	55.06
S → PP VAFIN PPER VP $.	313	215580	55.14
S → PP VMFIN NP VP $.	307	215887	55.22

S → NP VMFIN NP VP $.	300	216187	55.3
PP → APPR ART AP NN	300	216487	55.37
CAP → ADJA KON ADJA	300	216787	55.45
NP → AP	298	217085	55.53
NP → PIS	297	217382	55.6
PP → APPR ART ADJA NN NP	295	217677	55.68
CNP → NN $, NN KON NN	290	217967	55.75
NM → CARD CARD	290	218257	55.83
NP → ART ADJA NN NE	288	218545	55.9
NUR → S $[	288	218833	55.97
AP → ADV ADV ADJD	287	219120	56.05
VP → NP VAINF	287	219407	56.12
VP → VVINF $, S	287	219694	56.19
VP → PP NP VVINF	286	219980	56.27
S → PPER VAFIN NP $.	286	220266	56.34
S → PPER VVFIN $, S $.	285	220551	56.41
NP → PDS	285	220836	56.49
S → NP VMFIN VP	284	221120	56.56
VP → PTKNEG VVPP	283	221403	56.63
PP → APPR PIAT NN	282	221685	56.7
S → NP VVFIN NP	279	221964	56.78
NP → NN $, S	279	222243	56.85
NP → NN PP $.	277	222520	56.92
MPN → FM NE FM	275	222795	56.99
S → NP VVFIN PP NP $.	274	223069	57.06
NP → ART MPN	274	223343	57.13
PP → APPR PPOSAT ADJA NN	273	223616	57.2
S → PRELS NP VVFIN	272	223888	57.27
CAP → ADJD KON ADJD	269	224157	57.34
PP → ADV APPRART NN	266	224423	57.4
VP → VP VMINF	264	224687	57.47

S → PPER VAFIN NP	262	224949	57.54
NP → PIAT NN PP	261	225210	57.61
PP → APPR ART ADJA NN PP	261	225471	57.67
NP → PPOSAT NN PP	260	225731	57.74
S → PPER VMFIN VP	254	225985	57.8
S → S $, VVFIN NP $.	253	226238	57.87
S → NN VAFIN VP $.	251	226489	57.93
S → VVFIN NN	251	226740	58
PP → APPR CAP NN	244	226984	58.06
AP → ADJD PP	242	227226	58.12
NP → MPN $, NP	241	227467	58.18
CAP → CARD APPR CARD	241	227708	58.24
NP → ART ADJA NN MPN	240	227948	58.31
AP → NP ADJD	238	228186	58.37
VP → AP VAINF	238	228424	58.43
VP → NP PP VVINF	236	228660	58.49
NP → ADV PIS	234	228894	58.55
VP → ADJD PP VVPP	231	229125	58.61
VP → PP ADJD VVPP	231	229356	58.67
AP → PTKA ADJD	229	229585	58.72
CNP → NP	228	229813	58.78
S → VAFIN VP	225	230038	58.84
S → S $, VVFIN NE	223	230261	58.9
NP → ADV ART ADJA NN	223	230484	58.95
NP → FM	222	230706	59.01
NP → KOKOM ART NN	220	230926	59.07
NP → ADV PPER	220	231146	59.12
VP → VP VZ	220	231366	59.18
S → PP VVFIN PPER NP $.	219	231585	59.24
PP → APPR ART NN NE	218	231803	59.29
CPP → PP KON PP	217	232020	59.35

NP → PWS	217	232237	59.4
S → NP VVFIN $, S $.	216	232453	59.46
S → VVFIN PP	214	232667	59.51
S → NP VMFIN ADV VP $.	213	232880	59.57
S → NP PP	213	233093	59.62
VP → NP PP VZ	212	233305	59.68
AVP → S	212	233517	59.73
VP → PP VZ	211	233728	59.78
VP → PRF PP VVINF	210	233938	59.84
S → NP VAFIN PPER VP $.	209	234147	59.89
S → NP VVFIN ADV NP $.	208	234355	59.94
PP → APPR ADJD	208	234563	60
NP → PIDAT ADJA NN	207	234770	60.05
NP → ART NN NN	207	234977	60.1
S → PP VVFIN NP NP $.	203	235180	60.16
PP → APPRART NN CARD	202	235382	60.21
AVP → KOKOM ADV	202	235584	60.26
CS → S	202	235786	60.31
VP → NN VVPP	201	235987	60.36
S → NP VAFIN AP	201	236188	60.41
NP → AP NN PP	200	236388	60.46
S → NN VVFIN NP	198	236586	60.52
NP → PDAT ADJA NN	197	236783	60.57
S → PPER VVFIN NP PP $.	196	236979	60.62
S → NP VAFIN NP	196	237175	60.67
NP → ADV ART NN PP	196	237371	60.72
AP → NP ADJA	195	237566	60.77
S → NP VVFIN ADV PP $.	195	237761	60.82
PP → APPRART NE	195	237956	60.87
CS → S $. S	193	238149	60.91
NP → CAP NN	193	238342	60.96

PP → APPRART ADJA	193	238535	61.01
S → S $, VVFIN NE $.	191	238726	61.06
S → NE VAFIN VP $.	188	238914	61.11
S → PROAV VAFIN NP VP $.	188	239102	61.16
S → NP VP	188	239290	61.21
VP → PRF VVINF	188	239478	61.25
S → NP NP	186	239664	61.3
VP → VZ	184	239848	61.35
MPN → NE NE NE	184	240032	61.4
S → PPER VMFIN VP $.	184	240216	61.44
CNP → NN $[KON NN	183	240399	61.49
S → ADV VAFIN VP $.	183	240582	61.54
S → PRELS PP VVFIN	183	240765	61.58
NP → ADV ART NN NP	183	240948	61.63
VP → KOUI NP VZ	181	241129	61.68
S → ADV VVFIN NP PP $.	181	241310	61.72
NP → AP NN NP	179	241489	61.77
S → ADV NP	179	241668	61.82
VP → VVPP $, VP	178	241846	61.86
S → NN VP	178	242024	61.91
NP → ART ADJA NN $, S	178	242202	61.95
VP → PP NP VVPP	178	242380	62
S → PPER VVFIN PP	177	242557	62.04
VP → NP PP VVIZU	176	242733	62.09
S → VP NP	175	242908	62.13
S → NP VVFIN VP $.	174	243082	62.18
S → ADV VAFIN PPER VP $.	174	243256	62.22
S → PPER VAFIN NP VP $.	174	243430	62.27
VP → VVPP PP	173	243603	62.31
S → PPER VAFIN AP	172	243775	62.35
AP → PIAT AP	171	243946	62.4

VP → AVP VVPP	170	244116	62.44
S → NP $. S $.	170	244286	62.48
S → NP VVFIN NP PTKVZ $.	170	244456	62.53
S → NN VVFIN PP	169	244625	62.57
VP → PIS VVINF	168	244793	62.61
VP → ADV ADV VVPP	168	244961	62.66
S → PWAV NP VVFIN	167	245128	62.7
VP → AP VVPP	166	245294	62.74
S → VVFIN PPER	166	245460	62.79
NP → PPER ADV	166	245626	62.83
S → KOUS PPER NP VVFIN	166	245792	62.87
NP → KOKOM ADJA NN	165	245957	62.91
NP → CARD NN PP	164	246121	62.95
NP → ART PIS	164	246285	63
MPN → FM FM FM FM	164	246449	63.04
CS → S S $.	163	246612	63.08
S → NN VAFIN NP $.	162	246774	63.12
S → KOUS PPER VP VMFIN	161	246935	63.16
NP → ADV ADJA NN	159	247094	63.2
PP → APPR NE NN	159	247253	63.24
S → NP VAFIN ADJD $.	159	247412	63.28
NP → ART ADJA NE	159	247571	63.33
PP → APPR NN NN	157	247728	63.37
S → NP VAFIN ADJD	157	247885	63.41
VP → ADV NP VVINF	156	248041	63.45
NP → ADV PIAT NN	156	248197	63.49
VP → ADJD PP VVINF	156	248353	63.53
NP → ART CNP	155	248508	63.56
NP → KOKOM CNP	155	248663	63.6
PP → ART NN APPO	153	248816	63.64
VP → NP PP VVPP	152	248968	63.68

AP → ADJD CARD	152	249120	63.72
VP → PP PP VVINF	152	249272	63.76
AP → KOKOM ADJD	152	249424	63.8
NP → CARD ADJA NN	151	249575	63.84
S → NP VAFIN ADV NP $.	150	249725	63.88
S → NN VP $.	149	249874	63.91
S → PPER VVFIN NP $.	149	250023	63.95
PP → APPR NN CARD	149	250172	63.99
NP → ART NN $, VP	148	250320	64.03
NP → PIS PP	147	250467	64.07
AP → PWAV ADJD	146	250613	64.1
NP → ART CARD	146	250759	64.14
NP → MPN PP	146	250905	64.18
S → NN NP	146	251051	64.22
S → PRELS VP VMFIN	145	251196	64.25
PP → APPR ADJA	145	251341	64.29
PP → APPRART NN NE	144	251485	64.33
S → NP VVPP	143	251628	64.36
AVP → ADV S	143	251771	64.4
S → PPER VAFIN PPER VP $.	143	251914	64.44
NP → ADJA ADJA NN	143	252057	64.47
NP → ART PIDAT	143	252200	64.51
AP → KOKOM CARD	143	252343	64.55
VP → AP VVINF	142	252485	64.58
S → NE VVFIN NP $.	142	252627	64.62
CVP → VP $, VP	142	252769	64.65
PP → APPR ADJA NN PP	141	252910	64.69
NP → ADJA NN NP	141	253051	64.73
NP → NE	141	253192	64.76
VP → NP ADJD VVINF	140	253332	64.8
VP → PP VVIZU	140	253472	64.83

NP → CARD NN NP	140	253612	64.87
NP → CARD	140	253752	64.91
S → NP $, VAFIN VP $.	139	253891	64.94
NP → PRF	139	254030	64.98
S → NP VVFIN NP NP $.	139	254169	65.01
CNP → MPN KON MPN	139	254308	65.05
VP → KOUI NP VVIZU	138	254446	65.08
S → S $, VVFIN PPER	138	254584	65.12
VP → ADJD VAINF	137	254721	65.15
VP → AP VAPP	137	254858	65.19
VP → ADV ADJD VVPP	137	254995	65.22
S → PPER VVFIN PP $.	136	255131	65.26
NP → KOKOM NN PP	135	255266	65.29
S → NP VVFIN PRF PP $.	135	255401	65.33
VP → ADV PTKNEG VVPP	135	255536	65.36
S → KOUS NP VVFIN	135	255671	65.4
S → NN VMFIN VP	134	255805	65.43
NP → CS	133	255938	65.47
S → ADV VMFIN NP VP $.	132	256070	65.5
NP → ADV CARD	132	256202	65.53
VP → PPER VVINF	132	256334	65.57
VP → VVPP $, S	132	256466	65.6
S → NP VVFIN $.	130	256596	65.63
S → PP VAFIN NP $.	130	256726	65.67
PP → APPR ADJA NN NP	130	256856	65.7
S → PDS VAFIN NP $.	128	256984	65.73
S → KOUS NP PP VVFIN	128	257112	65.77
NP → PIS ADV	127	257239	65.8
PP → APPR NN MPN	127	257366	65.83
S → PDS VAFIN VP $.	126	257492	65.86
AP → ADJD NP	126	257618	65.89

NP → ADV NE	126	257744	65.93
S → PPER VVFIN	124	257868	65.96
AVP → PTKA	124	257992	65.99
NP → ART NN CARD	124	258116	66.02
PP → APPR ART ADJA	123	258239	66.05
S → CNP VAFIN VP $.	122	258361	66.08
VZ → PTKZU VMINF	122	258483	66.12
S → KOUS PPER PP VVFIN	122	258605	66.15
NP → ADV PDS	122	258727	66.18
PP → APPR PIS NP	122	258849	66.21
S → PPER VVFIN $, S	122	258971	66.24
S → KOUS NP VP VMFIN	121	259092	66.27
S → NP VVFIN PTKVZ	121	259213	66.3
S → NN VMFIN VP $.	121	259334	66.33
S → S $, VVFIN NP	120	259454	66.36
VP → PRF PP VVPP	120	259574	66.4
S → PWS NP VVFIN	119	259693	66.43
VP → PRF VVPP	119	259812	66.46
VP → VAINF	119	259931	66.49
PP → ADV APPR NE	119	260050	66.52
NP → PIAT NN ADV	119	260169	66.55
PP → APPR ART NN $, S	118	260287	66.58
AVP → ADV ADV PTKNEG	118	260405	66.61
S → NN VVFIN	117	260522	66.64
S → S $, VAFIN VP $.	117	260639	66.67
S → S $, VVFIN PPER $.	117	260756	66.7
VP → PP ADV VVPP	117	260873	66.73
PP → APPRART ADJA NN NP	116	260989	66.76
VP → NP VAPP	116	261105	66.79
NP → ADV CNP	116	261221	66.82
CS → S $[KON S $.	116	261337	66.85

CS → S $[S $.	116	261453	66.88
NP → PWAT NN	115	261568	66.91
CNP → TRUNC KON NN	115	261683	66.93
S → PWS VP VAFIN	115	261798	66.96
PP → ADV APPR ART ADJA NN	115	261913	66.99
S → PDS VAFIN NP	114	262027	67.02
AP → PIAT	114	262141	67.05
S → NP VAFIN VVPP	114	262255	67.08
S → PP VMFIN VP $.	114	262369	67.11
S → NN VVFIN NP PP $.	113	262482	67.14
PP → APPR APPR CARD NN	113	262595	67.17
PP → APPRART ADJA NN PP	113	262708	67.2
S → PP VVFIN ADV NP $.	111	262819	67.23
S → ADV VAFIN PPER VP	111	262930	67.25
S → ADV PP	110	263040	67.28
NP → ADV MPN	110	263150	67.31
CNP → NP $[KON NP	110	263260	67.34
PP → APPR ART MPN	110	263370	67.37
S → NE VAFIN VP	110	263480	67.39
NP → AP ADJA NN	109	263589	67.42
S → NP PP $.	109	263698	67.45
PP → PROAV $, VP	109	263807	67.48
S → NP VVFIN NP PP PTKVZ $.	108	263915	67.51
VP → NN PP VVINF	108	264023	67.53
NP → KOKOM NE	108	264131	67.56
PP → APPR ART PIDAT NN	107	264238	67.59
VP → ADJD NP VVINF	106	264344	67.62
S → NE VVFIN NP	106	264450	67.64
AP → ADV CAP	106	264556	67.67
NP → ART CARD NN	106	264662	67.7
S → NN VVPP	106	264768	67.72

S → PPER VAFIN AP $.	105	264873	67.75
PP → APPR AP	105	264978	67.78
PP → PROAV APZR	105	265083	67.8
VP → NP ADV VVINF	105	265188	67.83
AP → ADV PIDAT	105	265293	67.86
CNP → NP $, NP KON NP	105	265398	67.88
S → NE VVFIN NP PP $.	105	265503	67.91
VP → NN VZ	105	265608	67.94
NP → PRF ADV	105	265713	67.97
AVP → S $, ADV	105	265818	67.99
S → PP NP	105	265923	68.02
S → VVFIN NP PTKVZ	104	266027	68.05
AP → ADV ADV CARD	104	266131	68.07
AVP → KON ADV	104	266235	68.1
AP → PTKNEG ADV ADJD	104	266339	68.13
VP → PROAV VVPP	103	266442	68.15
NP → NN NP $.	103	266545	68.18
S → NP VP $.	103	266648	68.2
NP → CNP	103	266751	68.23
PP → APPR PDAT ADJA NN	102	266853	68.26
S → ADV VVFIN PPER NP $.	101	266954	68.28
NP → ART AP NN PP	101	267055	68.31
S → PROAV VMFIN NP VP $.	101	267156	68.33
NP → ART NN ADV	100	267256	68.36
S → PP VMFIN PPER VP $.	100	267356	68.39
PP → S	99	267455	68.41
NP → KOKOM PPER	99	267554	68.44
NP → CNP PP	99	267653	68.46
PP → APPR ART ADJA ADJA NN	99	267752	68.49
S → PDS VAFIN VP	99	267851	68.51
S → NN VAFIN NP VP $.	99	267950	68.54

S → NE VMFIN VP $.	98	268048	68.56
PP → ADV APPRART ADJA NN	98	268146	68.59
S → NP $, S $.	98	268244	68.61
VP → NP	97	268341	68.64
AP → ADV PIAT	97	268438	68.66
S → ADV VVFIN NP	96	268534	68.69
S → NE VVFIN $, S $.	96	268630	68.71
S → PP VAFIN NP AP $.	96	268726	68.74
VP → PP	96	268822	68.76
CAP → CARD KON CARD	95	268917	68.78
S → S $, VAFIN PPER VP $.	95	269012	68.81
PP → APPR APPRART NN	95	269107	68.83
AP → ADJA	94	269201	68.86
PP → APPR FM	94	269295	68.88
S → NP VAFIN CVP $.	94	269389	68.91
S → PROAV VAFIN VP $.	94	269483	68.93
S → NN VVFIN NP $.	93	269576	68.95
PP → PROAV $, S	93	269669	68.98
NP → PIDAT NN PP	93	269762	69
S → NP VVFIN PP PTKVZ $.	93	269855	69.02
S → KON NP VAFIN VP $.	93	269948	69.05
NP → PRELAT NN	93	270041	69.07
CNP → NE $, NE KON NE	93	270134	69.1
AP → PP ADV ADJD	92	270226	69.12
NP → KOKOM MPN	92	270318	69.14
AVP → ADV NP	92	270410	69.17
NP → ART NN CNP	92	270502	69.19
S → NP VVFIN PPER PP $.	92	270594	69.21
S → PP VVFIN PRF NP $.	92	270686	69.24
NP → NN PROAV	92	270778	69.26
PP → APPR ART NN CARD	91	270869	69.28

AVP → PWAV	91	270960	69.31
S → KOUS PPER VVFIN	91	271051	69.33
NP → KOKOM ART ADJA NN	91	271142	69.35
NP → ART NN PROAV	90	271232	69.38
PP → APPR NN NE	89	271321	69.4
CNP → NP $, KON NP	89	271410	69.42
S → NN VAFIN VP	88	271498	69.45
S → NE VMFIN VP	88	271586	69.47
S → PPER VAFIN ADJD	88	271674	69.49
CS → S $, KON S	88	271762	69.51
S → PPER VAFIN ADV NP $.	88	271850	69.54

7. CTGweb의 검색절차 – 연어추출 과정을 중심으로

부록의 이 장에서는 CQPweb 플랫폼에서 운용되는 코퍼스 CTGweb를 통해 연어를 추출하는 절차에 대해 상세히 기술하려고 한다.

이 코퍼스를 실행하기 위해 먼저 웹서버 http://www.cqpweb.kr에 접속해야 한다. 앞서 제15장에서 살펴본 바와 같이, 서버에 로그인을 한 후 사용하고자 하는 코퍼스를 선택하면 아래의 [그림 1]과 같이 검색가능한 환경으로 바뀐다.

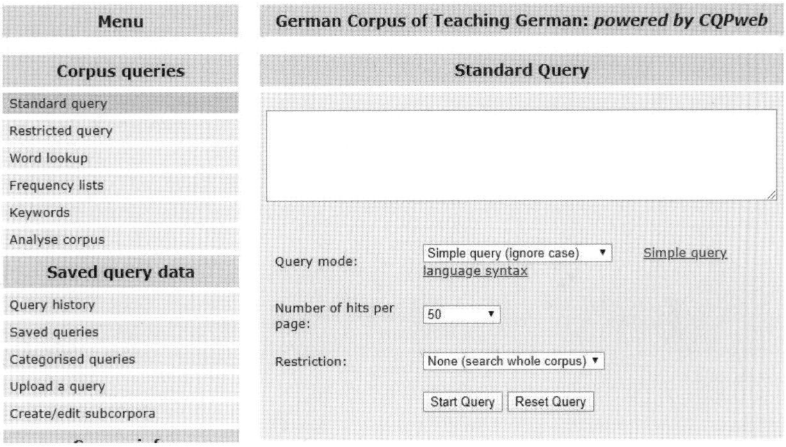

[그림 1] cqpweb.kr 화면-1

이 상태에서 빈도목록(Frequency lists)을 이용해 검색하는 방식을 활용해 보기로 한다. 이를 위해 다음의 [그림 2]와 같이 왼편 메뉴의 네 번째 항목 "Frequency lists"를 먼저 선택하고 오른편 검색창 하단의 "Start Query"를 클릭한다.

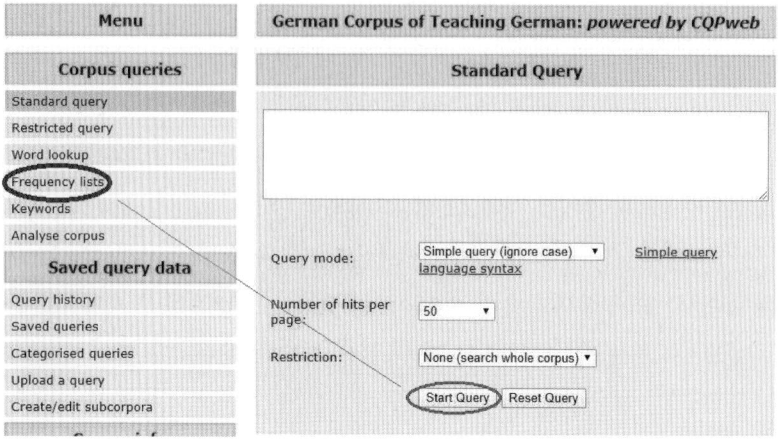

[그림 2] cqpweb.kr 화면-2

　다음 단계에서 마주하는 스크린이 아래의 [그림 3]인데, 표준설정을 변경하지 않고 바로 오른쪽 하단의 "Show frequency list"를 클릭한다.

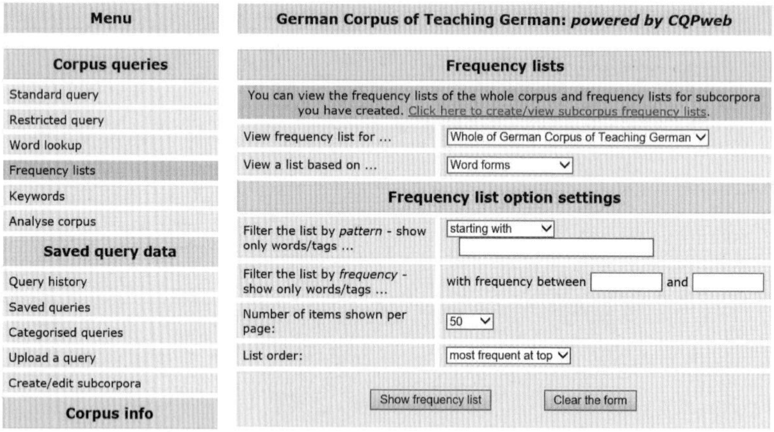

[그림 3] cqpweb.kr 화면-3

　이어 아래 [그림 4]와 같이 빈도 기준으로 정렬된 어휘목록이 나타난다.

Frequency list: *Word* frequencies in entire "German Corpus of Teaching German"

| |< | << | >> | New Frequency List ▼ | Go! |

No.	Word	Frequency
1	.	66,340
2	,	32,913
3	die	26,785
4	der	21,503
5	und	13,536
6	daß	12,145
7	in	11,521
8	sie	8,289
9	nicht	8,101
10	den	8,008

[그림 4] cqpweb.kr 화면-4

위 목록에 들어 있는 많은 어휘가운데 연어핵으로 삼아 연어관계를 살펴보고자 하는 부정첨사 "nicht"를 선택해 클릭하면 다음 [그림 5]와 같이 용례들이 제시된다.

Your query "[word="nicht"%c]" returned 8,101 matches in 1 text (in 913,967 words [1 text]; frequency: 8,863.56 instances per million words) [0.056 seconds - retrieved from cache]

| |< << >> >| | Show Page: 1 | Line View | Show in random order | New query ▼ | Go! |

No	Filename		Solution 1 to 50 Page 1 / 163
1	ctg		zahlreiche Bekanntschaft . Wo sind denn Ihre Schwestern ? Ich werde Sie **nicht** töten . Ihre Geschichte war zu Ende . Ich sage nic
2	ctg		Sie nicht töten . Ihre Geschichte war zu Ende . Ich sage **nicht** gern 'Adieu . Die erste Station hieß Poissonniere
3	ctg		gern 'Adieu . Die erste Station hieß Poissonniere . Sie haben ihm **nicht** geglaubt . Ich komme zur rechten Zeit . Jennifer
4	ctg		möchte unter die Dusche . Dieses Vokabeltaschenbuch ist eine Lernhilfe . Vergiß **nicht** , das Licht auszumachen ! Du sollst deine Eltern e
5	ctg		gern Fisch . Jennifer blickte den Vater an . Sie habe ja **nicht** gekündigt . Martin wurde hinter ihm betrachtet .
6	ctg		sagte Inge kühl . Da musste Ulrika wieder lachen . War es **nicht** meine Amtspflicht ? Hast du das mal versucht ?
7	ctg		ans Leben ! Seine Übelkeit wurde immer schlimmer . Es fiel ihr **nicht** schwer . Weißt du , was ich weiß ? Das ist nicht
8	ctg		nicht schwer . Weißt du , was ich weiß ? Das ist **nicht** meine Aufgabe . Aber Furcht hat nie . Unser
9	ctg		fahren ans Meer . Sie beginnt mit einem Skandal . Ist Jacob **nicht** bei Euch ? Danach wäre dies eine Kardinaltugend
10	ctg		dies eine Kardinaltugend . Es ist ein bodenloser Abgrund . Du kehrst **nicht** um , Fritz ! Sind Sie noch nicht bezahlt ? "Das üb

[그림 5] cqpweb.kr 화면-5

이 상태에서, 추출된 빈도 데이터를 여러 가지 방법으로 활용할 수 있는데, 우리는 부정첨사의 연어목록을 확보하는 작업을 시도해 보자. 이를 위해 아래

[그림 6]과 같이 상단 메뉴바의 "New query" 대신에 "Collocations"를 선택한 후에 바로 오른편의 "Go!"를 클릭한다.

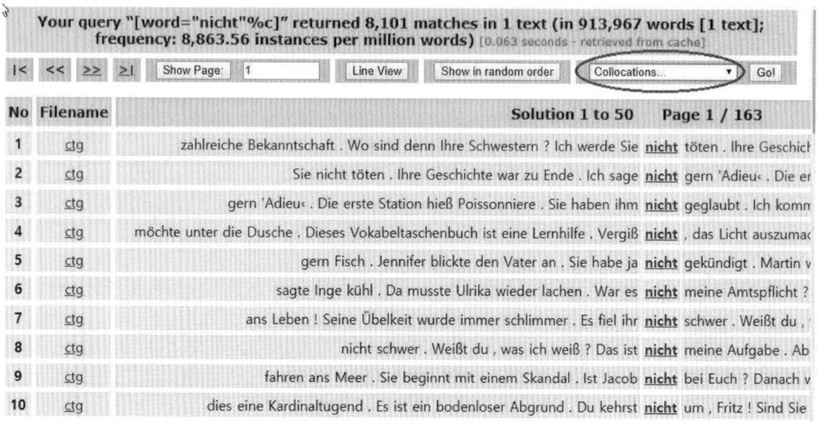

Your query "[word="nicht"%c]" returned 8,101 matches in 1 text (in 913,967 words [1 text]; frequency: 8,863.56 instances per million words) [0.063 seconds - retrieved from cache]

No	Filename		Solution 1 to 50 Page 1 / 163
1	ctg	zahlreiche Bekanntschaft . Wo sind denn Ihre Schwestern ? Ich werde Sie	nicht töten . Ihre Geschicl
2	ctg	Sie nicht töten . Ihre Geschichte war zu Ende . Ich sage	nicht gern 'Adieuc . Die er
3	ctg	gern 'Adieuc . Die erste Station hieß Poissonniere . Sie haben ihm	nicht geglaubt . Ich komm
4	ctg	möchte unter die Dusche . Dieses Vokabeltaschenbuch ist eine Lernhilfe . Vergiß	nicht , das Licht auszumac
5	ctg	gern Fisch . Jennifer blickte den Vater an . Sie habe ja	nicht gekündigt . Martin v
6	ctg	sagte Inge kühl . Da musste Ulrika wieder lachen . War es	nicht meine Amtspflicht ?
7	ctg	ans Leben ! Seine Übelkeit wurde immer schlimmer . Es fiel ihr	nicht schwer . Weißt du ,
8	ctg	nicht schwer . Weißt du , was ich weiß ? Das ist	nicht meine Aufgabe . Ab
9	ctg	fahren ans Meer . Sie beginnt mit einem Skandal . Ist Jacob	nicht bei Euch ? Danach v
10	ctg	dies eine Kardinaltugend . Es ist ein bodenloser Abgrund . Du kehrst	nicht um , Fritz ! Sind Sie

[그림 6] cqpweb.kr 화면-6

이어 마주하는 화면 [그림 7]에서 표준설정을 바꾸지 않고 하단의 "Create collocation database"를 클릭한다.

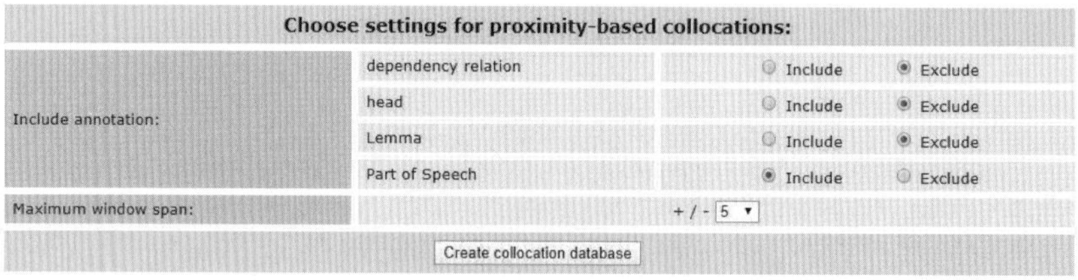

Choose settings for proximity-based collocations:			
Include annotation:	dependency relation	○ Include	● Exclude
	head	○ Include	● Exclude
	Lemma	○ Include	● Exclude
	Part of Speech	● Include	○ Exclude
Maximum window span:		+/- 5 ▼	
	Create collocation database		

[그림 7] cqpweb.kr 화면-7

이 단계를 지나면 다음 [그림 8]에서 볼 수 있듯이 검색기준, 통계측도 및 검색구역(span) 등 여러 가지 검색조건들을 설정하는 화면을 만나게 되는데,

우선은 표준설정을 따라 오른편 중간에 위치한 "Go!"를 클릭하여 연어를 검색
해 보기로 한다.

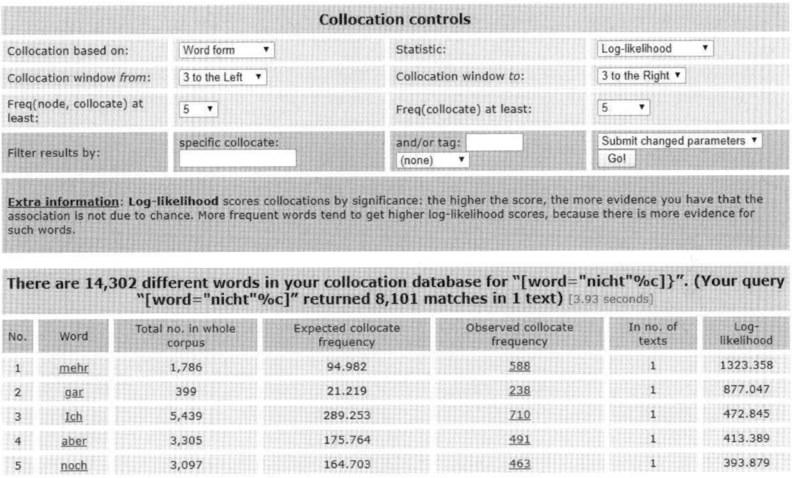

[그림 8] capweb.kr 화면-8

검색의 실행 결과로 추출된 연어가운데 관심있는 어휘, 예를 들어 "gar"를
선택해 다섯째 열에 위치한 빈도수를 클릭하면 [그림 9]와 같이 용례들이 제시
된다.

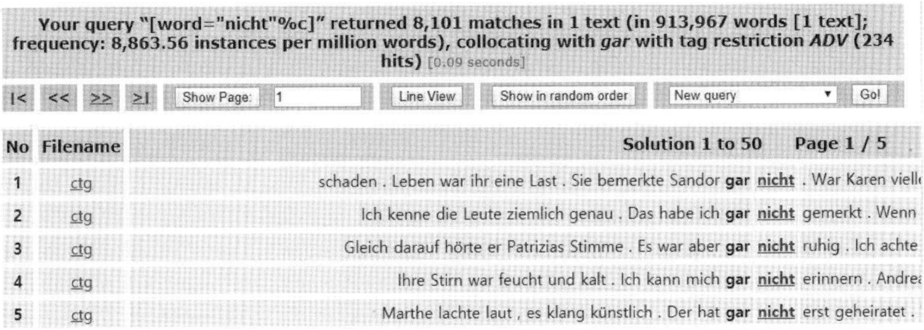

[그림 9] capweb.kr 화면-9

다른 한편, 바로 앞 단계에서 아래 [그림 10]과 같이 연어의 검색 조건들 가운데 검색구역을 연어핵의 좌측 첫 어휘(1 to the Left)로 변경하여 새롭게 검색을 시도해 본다.

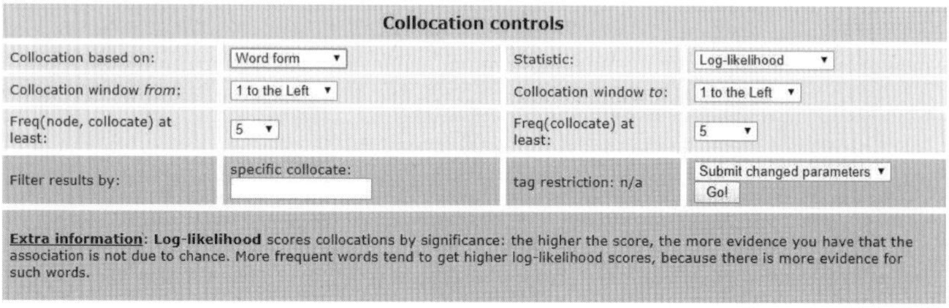

<table>
<tr><td colspan="4">Collocation controls</td></tr>
<tr><td>Collocation based on:</td><td>Word form ▾</td><td>Statistic:</td><td>Log-likelihood ▾</td></tr>
<tr><td>Collocation window from:</td><td>1 to the Left ▾</td><td>Collocation window to:</td><td>1 to the Left ▾</td></tr>
<tr><td>Freq(node, collocate) at least:</td><td>5 ▾</td><td>Freq(collocate) at least:</td><td>5 ▾</td></tr>
<tr><td>Filter results by:</td><td>specific collocate:</td><td>tag restriction: n/a</td><td>Submit changed parameters ▾
Go!</td></tr>
</table>

Extra information: **Log-likelihood** scores collocations by significance: the higher the score, the more evidence you have that the association is not due to chance. More frequent words tend to get higher log-likelihood scores, because there is more evidence for such words.

[그림 10] capweb.kr 화면-10

이처럼 검색조건이 바뀌면 추출된 연어목록도 달라진다. 다음 [그림 11]에서 변경된 데이터를 확인할 수 있다.

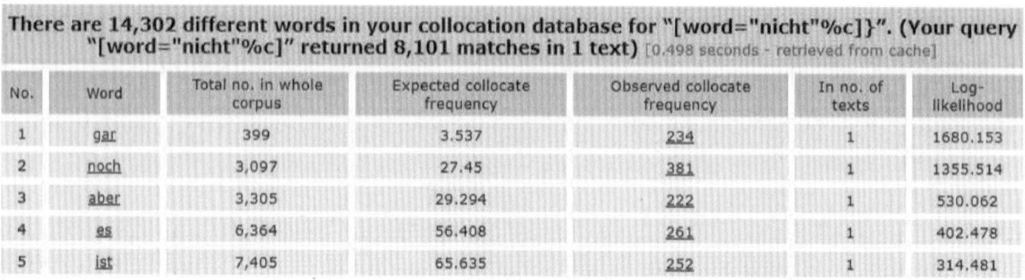

There are 14,302 different words in your collocation database for "[word="nicht"%c]}". (Your query "[word="nicht"%c]" returned 8,101 matches in 1 text) [0.498 seconds - retrieved from cache]

No.	Word	Total no. in whole corpus	Expected collocate frequency	Observed collocate frequency	In no. of texts	Log-likelihood
1	gar	399	3.537	234	1	1680.153
2	noch	3,097	27.45	381	1	1355.514
3	aber	3,305	29.294	222	1	530.062
4	es	6,364	56.408	261	1	402.478
5	ist	7,405	65.635	252	1	314.481

[그림 11] capweb.kr 화면-11

이 검색결과를 보여주는 이 화면에서 연어 "noch"의 빈도를 클릭하면 "noch"와 "nicht"가 bigram을 이루는 용례들이 제시된다.

[그림 12] cqpweb.kr 화면-12

또한, 연어검색의 조건을 변경하는 단계에서 아래 [그림 13]과 같이 검색구역을 연어핵의 우측 첫 어휘(1 to the Right)로 변경하여 새롭게 검색을 실행하면 다른 결과를 얻게 된다.

Collocation controls

Collocation based on:	Word form ▼	Statistic:	Log-likelihood ▼
Collocation window *from*:	1 to the Right ▼	Collocation window *to*:	1 to the Right ▼
Freq(node, collocate) at least:	5 ▼	Freq(collocate) at least:	5 ▼
Filter results by:	specific collocate:	and/or tag: ADV ADV ▼	Submit changed parameters ▼ Go!

Extra information: Log-likelihood scores collocations by significance: the higher the score, the more evidence you have that the association is not due to chance. More frequent words tend to get higher log-likelihood scores, because there is more evidence for such words.

There are 14,302 different words in your collocation database for "[word="nicht"%c]}". (Your query "[word="nicht"%c]" returned 8,101 matches in 1 text) [0.25 seconds - retrieved from cache]

No.	Word	Total no. in whole corpus	Expected collocate frequency	Observed collocate frequency	In no. of texts	Log-likelihood
1	mehr	1,786	15.83	548	1	3035.379
2	nur	2,385	21.14	223	1	669.947
3	einmal	536	4.751	93	1	393.236
4	so	2,556	22.655	158	1	352.71
5	ganz	738	6.541	58	1	154.269

[그림 13] cqpweb.kr 화면-13

이 결과는 "mehr", "nur", "einmal", "so" 및 "ganz"과 같은 연어들이 바로 뒤에서 연어핵 "nicht"과 bigram을 이루는 것을 확인할 수 있게 한다. 이 사실은 이미 우리가 본문 제14장에서 논의한 바가 있다.

지금까지 우리는 CQPweb 환경에서 코퍼스 CTGweb을 이용하여 부정첨사 "nicht"의 연어목록을 생성하는 절차에 대해 자세히 살펴보았다. 어떤 어휘를 연어핵으로 하든 간에 동일한 절차를 적용하여 검색을 실행할 수 있다.

참고문헌

■ 제1차 문헌

Austen, Jane (2011). Die großen Romane: Die Abtei von Northanger / Emma / Mansfield Park / Stolz und Vorurteil / Überredung / Verstand und Gefühl (6 Bände). Anaconda.

Bieler, Karl H. (1996). Deutsche Verben im Kontext. 1000 Verben mit Beispielsätzen Taschenbuch. Max Huber Verlag.

Canetti, Elias (1990). Die gerettete zunge. geschichte einer jugend: bibliothek des 20. jahrhunderts. Deutscher Bücherbund.

Clinton, Hillary (2015). Gelebte Geschichte: Autobiografie. Ullstein Taschenbuch.

Cornelsen (2010). Studio d, A1-B2.

Davies, Helen/Steiner, Stefanie (2003). Bildwörterbuch Deutsch. Arsedition.

Duden die Grammatik (2009) Herausgegeben von der Dudenredaktion. 8. überarbeitete Auflage,. Duden Band 4. Dudenverlag.

Durrell, Martin/Kohl, Katrin et al. (2002). Essential German Grammar. MaGraw-Hill.

Fehringer, Carol (2002). German Grammar in Context.Routledge.

Gaarder, Jostein (2000). Sofies Welt. Reihe Hanser.

Helbig, Gerhard/Buscha, Joachim (2010). Deutsche Grammatik: Ein Handbuch für den Ausländerunterricht. Langenscheidt.

Kehlmann, Daniel (2008). Ruhm. Die Vermessung der Welt. Rororo.

Kehlmann, Daniel (2010). Ruhm. Ein Roman in neun Geschichten Taschenbuch. Rororo.

Stamm, Peter (1998). Agnes. Roman. Arche, Zürich.

Stamm, Peter (2001). Ungefähre Landschaft. Roman. Arche, Zürich.

Stamm, Peter (2007). An einem Tag wie diesem. Roman. S. Fischer, Frankfurt am Main.

Stamm, Peter (2011). Sieben Jahre: Roman. S. Fischer, Frankfurt am

Main.

Stani, Heidi et al. (2001). Englisch fürs Gespräch-Ein modernes Konversationsbuch. Langenscheidt.

Wells, Larry D./Rankin, Jamie (2003). Handbuch Zur Deutschen Grammatik. Houghton Mifflin.

Whittle, Ruth et al. (2011). Modern German Grammar – A Practical Guide, 3rd Edition. Routledge.

■ 제2차 문헌

이민행 (2005). 『독어학 연구방법론』, 서울: 도서출판 역락.

이민행 (2012). 『독일어 전산구문 문법 연구』, 서울: 도서출판 역락.

이민행 (2015). 『빅데이터 시대의 언어연구─내 손안의 검색엔진』, 서울: 21세기 북스.

이민행 (2017). 웹기반 독일어 구문분석기의 활용과 평가. 독어학 제35집, pp.101-123.

Abeillé, A. (2003). Treebanks: Building and Using Parsed Corpora. Kluwer Academic Publishers.

Ballesteros, Miguel and Bohnet, Bernd (2014). "Automatic Feature Selection for Agenda-Based Dependency Parsing." 25th International Conference on Computational Linguistics (COLING 2014) Dublin, Ireland.

Baroni, M. and Kilgarriff, A. (2006). "Large linguistically-processed Web corpora for multiple languages." Conference Companion of EACL 2006 (11th Conference of the European Chapter of the Association for Computational Linguistics), 87-90.

Bohnet, Bernd/Nivre, Joakim/Boguslavsky, Igor/Farkas, Richárd /Ginter, Filip/Hajic, Jan (2013). Joint Morphological and Syntactic Analysis for Richly Inflected Languages. TACL 1: 415-428.

Carroll, J., G. Minnen and Briscoe, E. (2003). "Parser evaluation: using a grammatical relation annotation scheme." In A. Abeillé (ed.), Treebanks: Building and Using Syntactically Annotated Corpora, Dordrecht: Kluwer. 299-316.

Charniak, E. & Johnson, M. (2005). "Coarse-to-Fine n-Best Parsing and MaxEnt Discriminative Reranking." Proceedings of the 43rd Annual Meeting of the ACL, 173-180,

Cowan, N., Morey, C.C., & Chen, Z. (2007). "The legend of the magical number seven." In S. Della Sala (Ed.), Tall tales about the mind &

brain: Separating fact from fiction (pp.45-59). Oxford, U.K.: Oxford University Press.

de Marneffe, M.-C. and Manning, C. D. (2008). Stanford typed dependencies manual. Technical report, Stanford University.

de Marneffe, M.-C., MacCartney, B., and Manning, C. D. (2006). Generating typed dependency parses from phrase structure parses. In Proceedings of the 5th International Conference on Language Resources and Evaluation, pages 449-454.

de Marneffe, M.-C., Dozat, T., Silveira, N., Haverinen, K., Ginter, F., Nivre, J., and Manning, C. D. (2014). Universal stanford dependencies: A cross-linguistic typology. In Proceedings of the 9th International Conference on Language Resources and Evaluation.

Eckart de Castilho, R., Biemann, C., Gurevych, I. and Yimam, S.M. (2014). "WebAnno: a flexible, web-based annotation tool for CLARIN." In Proceedings of the CLARIN Annual Conference (CAC) 2014, Soesterberg, Netherlands.

Eckart de Castilho, R. and Gurevych, I. (2014). A broad-coverage collection of portable NLP components for building shareable analysis pipelines. In Proceedings of the Workshop on Open Infrastructures and Analysis Frameworks for HLT (OIAF4HLT) at COLING 2014, p 1-11, Dublin, Ireland.

Eckart de Castilho, R., Mújdricza-Maydt, É., Yimam, S.M., Hartmann, S., Gurevych, I., Frank, A. and Biemann, C. (2016). "A Web-based Tool for the Integrated Annotation of Semantic and Syntactic Structures." In Proceedings of the LT4DH workshop at COLING 2016, Osaka, Japan.

Foth, K. (2006). *Eine umfassende Constraint-Dependenz-Grammatik des Deutschen.* Tech. rep., Universität Hamburg.

Futrell, R., Mahowald, K. and Gibson, E. (2015). "Large-scale evidence of dependency length minimization in 37 languages". Proceedings of the National Academy.

Gärtner, M., Thiele, G., Seeker, W., Björkelund, A. & Kuhn, J. (2013). "ICARUS - An Extensible Graphical Search Tool for Dependency Treebanks." Proceedings of the 51st Annual Meeting of the Association for Computational Linguistics: System Demonstrations,

Sofia, Bulgaria, August 5-7.

Gaifmann, Chaim (1965). Dependency Systems and Phrase-Structure Systems. In: Information and Control 8, S.304-337.

Greenberg, J. H. (1966). Some Universals of Grammar with Particular Reference to the Order of Meaningful Elements. In *Universals of Language*, ed. J. H. Greenberg. 2nd ed. Cambridge, Mass.

Haider, H. (19880. Die Struktur der deutschen NP. *Zeitschrift für Sprachwissenschaft* 7(1): 32-59.

Hardie, A (2012). "CQPweb - combining power, flexibility and usability in a corpus analysis tool", International Journal of Corpus Linguistics 17(3), 380-409.

Hays, D. G. (1964). Dependency Theory. A Formalism and Some Observations. *Language* 40: 511-525.

Hinrichs, Erhard/Hinrichs, Marie /Zastrow, Thomas(2010). "Weblicht: Web-based LRT services for German." In Proceedings of the ACL 2010 System Demonstrations, pages 25-29. Association for Computational Linguistics.

Hudson, R. (2010). An Introduction to Word Grammar. Cambridge University Press.

Jackendoff, R. (1977). X-bar syntax: a study of phrase structure. The MIT Press.

Jacobs, J. (1987). *Kontra Valenz*. Ms. München.

Kakkonen, T. (2007). Framework and Resources for Natural Language Parser Evaluation. PhD Dissertation, Department of Computer Science and Statistics, University of Joensuu, Finland.

Kakkonen, T., & Sutinen, E. (2008). "Coverage-based Evaluation of Parser Generalizability." Proceedings of the 3rd International Joint Conference on Natural Language Processing, Hyderabad, India.

Kok, Daniël de and Kok, Dörte de and Hinrichs, Marie. (2014). Build your own treebank. In Proceedings of the CLARIN Annual Conference.

König, Esther and Lezius, Wolfgang and Voormann, Holger. (2003). TIGERSearch 2.1 - User's Manual. Technical report IMS, Universität Stuttgart, Germany.

Krifka, M. (1983). *Zur semantische und pragmatischen Motivation syntaktischen Regularitäten—Eine Studie zur Wortstellung und*

*Wortstellung- sver*änderung *im Swahili.* München.

Kübler, S., Maier, W., Rehbein, I. & Versley, Y. (2008). "How to compare treebanks." In Proceedings of LREC 2008, Marrakech, Morocco.

Kübler, S., Nivre, J. and McDonald, R. (2009). *Dependency Parsing.*

Liu, Haitao (2010). "Dependency direction as a means of word-order typology: A method based on dependency treebanks." Lingua 120 (2010) 1567-1578.

Maier, W., Kaeshammer, M., Baumann, P. & Kübler, S. (2014). "Discosuite - a parser test suite for German discontinuous structures." Proceedings of the Ninth International Conference on Language Resources and Evaluation (LREC'14), 2905-2912.

Manning, Christopher D., Mihai Surdeanu, John Bauer, Jenny Finkel, Steven J. Bethard, and David McClosky. 2014. The Stanford CoreNLP Natural Language Processing Toolkit In Proceedings of the 52nd Annual Meeting of the Association for Computational Linguistics: System Demonstrations, 55-60.

Martens, Scot (2013). "TüNDRA: A web application for treebank search and visualization." In The Twelfth Workshop on Treebanks and Linguistic Theories (TLT12), page 133.

Miller, G. (1956). "The magical number seven, plus or minus two: Some limits on our capacity for processing information". Psychological Review Vol. 101(2): 343-352.

McDonald, R. and Nivre, J. (2007). "Characterizing the errors of data-driven Dependency parsing models." In EMNLP 2007.

McDonald, R., Nivre, J., Quirmbach-Brundage, Y., Goldberg, Y., Das, D., Ganchev, K., Hall, K., Petrov, S., Zhang, H., Täckström, O., Bedini, C., Bertomeu Castelló, N. and Lee, J. (2013) "Universal Dependency Annotation for Multilingual Parsing." In Proceedings of ACL (Short Papers), 92-97.

Nivre, J. (2015) "Towards a Universal Grammar of Natural Language Processing." Proceedings of CICLing, 3-16.

Olsen, S. (1989). Das Possessivum. Pronomen, Determination oder Adjektiv? *Linguistische Berichte* 120: 120-153.

Petrov, S. & Klein, D. (2007). "Parsing German with Latent Variable Grammars." Proceedings of the ACL-08: HLT Workshop on Parsing

German (PaGe-08), 33-39.

Tesnière, L. (1959). *Éléments de syntaxe structurale. Klincksieck.* Paris.

Thielen, C., A. Schiller, S. Teufel, and C. Stöckert. (1999). *Guidelines für das Tagging deutscher Textkorpora mit STTS.* Tech. rep., Institut für Maschinelle Sprachverarbeitung Stuttgart and Seminar für Sprachwissenschaft Tübingen.

Vennemann, Th. (1977). Konstituenz und Dependenz in einingen neueren Grammatiktheorien. *Sprachwissenschaft* 2: 259-301.

Vennemann, Th. and R. Harlow. (1977). Categorial grammar and constituent basic VX serialization. *Theoretical Linguistics* 4: 227-254.

Wöllstein-Leisten et al. (2006). Deutsche Satzstruktur-Grundlgen der syntaktischen Analyse, Stauffenburg Verlag.

Yimam, S.M., Eckart de Castilho, R., Gurevych, I., and Biemann C. (2014): Automatic Annotation Suggestions and Custom Annotation Layers in WebAnno. In: Proceedings of ACL-2014, demo session, Baltimore, MD, USA

Zipf, G. K. (1949). Human Behavior and the Principle of Least-Effort. Addison-Wesley.

■ 웹 사이트

Berkeleyparser: http://nlp.cs.berkeley.edu/index.shtml
(버클리대 NLP 연구팀)

CQPweb: http://www.cqpweb.kr/ (CQPweb 서버)

DepLing: http://www.depling.org/ (국제 의존언어학회)

GLOW: http://www.smart21.kr/glow (독일어 코퍼스 GLOW)

Groovy: https://dkpro.github.io/dkpro-core/pages/groovy-intro/
(다름슈타트 공대)

HDT: https://corpora.uni-hamburg.de/hzsk/de/islandora/object/treebank:hdt
(함부르크대)

Icarus: http://www.ims.uni-stuttgart.de/forschung/ressourcen/werkzeuge/icarus.html
(슈트트가르트대)

MaltEval: http://www.maltparser.org/malteval.html

Pepper: http://corpus-tools.org/pepper/

StanfordCoreNLP: http://stanfordnlp.github.io/CoreNLP/
(스탠포드대 자연언어 연구팀)

TUEBA: https://uni-tuebingen.de/fakultaeten/philosophische-fakultaet/fachbereiche/
 neuphilologie/seminar-fuer-sprachwissenschaft/arbeitsbereiche/
 allg-sprachwissenschaft-computerlinguistik/ressourcen/corpora/
 (튀빙엔대)

TÜNDRA: https://weblicht.sfs.uni-tuebingen.de/Tundra (튀빙엔대)

TU Darmstadt: http://www.ukp.tu-darmstadt.de

UD: http://universaldependencies.org/

WebAnno: http://www.ukp.tu-darmstadt.de

Weblicht: http://weblicht.sfs.uni-tuebingen.de/weblichtwiki/index.php/Main_Page
 (튀빙엔대)

찾아보기